大学生・社会人のためのイスラーム講座

小杉泰
黒田賢治
二ツ山達朗 編

Yasushi KOSUGI
Kenji KURODA
Tatsuro FUTATSUYAMA

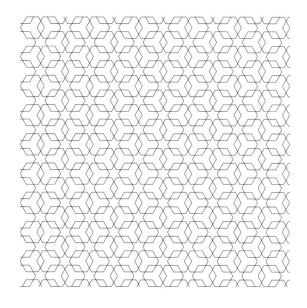

ナカニシヤ出版

目　　次

第1章　イスラームの学び方 ……………………………………… 3
──今日の世界を歩く

1　はじめに　3

2　イスラームの形成と拡大　4

3　六信五行　6

4　本書におけるイスラームの捉え方　10

5　本書の構成　12

コラム1　博物館で学ぶ世界各地のイスラーム文化　19

第2章　日本とイスラーム ……………………………………… 22
──モスクから見る日本のムスリム・コミュニティ

1　はじめに　22

2　ムスリムの人口　24

3　モスクの活動　27

4　ムスリム・コミュニティの課題　33

5　おわりに　37
──広がる社会空間──

コラム2　石油危機とパレスチナ問題がつなぐ中東・イスラーム　39

第3章　イスラーム復興 ………………………………………… 41
──西洋モデルに依存しないイスラーム的近代の試み

1　はじめに　41

2　イスラーム的近代の模索に至る歴史的背景　42

3　アラブ社会主義の終焉とイスラーム覚醒　46

4　信仰の客体化とイスラームに関する知識　48

5 マスメディアにおけるエジプトの自画像とイスラーム　50

6 おわりに　53

コラム3　他宗教との共存　55

第4章　ムスリムにとってのイスラーム史 ……………………………57

1 「歴史」と「現在」　57

2 「カリフ論」と「カリフ制」という体験　58

3 「現在」のための「過去のカリフ」　61
　　──マーワルディーのカリフ論──

4 オスマン朝末期のカリフとヨーロッパの進出　65

5 「過去の持つ力」の普遍性　66

6 初期イスラーム史の表象と宗派問題　68

コラム4　中東のイスラーム　72

第5章　聖典クルアーン ……………………………………………74
　　──声に出されて誦まれるもの──

1 はじめに　74

2 聖典クルアーンとは何か　75

3 クルアーンを読み込む　81

4 現代のクルアーンへ　87

【付録】暮らしの中のクルアーン　92

コラム5　アラビア文字の聖性：チャム・バニとピニ文字　93

第6章　法学・神学 ………………………………………………95

1 はじめに　95

2 神学の仕組み　96

3 法学の仕組み　103

4 現代の法学と神学　107

コラム6　南アジアのイスラーム：人々をつなぐ場としての廟　112

第7章　スーフィズム・タリーカ・聖者信仰 ……………… 114
——イスラームの内面的理解を深める思想と実践

1　はじめに　114

2　スーフィズムの発生と発展　115

3　スーフィー教団（タリーカ）　116

4　スーフィーたちの修行法　118

5　聖者信仰　119

6　スーフィズム・タリーカ・聖者信仰複合現象の多様性　121

7　近現代におけるスーフィズム　123

8　スーフィズム・タリーカ・聖者信仰が今日においてもたらす意味　125

コラム7　中央アジアのイスラーム：ザンギオタと「レーニンおじいさん」　128

第8章　イスラームと芸術 ……………………………………… 130
——「音楽」という視点から

1　はじめに　130

2　スーフィーの精神修行とトルコ古典音楽の形成　131

3　儀礼と芸能（舞踊）　133

4　受け継がれる伝統　136
　　　——民謡文化とオルタナティヴ音楽——

5　ターキッシュ・ポップ　139

6　ムスリム社会に現われた新たなポピュラー音楽　142

7　おわりに　144

コラム8　イスラームの視覚芸術：ムハンマドの肖像を描くこと　146

第9章　イスラーム金融 ………………………………………… 148

1　急成長するイスラーム金融　148

2　イスラーム金融を支える経済思想　153

3　イスラーム金融の仕組み　155

4　イスラーム金融の新たな挑戦　160

目　次　iii

コラム9　イスラーム法と近代法　165

第10章　ハラールな飲食品とハラール認証 ……………………167

1　はじめに　167

2　食をめぐるハラールとハラーム　167

3　グローバル化と食のハラール性　171

4　インドネシアに見るハラール認証の発展と諸問題　174

5　ハラール・ビジネス・ブームと国際化時代の認証　177

6　おわりに　181
　　——ムスリム消費者の実践と相互理解に向けて——

コラム10　東南アジアのイスラーム　184

第11章　知と権力 ……………………………………186
　　——イスラームの専門家とは誰なのか？

1　はじめに　186

2　伝統的な知と権力　187

3　現代のイスラーム教育　189

4　知識を管理する　192

5　「イスラーム知識人」の登場　195

6　おわりに　198
　　——イスラームをめぐる知の専門家集団の未来——

コラム11　サブサハラ・アフリカのイスラーム　201

第12章　ジェンダーから考えるイスラーム ……………203
　　——女性にとっての「良い・悪い」の議論を超えて

1　はじめに　203

2　イスラームのジェンダー的課題とは何か　204

3　イスラーム的女性抑圧の根拠？　205
　　——女性の教育，就労，婚姻——

4　ムスリマの日常生活に見るジェンダー　209

5　三者三様の学校教育，就労，結婚との関わり方　216

iv

6 おわりに 218

──────────── コラム12 北アフリカ（マグリブ）のイスラーム 220

第13章　イスラーム主義 ……………………………………………… 222

1 はじめに　222

2 分水嶺としての1979年　223

3 イスラーム国家とは何か　230

4 武装闘争の広がり　233

5 中道派・穏健派の闘争　238
　　──ポスト世俗化時代のイスラーム主義へ──

──────────── コラム13　宗派対立 241

第14章　世俗主義とイスラーム ……………………………………… 243

1 はじめに　243

2 世俗主義とは何か　245

3 世俗主義の両義性　246

4 イスラーム復興と国民国家　248

5 スカーフは宗教的シンボルか？　251

6 イスラームは反世俗主義なのか？　255

──────────── コラム14　中国のイスラーム 258

第15章　多文化主義とイスラーム ……………………………………… 259

1 はじめに　259

2 多文化主義は宗教をどう扱ってきたか　260

3 誰が／何を「宗教上の理由」とみなすのか　262
　　──アメリカの事例から──

4 「主観的宗教概念」という方法　265
　　──カナダ・ケベックの事例から──

5 おわりに　268

目　次　v

あとがき 270

人名・アーティスト名索引 272

事項索引 273

大学生・社会人のためのイスラーム講座

第1章

イスラームの学び方
──今日の世界を歩く

1 はじめに

　今日，世界には18億を超えるムスリム（イスラーム教徒）が暮らしている。東京オリンピックが開催される2020年には20億人を超えるという予想もあり，世界の約3人に1人がムスリムという時代も間近に迫っているようだ。テレビや新聞などのメディアでは，いい意味でも悪い意味でもムスリムやイスラームに関連した話題が取り上げられるようになった。また近年では，首都圏に限らず，地方においてもマレーシアやインドネシアからの観光客が増加し，頭髪を布で覆い隠すムスリム女性の姿を見ることも珍しくない。さらに様々な理由で日本に定住するムスリムが増加し，近隣の住宅をモスク（礼拝／集会場）として利用するムスリムを目にすることも少なくない。

　このように日本の社会に暮らしていても，ムスリムの存在やイスラームの存在は身近になりつつある。その一方で，その中身についてはというと馴染みのない宗教と思われることもいまだに多いのが現状ではないだろうか。また，話題としての取り上げられ方も限定的であるというきらいもある。そのため誤解や偏見も少なくないということも日本の実情であろう。こうした誤解や偏見を是正しつつ，より深くイスラームを理解することを目的として，若手研究者を中心に作成されたのが本書である。

　本書は，現代的な変化に着目したイスラームの概説書であり，大学生や社会人の教養としてイスラームを学ぶことを目的としている。セメスター制の一般的な

3

大学の講義が15回にわたることにならい，リレー形式で15章からなる構成となっている。その最初の章である本章は，基本事項の説明と全体的な見取り図を示す。基本事項とは，イスラームの形成と信仰内容についての教科書的な基礎知識を指す。同時にムスリムとして生きるということが，実際には歴史や地域などによって多様であり，教科書的な知識に別れを告げる必要があることを示す。また本章の最後では，現代イスラームの諸相を描く本書の構成について示したい。

2　イスラームの形成と拡大

　イスラームは，アラビア語で「帰依する」という意味であり，仏教，キリスト教とともに世界宗教の一つである。それは世界宗教の中でも最も歴史的には新しく，7世紀前半に現在のサウジアラビアのマッカ（メッカ）周辺で突如として形成された。610年頃，思い悩みマッカ郊外の小高い岩山の洞窟で一人瞑想にふけっていた男が，突如として「誦め」と命じられたのだ。この人物こそムハンマドであり，齢40にしてはじめて神の言葉を預かる者，預言者となった。彼が「誦め」と言われたものこそ聖典クルアーン（コーラン）であった。

　大天使ジブリールから口頭で啓示を受け取ったムハンマドは，当初近親者に限りその教えについて紹介した。というのも，当時のマッカは多神教の偶像崇拝が盛んであり，彼に下された唯一神への絶対的帰依は迫害のおそれがあったためだ。当時，カアバ（神殿）と呼ばれる立方体の建物の周囲には様々な材質でできた，数百体の偶像が安置されていた。ムハンマドへの啓示の内容は，彼らの祖先から伝来した宗教を捨てさせることにほかならなかった。実際にムハンマドが公然と唯一神への絶対的帰依を唱えるようになると，マッカの指導部との間の対立が鮮明化し，迫害を受けた。それでも一族の長であった伯父アブー・ターリブが彼を庇護していたため，直接的な危害が加えられるということはなかった。しかし彼を支えてきた15歳年上の妻ハディージャに続き，彼を庇護していた伯父アブー・ターリブが相次いで死去した。そして伯父アブー・ラハブが新たな一族の長となると，ムハンマドへの庇護は取り消され，彼のマッカでの活動は限界を迎えた。

　622年，ムハンマドは迫害の続くマッカから，350km北方にあった町ヤスリブの指導層からの誘いに応じ，同地へと移住した（図1-1）。移住といえば聞こえはいいものの，実際には暗殺の追手が迫る緊迫した状況であった。そして追手から逃れヤスリブに到着したムハンマドは，そこで新たなイスラーム共同体（ウンマ）を打ち立てた。この移住は，ヒジュラ（聖遷）と呼ばれ，ムスリムの間で用

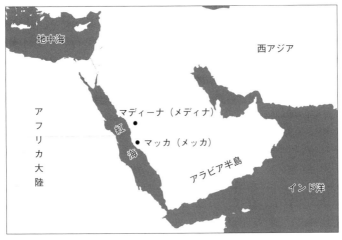

図1-1　マッカ（メッカ）とマディーナ（メディナ）

いられる月の満ち欠けに応じた太陰暦（ヒジュラ暦）の元年に定められている。ヤスリブも「預言者の町」あるいは「使徒の町」と称されるようになり，略してマディーナ（メディナ）と呼ばれるようになった。

　マディーナにおいて，ムハンマドは啓示の受取手である預言者の役割だけでなく，調停者，裁判官，立法官，はたまた政治指導者や軍事指導者など様々な役割を必要に応じて担った。ムハンマドによって指導された，このマディーナでの共同体のあり方こそ，後世においても一つのイスラーム共同体の理想として解釈・再解釈が試みられてきた。

　後世において理想とされたマディーナ時代であったが，マッカから迫害を逃れてやってきたように，当時のマッカの指導層にとっては，マディーナ政府は潰すべき敵であった。実際，マッカを追われてから2年後に大きな戦闘が開始し，6年にわたり数度の戦いが繰り広げられた。そして630年，ムハンマドに率いられた2万のマディーナ政府軍はマッカに無血入城し，カアバに安置されていた一切の偶像を破壊した。翌年には，諸部族がムハンマドに恭順の意を示し，アラビア半島の統一に成功したのである。

　632年，マディーナの自宅の一室で，ムハンマドはこの世を去った。神が人類に送り出した最後の預言者であったことから，彼の預言者の役割を誰にも継ぐことはできなかった。しかし彼の共同体の指導者の役割は，継ぐことが可能とされ，最初の成人男性の入信者であり舅でもあったアブー・バクルが引き継いだ。ア

ブー・バクルが最初にとりかかったのは，ムハンマドに恭順を誓ったものの，反旗を翻したアラブの諸部族の制圧であった。アブー・バクルは彼らを制圧し，再びアラビア半島を平定すると，北方に進出し，ペルシア帝国とビザンツ帝国という二つの帝国と会いまみえ，イスラーム軍による「大征服」が開始された。

「大征服」はアブー・バクル以後の正統カリフ，世襲王朝のウマイヤ朝に引き継がれ，東はインダス川流域から中央アジアにかけて，西は北アフリカを通ってイベリア半島（今日のスペイン）といった広大な領域を支配下に治めていった。同時に，支配地域において徐々に住民のイスラームへの改宗と社会・経済システムのイスラーム化が進んでいった。征服活動に加え，サハラ交易，インド洋東西交易などの交易によっても，東アジアや東南アジア，サハラ以南アフリカにムスリム商人が到来し，地域住民のイスラームへの改宗が進んでいった。こうしてアジア・アフリカ大陸へと浸透していったイスラームは，やがて時代が下り，19世紀後半になると，それらの地域のムスリムが移民としてヨーロッパ諸国や南北アメリカにも広がっていった。そして 1970 年代後半からグローバル化が進む中で，文字通り地球規模のムスリムの移動が進んできた（**図 1 – 2**）。

今日，最も多くのムスリムが住むのは，地域別に見れば南アジアであり，次いで東南アジアと続き，イスラームが誕生した中東は 3 番目である。国別で見ても，やはり南アジア諸国やインドネシアなどの東南アジア諸国が上位を占め，中東諸国としては第 6 位にエジプトが，第 7 位にイランがようやく食い込むといった具合である。中東がイスラームの歴史と文化の中心地として栄えてきたことは間違いなく，中東のイスラームの展開が世界のムスリムに大きな影響を与えることは少なくない。しかし人口から見れば，もはや中東はムスリムの中心地ではなく，イスラームをアラブや中東の宗教と考えることは適切ではない。特定の民族や地域を超えた宗教であり，世界宗教といわれることも納得がいく。

では，世界宗教であるイスラームとは，どのような信仰内容の宗教なのだろうかというと，六信五行がその代表的な信仰内容としてしばしば説明される。

3 六信五行

✣ 六信

六信五行の六信とは，（1）アッラー，（2）諸天使（マラーイカ），（3）諸啓典（クトゥブ），（4）諸使徒（ルスル），（5）来世（アーヒラ），（6）定命（カダル）の存在について信じることである。これらの信仰内容は，イスラームより以前に，

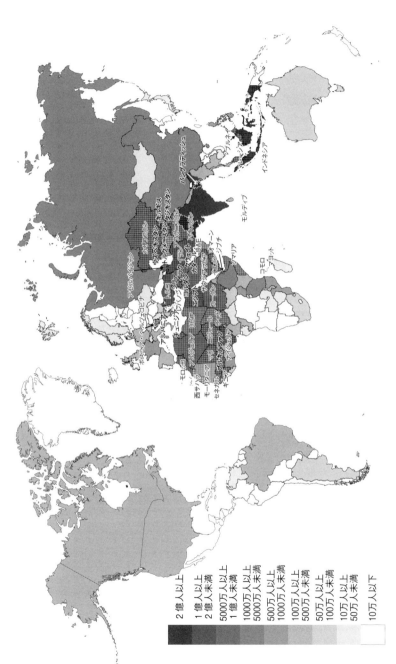

図1-2 世界のムスリム人口 国名・地域名が書かれている場合は、人口の過半数がムスリム。

第1章 イスラームの学び方　7

同じ中東地域で信仰されていた先んじた他のセム的一神教（ユダヤ教，キリスト教）から多くの影響を受けている。セム的一神教というのは，ヘブライ語やアラビア語などの言語学上の区分であるセム語族を母体として成立した，唯一神のもとに起こった宗教という意味である。以下，六信について簡素に説明したい。

（1）アッラーは，万物の創造主である唯一神である。アッラーが神の名前という固有名詞説もあるが，一般的には，アラビア語で「神」を表わすイラーフという単語に定冠詞アルがついた定冠詞＋イラーフ説として理解されている。後者の場合は，英語で The God と言っているのと同じであり，キリスト教徒やユダヤ教徒がアラビア語で自分たちの神を表現する際にも，やはりアッラーという言葉を使うことになる。

（2）諸天使として，イスラームにも様々な天使が存在しており，キリスト教などにも共通する天使の場合もあれば，イスラームに限った天使の場合もある。前者の一例を挙げれば，預言者ムハンマドに聖典クルアーンを伝えたジブリールであり，キリスト教でいうところの大天使ガブリエルであると考えられている。イスラームにおいても，キリスト教やユダヤ教とほとんど同じく，神を称讃してやまず，神の唯一性や啓示の真正性を確証する存在が天使である。ただし啓示（唯一神が預言者を選んで人間に言葉を下すこと）を授けたジブリールはイスラームの中で最も重要な天使のはずだが，聖典クルアーンで言及されるのは，わずか3度だけである。天使の存在については，キリスト教で聖書に具体的な名前の言及がなく後代に発展したように，イスラームでも後代に発展した。

（3）諸啓典とは，啓示の中でもとりわけ特別で，神から下された書物を指す。ムーサー（モーセ）に授けた『タウラート（トーラーあるいはモーセ五書）』，ダーウード（ダビデ）に授けた『ザブール（詩編）』，イーサー（イエス）に授けた『インジール（福音）』，そしてムハンマドに授けた『クルアーン（コーラン）』である。『モーセ五書』と『詩編』は，ユダヤ教の聖典の重要な位置を占め，『福音』はいわゆるキリスト教の聖書の内容を指す。

（4）諸使徒は，これら啓典を授けられた者を指す。先ほどから預言者ムハンマドという表現をしてきたが，預言者というのは神から言葉を下された存在である。そして預言者の中でも，啓典を授けられたとりわけ特別な存在が使徒と呼ばれる。なお預言者は，アーダム（アダム）に始まり，イブラーヒーム（アブラハム）やイスマーイール（イシュマエル），ヌーフ（ノア），ヤフヤー（洗礼者ヨハネ）など旧約・新約聖書の登場人物が含まれる。

（5）来世は，いつかこの世界が終わりを迎え，最後の審判を経て訪れる世界を

指す。来世はいわゆる天国である楽園と，火あぶりにされる火獄からなる。どちらに行くかは，生前の行ないで決められ，現世において善行を積む必要がある。

　六信の最後（6）定命とは，この世のすべては万物の創造主である神によって定められているということである。つまり，これから何がどこでいつ起こるかを，神はその一切を事細かに知っているということである。そのため人間が犯す罪と責任の所在を争点に，神の創造と人間の自由意志の範囲について初期の神学では論争となった。そして神が悪行も含めた万物を創造していることは疑いないものの，人間には善行と悪行を選択する意思があるという考え方が定着していった。

❖ 五行

　六信五行の五行とは，①信仰告白，②礼拝，③ザカート（定めの喜捨），④ラマダーンのサウム（斎戒），⑤ハッジ（大巡礼）を指す。一般的にはいずれも信徒であれば履行の義務がある行為とされている。

　①信仰告白は，アラビア語で「アシュハド・アン・「ラー・イラーハ・イッラッラー」・ワ・アシュハド・アンナ・「ムハンマド・ラスールッラー」（私は「アッラー以外に神はなし」と証言し，「ムハンマドはアッラーの使徒である」と証言します）」と唱えることである。二人の公正かつ敬虔なムスリムの前で，上記の文言を唱えれば，誰でもムスリムになることができる。信仰告白は入信のときだけでなく，礼拝の呼びかけ（アザーン）や少し言い方は異なるものの，礼拝の際にも唱えられる。

　②礼拝は，1日5回，太陽の位置と夜の始まり・終わりに応じた時間に，マッカのカアバの方角を向き，定められた誦句と動作によって行なわれる儀礼である。宗派や状況によっては，正午と午後，日没と夜半をそれぞれ一度の機会にまとめられることや，礼拝の手の位置や動作運びなどに小さなバリエーションの違いはあるが，全体的な統一性のある儀礼である。礼拝に際しては，決められた条件のもとで水や砂などで身を浄めておく必要がある。なおアラビア語で「平伏す場所」を意味するマスジドが転訛したモスクという言葉は，礼拝所を意味する言葉として知られている。ムスリムの礼拝はモスクで行なわねばならないというわけではない。しかし集団で礼拝することで来世での祝福が増すという考えがあり，ムスリムが集まるモスクでの礼拝を好むものも少なくない。

　③ザカートは，定められた財の一部を差し出す義務であり，差し出された財は貧者などのために使用される。ザカートには，信徒として犯した罪を浄化し，来世での報酬を増やすという意味がある。またザカートの使い道が定められており，

第1章　イスラームの学び方　　9

基本的には貧者救済のために用いられることから慈善義務ともいえる。なお，義務的なザカートとは別に，サダカと呼ばれる自主的な喜捨も一般的に知られている。

　④サウムは，その言葉自体は耳慣れないかもしれないが，ラマダーン月に行なわれる断食というと馴染みがあるだろう。だが，単に断食というわけではない。月の満ち欠けに応じたイスラーム太陰暦（ヒジュラ暦）の第9番目の月に行なわれ，夜明けから日没まで身を清浄に保つため，一切の飲食や性行為などが禁じられる。一方で，日没後にはイフタールと呼ばれる断食明けの食事を毎日とることになるのだが，肉類を大量に使うなど普段以上の豪勢な食事であることが一般的である。また一般的にムスリム社会では貧しい者に向けて，炊き出しなども行なわれ，空腹の苦しみと満腹の喜びを誰もが共有できる一月となる。

　⑤ハッジは，ヒジュラ暦で12番目の月ズー・ル＝ヒッジャ月にマッカとその周辺で行なわれる一連の手順に則って行なわれる儀礼である。義務ではあるものの，財力や体力など実行する能力のある者に限られる。交通路の整備や大量輸送手段の発展が起こる近代以前には，限られたムスリムしかこの義務を果たすことができなかった。そのためハッジに赴く者を手助けすることなどで，この義務の肩代わりが行なわれた。なお，12番目のズー・ル＝ヒッジャ月以外にも巡礼は行なわれているが，こちらはハッジと区別してウムラ（小巡礼）と呼ばれる。

4　本書におけるイスラームの捉え方

　今日，世界中の多くのムスリムが実践しているように，六信五行がムスリムにとって重要な信仰内容であることに疑いはない。しかし，その他にも重要な信仰内容があり，それはすべてのムスリムに共有されているとは限らない。預言者ムハンマドの没後，誰が共同体の指導者であるべきかをめぐる政治対立が起きた。この政治対立によって分かれた集団がやがて独自の信条や信仰内容をつくることでハワーリジュ派やシーア派といった分派が形成された。またすでに述べたように7世紀にアラビア半島で形成されたイスラームは，征服戦争や交易を通じて，世界各地へと広がり，各地域の慣行と結びつきながら時代や地域によって様々な実践の形態を生み出した。

　イスラームと呼ばれる信仰内容や実践のあり方の多様性は，研究者の間で大きな悩みの種であった。世界各地のムスリム自身が，「これはイスラームの信仰や

実践である」と考えてきたものに，地域や時代を越えた共通性があるわけではなかったからだ。そこである研究者は，預言者ムハンマドの時代にあったと考えられるものと，その死後行なわれるようになったもの，つまりは後代に付加されたと考えられるものを分けて考えた。またある研究者は知識人たちによって培われてきたものと，一般のムスリムが行なってきたものを分けて考えた。彼らは，分類を通じて総体としてのイスラームがどのような部分からなるかを明らかにしようとしたのだ。

　イスラームの実践を分類するのは，なにも研究者だけではない。時には，当事者であるムスリムによっても行なわれてきた。預言者時代に行なわれていたことと，後代に行なわれるようになったことを分け，前者こそ「確かな」イスラームのあり方であると考え，後者を「逸脱」と捉えるムスリムもいる。また教養ある知識人によって，聖典に確かな根拠のない実践が否定されるということも少なくなかった。時代や地域によって様々な実践が存在し，一部の実践については教養ある知識人にとっては否定の対象であったというと，それは実践している当人たちの無知に起因しているのではないかと思う読者もいるかもしれない。あるいは「確かな」知識があれば共通の実践や信条を理解できるのではないかと思ったかもしれない。ムスリムの中にも読者と同じように「確かな」知識があれば，確かな聖典にさかのぼることで，六信五行のような知識人によって培われてきた信仰内容を行なうようになると考える者もいる。だが，それは妥当な考えといえるだろうか。

　例えば，日本の社会におけるお盆を思い出してほしい。お盆は祖先供養の一つであり，地方色豊かな方法で行なわれる仏教行事である。その宗教的根拠は，『盂蘭盆経』という仏教典籍に由来するといわれているが，実のところ3−4世紀の中国で著わされた偽経であり，また日本の地方色豊かな方法も経典の内容とは大きくかけ離れている。だからといって，お盆を否定する，あるいは経典に則った方法で実践することにどのような意味があるだろうか。お中元や盆踊りなど日本という土地で歴史的に培われた慣習は，個人関係や地域社会，さらには家族を定期的に再構築する役割を果たしてきた。宗教の文化的側面はそれを行なう実践者自身，またその社会にとって非常に重要なのである。

　同じことは，イスラームの場合でもいえる。あるムスリムの立場からは「逸脱」とみなされる実践も，その実践を行なうムスリムにとっては，大切な実践であり，祖先から受け継がれた「伝統」なのである。ここでいう「伝統」とは，ある実践の形式や目的を実践者に正しいと示唆する言説――つまり，言語で表現されるこ

とでその内容を規定する諸関係——からなり，その実践が生まれた過去とその実践の未来に現在を通じて関係するものである。「逸脱」とみなされることも，当人たちは何らかの方法で，自分の信条や行ないをイスラーム的に妥当な「伝統」であると説明づけてきた。何らかの方法は，クルアーンやあるいはクルアーンの内容を補足し解説するためにムスリムによって吟味されてきた預言者の言行録（ハディース）などの，イスラームの「聖典」とみなされてきたものにしばしば基づいて行なわれてきた。それはお盆という祖先供養を仏教の経典と結びつけて正当化してきたことと同じようなものだ。

　このようにいえばムスリムがアラビア語で「イスラームに帰依する者」の意であったとしても，その帰依の仕方は一つではなく，地域や時代，さらには個人によって多様であることが理解できるだろう。イスラームとは何かは，ムスリム自身が探究している現在進行形の問題であるのだ。それゆえ中学校の地理歴史あるいは高校の地理の授業でならってきたような「イスラームとは○○である」という理解の方法では不十分であるということに気づく。「イスラームでは○○である」という言い方は，特定の立場に立つことになり，その立場のムスリムの信条や実践に対する固定観念を植えつけることになる。と同時に，その立場にないムスリムの信条や実践を「正しくない」，あるいは「間違った」ものとみなしてしまう危険性もあるのだ。さらにいえば，現代のテクノロジーと関係しながら再構築された実践であれば，テクノロジーの進歩とともに変容していくのだ。

5　本書の構成

　生物のように進化し続けるイスラームという存在について，本書は，イスラームがムスリムによって探求途上にあることを出発点する。そのうえでムスリムが近現代のどのような変化の中で「イスラーム的」であろうと模索してきたのかを，編者たちが重要であると考えいくつかのトピックを用いて解説していきたい。と同時に，それぞれのトピックを補足し，イスラームの地域多様性について理解を促すためにコラムを設けた。

　すでに述べてきたようにいったんイスラームの基本事項について概括したのち，本書におけるイスラームの捉え方を説明するとともに，本書の構成を明らかにする位置づけにあるのが，本章である。本章から第3章までは，日本という社会に生きるわれわれが，現代イスラームを理解するための根本的な内容となっている。第2章は，読者がイスラームにより親しみを持つと同時に，イスラームを学ぶこ

とが今や自分たちの社会について学ぶことであるということを伝える内容となっている。読者の多くが生活しているであろう今日の日本の社会で，ムスリムがどのようにムスリムとして生活し，将来にまたがる問題としていかなる課題を抱えているのかをモスクの活動に焦点を当てて解説する。

　日本の社会に生きるムスリムについて知ったときに，読者の中には，なぜムスリムはイスラームという宗教をそれほど大事にするのかという疑問や，あるいはそのように大事にする態度について違和感を覚えることがあるかもしれない。もし宗教というものにある種の「胡散臭さ」を感じながら，その違和感を覚えているのであれば，一つは日本語の宗教という用語の問題に由来している可能性がある。明治期に religion の翻訳語として発明された「宗教」という用語が，発明と同時に国家神道を推し進める明治国家を背景に「神道に劣った信念体系」というニュアンスをあてがわれてきた。なぜ宗教など信じるのかという疑問を持っていたとしても不思議ではない。

　こうした宗教に対する侮蔑的な態度ではなく，宗教の重要性を理解しながらもなぜそれほどにまでイスラームを大事にするのかと疑問を持っていたのだとすれば，よくぞその点に気づいたと言いたい。実のところ，近代化が進められた20世紀前半のムスリム多数派社会では，多かれ少なかれ社会の諸制度から宗教的要素が排除され，いわゆる世俗化が進められた結果，ムスリムであることもそれほど重要なアイデンティティではなくなっていった。いわば今日的なムスリムの認識は，極めて現代的なものなのであり，今やスタンダードとなっているムスリム女性の装いやムスリム男性のあご髭も例外ではないのだ。

　近代化を通じて何らかの世俗化を経験した社会で，あえてイスラームに基づく社会のあり方や生き方を「取り戻そう／選び取ろう」とする営みが1960年代後半から，中東を中心にムスリム社会で顕在化した。いわゆるイスラーム復興であり，現代のムスリムを理解するうえで不可欠な事柄となっている。第3章では，イスラーム復興とは，どのような営みであり，どのような歴史的・社会的背景の中で台頭し，さらには，どのような影響をムスリムに与えてきたかが明らかにされている。

　第3章が明らかにしているように，現代に起こったイスラーム復興は「過去」を必要としてきた。「過去」を必要としてきたというのは，あくまで現在によって解釈され遡及される「過去」である。例えば現代のイスラームに基づく政治の実践を掲げる人々——その主張の方法は千差万別であるが——の間では，「過去のイスラーム社会」が意識され，イスラームの歴史，特に初期イスラーム社会の

第1章　イスラームの学び方　　13

あり方に，その運動の原点が理想として求められてきた。このような「過去」に
さかのぼる作業は，現代に特有ではなく，過去のムスリムの歴史においても行な
われてきたことを第4章は明らかにしている。そして「現在」を克服するために
「過去」にさかのぼり解釈するという作業が，歴史の中で連綿と繰り返し行なわ
れ，また新たな「現在」を作り上げるであろうことを明らかにしている。

　このように「現在」と「過去」を反復して積み重ねる中で，伝統としてのイス
ラームが培われてきた。それは聖典クルアーン，イスラーム法学と神学，スーフィ
ズムなどといったムスリム社会で長い歴史を持った事柄にも当てはまる。

　イスラームの聖典クルアーンはアラビア語で「誦まれるもの」を意味している。
610年頃から632年にムハンマドに下されたこの聖典は，ムスリムの理念上，今
日に至るまで不変として存在してきた。不変として存在してきた背景には，神が
人類に直接語りかけた言葉を保存せんがために確立された伝承の方法とそれを幾
代にもわたって行なってきた，ムスリムの莫大な努力がある。われわれが今日手
に取るクルアーンも，7世紀に正典として確立したクルアーンも同じである。し
かし不変であるからといって，それを享受するムスリムの理解が同じだったとい
うことではない。だからこそ，預言者ムハンマドに下されていたクルアーンとは
何だったのかという問題は信仰者にとっての大きな問題であるのだ。第5章では
クルアーンをめぐる歴史的・現代的な展開についても解説しながら，この問題に
ついて，古事記研究を手がかりとする非常にユニークで大胆なアプローチを提起
している。

　信仰者にとっての意味という問題では，シャリーア（イスラーム法）の存在も
無視できないだろう。シャリーアは普遍的な法であり，ムスリムの個人の生き方
から社会の生き方におよぶ包括的で完全な法である。言い換えれば，どう振る舞
うべきか，どう信じるべきかといったムスリムとしての生き方をシャリーアが定
めているのである。シャリーアから外面・内面の細かな規定を示す営為を，法学
と神学が担ってきた。第6章では，内面的な「べき論」である神学の領域と，外
面的な行ないに関する「べき論」である法学の領域がそれぞれどのように歴史的
に発展してきたのか，さらには現代における展開が丹念に解説されている。

　こうした内面と外面をそれぞれ規定する神学と法学のように，理性的に神の意
志を知る方法がムスリム社会で発展しただけでなく，経験的・感覚的に神の意志
を知る方法もスーフィズムを代表として発展してきた。物質的な繁栄に対する憂
いから始まった禁欲主義は，やがて神との合一を図る経験的学問として社会的エ
リートの間に広がり，神に至る内面の道はやがて一般のムスリムも魅せていった。

14

第7章では，スーフィズムおよびそれと密接な関わりを持つスーフィー教団，聖者信仰などを通じ，イスラームの内面的探求の多様性について明らかにしている。スーフィズム・タリーカ・聖者信仰複合というべき現象が，ムスリム社会に広がることで内面の豊かさが育まれてきた。日本のイスラーム研究の中でも盛んに議論されてきた研究分野の一つでもあり，その研究の奥深さについても明らかにされている。

　こうした聖典や外面・内面の規定，さらには精神的な活動の伝統は，イスラームにおける芸術とも関係してきた。例えば，トルコのメヴレヴィー教団の儀礼で行なわれている楽器の演奏は，トルコ古典音楽という聴覚芸術の形成に寄与してきた。もっとも，音楽それ自体がイスラーム史において賛否両論がある。そのためイスラームによって花開いた芸術とは安易にはいえないものの，現代のワールド・ミュージックに現われた中東発祥の伝統的音楽と西洋音楽とを融合した作品や今日にイスラーム的価値を反映させた宗教音楽を生み出す端緒であったことは間違いない。第8章では，トルコに焦点を当てながら，現代トルコ音楽を醸成した宗教音楽の存在や今日ムスリムの間でよきものとして消費されるようになったイスラミック・ポップ（ナシード）などムスリム社会における音文化の今日的展開について明らかにしている。

　この音楽の展開からも示唆的であるように，消費者としてのムスリム，あるいはムスリムを対象とした市場が形成されつつある。それを最も顕著に示しているのが，近年日本においても盛んに取り上げられるようになったイスラーム金融やハラール（ハラル）の存在である。イスラーム金融は，「無利子」に代表される既存の欧米社会や日本の金融機関が提供する金融サービスとは異なる，イスラームの教えに従った金融サービスのことを指す。なぜ既存の金融機関と異なる取引方法システムが開発される必要があったのか，また何を契機にそのような金融商品を提供する機関が台頭したのか，さらにはどのような理念に支えられて出現し，伸張し続けてきたのかを第9章が明らかにしている。第9章を通じて考えさせられることは，お金という生きていくうえで必要であるものを，善く増やすこととは何かということにほかならない。と同様に，よく生きるために，善く食べるとは何か，善く消費するとは何かを考えさせてくれるのが第10章である。

　イスラーム法で「許された」を意味するハラールは，ムスリムを対象とした経済活動に不可欠なビジネス用語としてすでに一定の市民権を得てきた。ハラールと認証される対象は，食品や食事を提供するレストランから化粧品，さらに近年ではムスリムの消費財一般まで広がりを見せている。しかしハラールと認証され

第1章　イスラームの学び方　　15

るということはどのようなことを意味しているのだろうか。第10章では，食品に限定し，ハラール認証とはどのようなものであり，またどのようなビジネスの構造があるのか，さらにハラール認証がスタンダード化した今日において，ハラール認証がムスリムと如何に関わるのかを明らかにしている。

　芸術にせよ，イスラーム金融にせよハラールにせよ，これらの今日的動きをめぐっては一つの意見に収斂（しゅうれん）することはなく，ムスリムの中でも様々な意見や立場がある。それはムスリムの中の多様性を表わしている一方で，ムスリムの中の意見を取りまとめられないということを表わしてもいる。前近代のイスラーム社会では，ウラマーと呼ばれる何らかのイスラームに関する知識を持った人々がある程度意見をまとめる役割をなしてきた。彼らが特権的な役割を失う中で様々なイスラームをめぐる意見が表出してきたことは，イスラームをめぐる知識に大きな変化が起こってきたことを示唆している。第11章では，近代以降のイスラームの知識をめぐる変化を，知と権力という観点を踏まえ，ムスリム個人の志向性という今日的展開の中で，知識の担い手が多様化してきたことなども含めながら明らかにしている。

　こうした個人の志向性という新たなムスリムのあり方は，ムスリム女性としての生き方にも変化を与えてきた。その一方で，しばしば教育，就労，婚姻という側面から生み出されたイスラームが女性に抑圧的な宗教であるという言説は今日においても十分な影響力を持っている。それゆえ今日のイスラームを扱ううえでも，ジェンダーの問題，とりわけ女性の問題は避けては通れない話題である。ただ気をつけなければならないのは，「抑圧言説」がしばしば西洋中心的な視線を含んでいながらも単純に肯定も否定もできないということと，実際に生きる女性の詳細をそぎ落として作り上げられたムスリム女性像の存在である。「伝統的イスラーム」の価値規範が一概に悪いということも，反対によいとも言えないことは，日本の社会における女性を取り巻く状況を思い起こせば明らかである。

　第12章では，ムスリム女性の「抑圧」の根拠となる教育，就労，婚姻という三つの点についてエジプトの文脈に即して検討し，実際に当該社会でムスリムとして生きる女性の多様な生き方をある三姉妹のライフヒストリーに基づいて明らかにしている。他の章よりも長く，記述的であるのは，細部を重視する必要があったからだ。

　様々な生き方が存在しているのは，なにも女性に限ったことではない。イスラーム主義と呼ばれるイスラームに基づいた政治を実現しようとするムスリムの営みについても単純化することはできない。1970年代から中東で始まった「政治的

イスラーム」という現象は，やがて世界的な広がりを見せ，20世紀後半から21世紀の今日の国際政治上の大きな問題になっている。イスラーム主義の集団は，どのような論理を持ち，どのような近代世界とイスラーム世界の力学の上に存在しているのだろうか。第13章では，イスラーム主義にとっての行動の分水嶺となった1979年に注目し，何が国際政治上の大きな問題とさせているのかを明らかにしたうえで，イスラーム主義とは何かを明らかにしている。イスラーム主義を研究する日本の第一人者であり，イスラーム主義の分水嶺から同時代を走ってきた担当者ならではの解説は，他に類を見ないといっても過言ではない。

　もちろん多様なイスラーム主義といえども，近年の「イスラム国（IS）」に代表されるような武力をもって政治的主張を押し通そうとするイスラーム主義者の存在は，結果として西洋社会や日本の社会にイスラーム恐怖症なるものを生み出してきた。このイスラーム恐怖症がやっかいであるのは，その矛先がイスラーム主義者だけでなく，一般のムスリムにも向けられることがあるからである。イスラーム復興を経て形成されたイスラーム的価値が，現代の「われわれ」の価値，特に宗教をめぐる「われわれ」の制度を侵食しかねないからというのがその原因である。

　第14章では，世俗主義という近代以降の西洋社会で培われてきた宗教を私的な信念の領域にとどめることを是とする規範を扱う。世俗主義は，キリスト教を中心とするヨーロッパの歴史から生まれた原理であるものの，異なる宗教，宗派を持つ人々同士が同じ社会に共生する基礎を目指すという普遍的志向性を持つ。その世俗主義は，1980年代後半以降，フランスにおける公共空間でのムスリムの服装をめぐる規制と反発を代表例として，キリスト教とイスラームの間，あるいは近代的価値とイスラーム的価値の間の争点として挙げられるようになった。第14章はイスラームを世俗主義とは根本的に異なるものということをあえて出発点とし，世俗主義とは何かを問い直しながら，何が問題となり争点となっているのか，そして「われわれ」の側が世俗主義の何を見直すことでイスラームと共存していくべきなのかを明らかにしている。

　この世俗主義の論点を踏まえながら，これまで試行錯誤のなか模索されてきた共存の代表的方法が多文化主義である。多文化主義は，あらゆる文化を対等で尊重すべきであるという前提のうえで，文化の異なる集団間の共存を推進するための思想や政策を指す。第15章は特に多文化主義が宗教集団内の多様性をどのように扱ってきたのかアメリカとカナダの実際のケースを手がかりに検討し，より良き未来を創るための課題を明らかにしている。

第1章　イスラームの学び方　　17

これら15章の各所には，イスラームが歴史と地理的広がりの中で培ってきた多様なあり方を理解することを意図した地域的多様性や当該章の論点に関連したトピックを扱ったコラムがある。地域的多様性については，本書全体を補完するものとして，当該章の論点に関連したトピックは，当該章の記載内容を補完する役割がある。

　なお本書では，可能な限り専門用語を用いず，平易な日本語で記した。これまでの研究者による入門書では，アラビア語の専門用語が多用されることも少なくなかった。確かに翻訳は原語の持つ意味と微妙なずれを生んでしまうことから，専門用語を用いる有効性がある。しかし専門用語に気を取られ，それ以上に重要な内容を見逃してしまう危険性もある。また専門用語を覚えることに終始させてしまう危険性もある。そのため本書では，最低限必要な場合に限り専門用語を用い，用いる際には必ず日本語の意味を記した。また教科書という性格上，参考文献についても，本文やデータを引用する場合に示したものの，参照の場合にはあえて割愛した。参考文献がその都度示されることで，読者の意識が逸れることを恐れたためである。代わりに各章末に読書案内として，章の内容に関わる書籍を数冊紹介することにした。

■読書案内

小杉泰『イスラームとは何か』講談社，1994年。イスラームの誕生や聖典クルアーンの基本的な内容などイスラームの基本事項を気軽に一冊で学べる新書。

小杉泰・林佳世子・東長靖編『イスラーム世界研究マニュアル』名古屋大学出版会，2008年。学部生や大学院生が研究としてイスラームについて学ぼうとする際に，どのような研究が国内外で進められてきたのかがわかる研究ハンドブック。

大塚和夫ほか編『岩波イスラーム辞典』岩波書店，2002年（大塚和夫ほか編『CD-ROM版　岩波イスラーム辞典』岩波書店，2009年）。イスラームに関連する人物や用語について調べる際に必要不可欠な辞典である。なお書籍版と比較してCD-ROM版では一部項目の説明が新しくなっている。

『イスラームを知る』シリーズ，山川出版社。イスラーム社会を対象とした研究者によって，歴史・現代的展開に関わるそれぞれの専門トピックを扱ったブックレット・シリーズ。全24冊で，非常に多様なラインナップとなっている。

コラム 1

博物館で学ぶ世界各地のイスラーム文化

イスラームに対する一般社会の認識では、「戒律が厳しい」というイメージや紛争やテロとの結びつきばかりが先行しているが、それは情報の不足と偏りによるところが大きい。また教科書や参考書から日本人が知り得るイスラームに関する知識は、教義の基礎の部分であり、一元的であることが多い。実際には様々な地域・宗派・社会層・年齢層における非常に多様な日常の宗教実践があることを知る機会は、現地を広く旅しない限り、なかなかない。

しかし日本にいながらにして、世界各地のムスリムが日常生活において使うモノに触れ、イスラームの地域的な多様性を一つ所で実感することができる場所がある。大阪府吹田市にある国立民族学博物館（通称みんぱく）である。

みんぱくでは、2007年度から2016年度にかけて実施された本館展示の大規模リニューアルを経て、イスラーム誕生の地の文化をとりあげた西アジア展示場だけでなく、複数の地域展示場にイスラーム関連の展示品が加わり、世界各地のムスリムの物質文化を地域横断的に比較することが可能になった（現在みんぱくにある 12 の地域展示場のうち、イスラームに関する展示品が無いのは、オセアニア、朝鮮半島の文化、アイヌの文化の三つの展示場のみである）。

西アジア展示場を出発点とし、まずはアラビア文字、祈りの作法、身だしなみと信仰心、巡礼などに関わる展示物と解説を見てほしい。西アジア展示場の「信仰」のセクションでまず目を引くのは、金糸銀糸でクルアーンの章句が刺繍された見事な垂れ幕、キスワである。聖地マッカのカアバにかけられていたもので、通常は毎年かけ替えられ、古いキスワは裁断され巡礼者に配られる。この展示品は西暦 1970 年に開かれた大阪万国博覧会の際にサウジアラビア館に展示されていたもので、その後サウジ政府より寄贈された貴重な資料である。このほか、聖典クルアーン、マッカの方角（祈りの方向）を定めるキブラ・コンパス、礼拝用絨毯、数珠、護符、女性の衣服、シーア派の儀礼で使われる道具などムスリムの信仰の中心となるモノや、アラビア書道の作品や道具が展示されている。イスラームに先行する一神教であるユダヤ教とキリスト教との関係性について触れたコーナーもある。

ここから、アフリカ、ヨーロッパ、アメリカ、南アジア、東南アジア、中央・北アジア、中国地域の文化、日本の文化の順に展示場を回り、世界各地に住むムスリムの生活と信仰に関わるモノを探してみよう。アフリカ、中央アジア、南アジア、東南アジア、中国のように古くからムスリムが住み独自の物質文化を形成してきた地域がある一方で、ヨーロッパ、アメリカ、日本など、近年においてムスリム移民の人口が増え、社会・経済的に重要な存在となっている地域もある。

ヒジュラ歴1386年（1966-1967年）にメッカのカアバ神殿にかけられていたキスワ（国立民族学博物館・西アジア展示場）　国立民族学博物館提供。

アフリカ展示場の「イスラム教の広がり」のコーナーには，アラビア文字を練習するためのカメルーンの木製練習板やクルアーン学校の様子を描いたセネガルのガラス絵など，この地域独特の，伝統的なイスラーム教育の名残を示すものがある。

ヨーロッパ展示場の最後のセクション「変動するヨーロッパ」には，移民のためにペルシア語などを含む様々な言葉で書かれた教科書や生活ガイドが並び，手厚い受け入れ体制を物語っている。移民自身が語るライフストーリーの映像の中にはムスリム女性が登場し，エスニック食品店で売られるラーメンのパッケージはよく見ると，ムスリムが食べることが許された食品であることを示すハラールマークがついている。

アメリカも比較的新しい時代にムスリムが移住した地域である。アメリカ展示場のカレンダーのコーナーには，ブラジルのサンパウロのモスクで配布されていた，ヒジュラ暦と西暦が併記され礼拝の時間が記された暦が展示されている。

南アジア展示場の「宗教文化」のセクションには，インドのグジャラート州にあったモスクの木製の扉がある。なぜかカイロのマムルーク朝の君主の碑文が刻まれており，南アジアとイスラーム世界の関係の歴史の古さを物語っている。より新しい時代の南アジア独特の宗教関連商品としては，車のお守りや見る角度によって絵が変わるポスターがあるが，ヒンドゥー教の神の像に並んで，カアバや預言者モスクを象ったムスリム用のものも作られている。

東南アジア展示場にはムスリム女性の様々なヒジャーブのスタイルが展示されており，敬虔な女性たちが身だしなみとしてだけでなく，ファッションとして楽しんでいる様子がうかがわれる。また，ハラール製品市場の発展を示す食品なども多く展示されており，歯磨き粉やミネラルウォーターにまでハラールマークがついていることが興味深い。

中央・北アジア展示場の「中央アジア」セクションに並ぶ絨毯，陶器，木製の調度品，細密画などには，繊細なイラン文化の影響がうかがわれる。結婚，割礼などムスリムの人生儀礼に関わる展示品にも注目してほしい。

中国の少数民族のうち回族，ウイグル族，タジク族，カザフ族などがムスリムであり，中国展示場の「装い」のセクションにはウイグル族の民族衣装が展示されている。また

「宗教と文字」のセクションの「イスラーム」コーナーには，漢字の書のように見える掛け軸がかかっているが，実はアラビア文字でハディースとされる章句が書かれている。ストラップ型のお守りにも，アラビア語でアッラーと書かれているが，飾り紐がついたその形状は中国的である。

　世界の他の地域に比べると，日本とムスリムの関わりの歴史は浅い。しかしムスリムの労働移民，結婚などによって日本に移住してきたムスリム，イスラームに改宗する日本人は近年増えている。日本の文化の展示場の最後のセクション「多みんぞくニホン」には，各地のモスクやクルアーン学校，ハラール食品に関連した展示品が並べられている。

　このようにイスラーム関連のモノを辿って各展示場を回ると，アラビア語で書かれたクルアーン，聖地マッカに向かって行なう礼拝，服装や食べ物に関する戒律など，世界中のムスリムが共有する要素が浮かび上がってくると同時に，それぞれの土地に根ざしたイスラームのあり方もまた見えてくる。各地に広がったイスラームが地域独特の物質文化・食文化・音文化と融合した様子や，その地域のムスリム・コミュニティの歴史や他宗教との関係性について考察する手がかりが見つかるはずである。より深く調べたい方は，3 階の図書室へ。現住所が確認できる身分証明書があれば，誰でも利用できる。

　大阪の博物館まで赴くのは難しいという遠方の方のために，宅配サービスを使った貸し出しキット「みんぱっく」も紹介しておこう。スーツケースの中にみんぱくの研究者が現地で入手したモノが情報カードとともに入っており，実物を手に取り，試着したりできる。主に小中学校の総合学習などの授業での活用が想定されているが，大学への貸し出しももちろん可能である。2018 年現在で運用されているパックは「イスラム教とアラブ世界のくらし」，「アラビアンナイトの世界」，「世界のムスリムのくらし 1　日常の中の祈り」，「世界のムスリムのくらし 2　同時代を生きる」の 4 種類である。

　みんぱくは，世界各地のムスリムの日常品を身近に見ることができるという点において世界的にもユニークな博物館である。授業利用での割引設定などもあるので，ぜひご活用いただきたい（水曜休館 http://www.minpaku.ac.jp/research/sharing/manual）。

　国内ではほかにも，イスラーム美術品や西アジアの歴史に関連した貴重書が展示されている下記のミュージアムがある。こちらの貴重な所蔵品も見逃せない。

　　岡山市立オリエント美術館（岡山県岡山市 http://www.orientmuseum.jp/）
　　MIHO MUSEUM（滋賀県甲賀市，冬季休館 http://www.miho.or.jp/）
　　中近東文化センター附属博物館（東京都三鷹市，予約制 http://www.meccj.or.jp/museum/）
　　東洋文庫ミュージアム（東京都文京区 http://www.toyo-bunko.or.jp/museum/）
　　　　　　　　　　　　　　　　　　　　　　　　　　　　　　（山中由里子）

第 2 章

日本とイスラーム
──モスクから見る日本のムスリム・コミュニティ

1　はじめに

❖ イスラームのブーム？

　近年，日本国内におけるイスラームやムスリム（イスラーム教徒）への注目が，これまで以上に高まっている。

　日本の観光立国政策と東南アジア諸国を中心とする訪日ムスリム観光客の増加によって，観光業界ではハラール食などムスリムへの「おもてなし」提供に関心が集まっている（第10章も参照）。また「16億人のイスラーム市場」などの見出しで，日本の産業振興やグローバル市場を見据えた輸出振興を目的としてハラール認証を取得する動きも活発になっていることが報道されている。さらに国民の9割近くがムスリムのインドネシアとの経済連携協定を通じた看護師・介護士候補者の受け入れが開始されたことによって，医療・福祉現場における宗教への配慮のあり方が話題となった。一方で過激派の活動や中東，南アジアにおける日本人人質殺害事件といった事件もまた，上記とは違った形でイスラームやムスリムへの関心を呼び起こした。

　このような近年の動向を見るに，日本の外交政策と相まって，「イスラームのブーム」が到来しているようにも映る。しかし，このような「イスラームのブーム」ははじめてのことではない。店田の言葉を借りれば，日本は，現在に至るまでに3回の「イスラームのブーム」を経験してきた（店田廣文『日本のモスク──滞日ムスリムの社会的活動』山川出版社，2015年）。第2次世界大戦以前，とりわけ

1930年代末の日本では，イスラーム世界と連携して欧米に対抗しようと「回教政策」という国策が展開されており，軍部や右翼，政財界を巻き込んで第1のブームが巻き起こった。2回目のブームは，1970年代半ば第4次中東戦争に端を発し，トイレットペーパーの買い占めなどの社会現象が生じた「オイルショック」の時期に起こった。第3のブームは，2001年の9.11同時多発テロを受けて国際情勢への注目が高まった時期に起こった。いずれも当時の国際関係に基づき，イスラーム諸国や社会等への関心が急激に高まりを見せた。そして現在，新たな関心が高まりつつある。これをして，訪日ムスリムの増加に伴う受け入れやハラール認証に関連する「第4のブーム」といえなくもない。

　「第4のブーム」がこれまでのブームと大きく異なるのは，主に日本国内を舞台に生起している現象という点だろう。言い換えれば，このブームは，国際関係を基盤に起き，主に国外において生起する問題を対象としていた従来のものと異なり，われわれ自身が，国内にいながらにして日常レベルでムスリムと関わりあう可能性を持っているという点で新しい。だが，日常生活における相互行為を伴う現象は，何もこのようなブームを伴わずとも，すでに生起してきたものでもある。

❖「日本の」ムスリム・コミュニティ

　日本には世界の多様な宗教を信仰する人々が生活しているが，日本社会とそれら多様な宗教の「コミュニティ」間に，交流は乏しいのが現実だろう。イスラームについても，いまだに大部分の日本人にとって馴染みのない他者の宗教というのが現状だろう。だが，前述の日本人人質殺害事件の折，メディアには「日本のモスク」や「日本在住のイスラーム教徒」が多数登場したことや，2011年の東日本大震災や2016年の熊本地震の折に，他の支援者たちに混じって現場で支援活動に携わるムスリムの姿が頻繁に報道されたことを記憶されている方も少なくないだろう。これら報道に共通するのは，いわずもがな日本に「住まう」ムスリムの存在である。

　ムスリムは日本を訪れるだけの存在ではない。訪日観光客とは別に，日本で生活するムスリムは，少なくとも14−15万人にのぼる。国籍を見ると，外国出身者の割合は高いものの，日本出身のムスリムも年々増加傾向にある。「イスラーム＝外国のもの」というイメージはいまだ強固だが，その認識はもはや現実と一致しない。人だけではない。各地でイスラーム系宗教団体やモスク，ハラール・レストランや食品店，教育施設や墓地など，ムスリムによるムスリムのための社

第2章　日本とイスラーム　　23

会空間が生まれている。特にモスクでは，多様な社会的活動が行なわれており，活況を呈している。華々しいブームやセンセーショナルな事件の陰で，日本にはムスリムの豊かな生活世界が着実に形成されているのである。そしてその生活世界は，ムスリムのコミュニティの中で完結するのではない。

　本章では，生活世界の一端から日本のムスリム社会の現在を読み解きつつ，非ムスリムが多数を占める日本社会との関係についても考えてみたい。以下では，まず「日本のムスリム」の特徴を人口から捉える。それをもって，ムスリムとは誰か，そしてその特徴は何かを知るきっかけとしたい。次にコミュニティの中心の一つであるモスクの来歴と活動を概観する。ここでは，一般的な活動を概観しつつ，適宜経年的・世代的変化にも触れたい。最後に，ムスリム・コミュニティの課題を，「持続的発展」という論点から見ていく。ムスリム内部の変化や，地域社会との関係性に注目して，日本のムスリム・コミュニティの今後について論じてみたい。なお，本文中の各事例については，特に断わりのない限り筆者の聞き取りの結果に拠っている。

2　ムスリムの人口

❖ 1980 年代以降の増加

　日本の多文化的状況は，1980 年代以降，ニューカマーと呼ばれる外国人の入国によって新たな展開を迎えた。少なくとも明治期から日本にはムスリムが居住していたが，日本におけるムスリム人口が急増したのもちょうどこの時期に当たる。

　バブル経済期の 1980 年代後半から 1990 年代初めにかけて，パキスタン，バングラデシュ，イランから，10 - 20 万人前後の人々が来日した。当時これらの国との間には査証相互免除協定が結ばれており，ビザなしで入国することができた。彼らの多くは正規の就労資格を持たず来日した男性で，いわゆる「出稼ぎ労働者」として，製造業を中心に労働に従事し，日本経済を下支えする存在となっていった。

　ところが 1989 年にパキスタン，バングラデシュ，1992 年にイランとの間の査証相互免除協定が一時停止となった。彼らを含むアジア系労働者の資格外就労が社会問題化されたことが，その背景にはあった。そして 1989 年の「出入国管理および難民認定法」の改正（1990 年施行）が，彼らを取り巻く状況を一変させた。査証相互免除協定の一時停止によって事前にビザを取らなければ入国できなく

なった。出入国管理および難民認定法」の改正によって一般の外国人には認められない単純労働への日系人の就労が許可されるようになった。両者が相まって，彼らは「不法」な存在ないし「違法な」労働力として排除の対象となった。

　多くは退去強制の対象となり本国に戻ることになったが，一部は滞在を長期化させていった。排除の対象となりながらも日本で生活を続ける中で，日本人女性との結婚等を機に正規の在留資格で滞在する者も現われ始めた。彼らの中には，家族・親族の紐帯やムスリムとしての特性を生かしながら，経済的な成功を収める人も現われた。ハラール・レストランや食品店，旅行会社等の商売を立ち上げたのだ。特に中古車輸出関連業は，パキスタン人をはじめとするムスリム移民が開拓した業種の中で，最も成功を収めたエスニック・ビジネスであった。

　1990 年代以降になると，別の形で新たにムスリムが日本に到来することになった。研修・技能実習生には，インドネシア人が多く含まれていたし，留学生・就学生には，マレーシア人やバングラデシュ人などが含まれていた。つまり 1980 年代とは異なる形で，ムスリムが多く暮らす国からの来日が進み，「日本のムスリム」は，出身国や在留資格，職業などにおいて多様化が進んでいったのだ。

✥ 現在

　現在の日本のムスリムの概況を，人口，国籍，在留資格，居住分布に注目して見てみよう。もちろん信仰は個々人の問題なので，誰が本当にムスリムなのかを他者が判断することはできない。また，「私はムスリムです」と表明する人々にしても，考え方や実践の程度は，人それぞれ異なるだろう。「ムスリム」という概念は，平板なものではないことを断わっておきつつ，ここでは店田の研究をもとに一定の基準となる数値を示しておきたい（店田廣文「日本におけるムスリム移民・難民の現状と課題」『中東研究』528，2017 年，3 - 15 頁）。

　日本に暮らすムスリムの人口（2015 年末現在）は，およそ 14 - 15 万人と推計され，その多くは外国出身者で占められている。外国人ムスリムの人口について特徴を把握するため，主な国籍を見ると，インドネシア人（2 万 8000 人），パキスタン人（1 万 2000 人），バングラデシュ人（1 万人），マレーシア人（5000 人），イラン人（4000 人），トルコ人（4000 人），その他のアラブ諸国（5000 人）となる。

　筆者らが日本の地方都市で実施した社会調査で，「イスラーム／ムスリムと聞いて思い浮かぶ言葉」を尋ねたところ，国や地域では「アラブ／アラビア」と結びつけられる傾向が見られた。だが日本国内の状況を見ると，実際には東南アジ

アや南アジア出身者の存在感が強いことがわかる。もう一つの特徴として，性比の不均衡がある。上記の国々出身者では，マレーシアを除き，男性の比率が7割前後となっている。

　在留資格に注目すると，活動（就労）に制限のある資格についても，各国の特徴が見て取れる。インドネシア人では「技能実習」や「留学」，パキスタン人では「人文知識・国際業務」，「経営・管理」などビジネスに関わる資格が，バングラデシュ人では「留学」，「人文知識・国際業務」，マレーシア人では「留学」が特徴的である。こうした国籍と在留資格あるいは職業との組み合わせは，日本国内における居住分布に一定の影響をもたらしている。技能実習生については，地方の工場地帯や港湾・農村への集中が見られるし，各地の国立大学周辺の礼拝施設では，世界各国からやってきたムスリムの留学生に会うことができる。パキスタン人を中心とした中古車輸出関連業を営む人々については，富山県や新潟県への集中が有名だが，各地のオークション会場周辺や国際港周辺などへの集中が見られる。また，東海地方のスリランカ人，埼玉県南部のクルド人，群馬県館林市周辺のロヒンギャなどのように，特定の国籍やエスニック・グループが集住しているケースもある。

　一方，いずれの国籍においても，活動（就労）に制限のない身分または地位に基づく資格（永住者，日本人の配偶者等，永住者の配偶者等，定住者）での滞在が目を引く。これらの資格による滞在は，先に見た主要国在留外国人全体の約4割を占めている。「技能実習」や「留学」など，比較的短期で成員が入れ替わる層が存在する一方，長期にわたって日本において生活を営んでいる層が増加傾向にある。

　日本人ムスリムについても確認しておこう。日本人ムスリムの全容を統計的に把握することは非常に困難である。入国審査と同様に，国勢調査においても，宗教は調査項目に含まれていない。また，文化庁の『宗教年鑑』には，各宗教団体の信者数が記されているが，各々の団体が申告した値であり，またすべてのムスリム団体が含まれているわけでもない。以上の限界はあるものの，これまでの研究からは，結婚を機にイスラームに入信するケースや，その女性比率の高さが明らかになっている。改めて店田による推計を参照すると，「日本人の配偶者等」，「永住者」資格を持つ人の配偶者がムスリムであると仮定すると，およそ2-3万人の日本人ムスリムがいることになるようだ。

　しかしながら上記の推計では十分に掬いきれない層が存在することも指摘しておく必要がある。結婚以外で自発的に改宗した人や日本国籍を取得した人々，

（ニューカマーの）家族形成に伴う子ども世代などがそれに当たる。これらを踏まえると，日本のムスリム人口の推計値はさらに増加することになる。そして家族形成の進行によって，ムスリムを「外国人」として想定することは，いっそう難しくなりつつある。「イスラーム＝外国のもの」という構図は，もはや現実的ではないし，「日本で生まれて，生きて，死ぬ」ムスリムが今後増加していくことも確実である。ともあれ，このような見通しが立つ以前から，日本にはムスリムが必要とする社会空間が作られてきた。そこでムスリムが日本で人生を営むうえでの基盤がどのように形成されてきたのかを，モスクを中心に見ていくことにしたい。

3　モスクの活動

❖ モスクができるまでと，モスクの役割

　1980年代後半以降，労働者は各地の工業地帯へ，研修（技能実習）生や留学生も各地へ分散していった。そのためムスリムの居住地は，大都市のみならず地方へと分散する傾向が強まった。日本にもイスラームの宗教施設は少数ながら戦前から存在していた。しかし，それらは東京と神戸のみであり，ニューカマーたちの多くにとって，日常的に利用することは不可能であった。各地のムスリムの一部は，アパートや大学の空き部屋を借りて，集団での礼拝や勉強会を始めた。金曜日の集団礼拝や，仕事や学校のない週末の夜には，特に多くの人がそのような場を訪れた。それは，皆が持ち寄ったカレーなど，故郷の味を皆で楽しむ時間でもあった。騒音など，近隣とのトラブルとなることもあったようだが，それでも多くの人を引きつけたのは，そうした集会が宗教実践であると同時に，国籍や言語，アイデンティティの近しい友人たちとの貴重な再会の場であり，さらに生活や就労にまつわる情報交換の場でもあったからである。

　このような仲間たちは，やがて，恒久的な施設，つまりモスクをつくろうという動きを具体化させていくことになった。ニューカマーが中心となって，収入をやり繰りし，寄附を募るなどして開設したはじめてのモスクは，1991年に埼玉県春日部市に誕生した（一ノ割モスク）。これ以降，日本におけるモスク設立は，加速度的に進められていく。そしてそれは，ムスリムの多くが社会・経済的に安定あるいは上昇したことや，各地のムスリムがビジネスや信仰を通じてつながり，国内外に広がるネットワークを形成していったことなど，ムスリム内部の変化と結びつきながら達成されていった。

図2-1 東海地方にある日本家屋を再利用したモスク　右は内観。絨毯が敷き詰められ，奥にキブラ（メッカの方向を表わすくぼみ）が見える。

　一ノ割モスク以前には恒久的な礼拝施設と呼べるものはわずか三つしかなかったが，そこから25年以上の間に急速に増加し，現在その数は全国で100を数えるまでに至っている（ちなみに鳥取県では，スターバックスコーヒーの出店より先にモスクが誕生している）。

　多くのモスクは，中古物件をリノベーションするスタイルをとるため，必ずしもイスラーム諸国にあるような，「いかにも」な外観をしているわけではない。

　図2-1は，東海地方にある日本家屋を再利用したモスクである。アラビア語の看板がなければ，一見してモスクであるとは認識しづらい。だが，中に入ると，礼拝のための絨毯が敷き詰められた開放的な空間が広がっている。ここでは，礼拝の他，大人や子どものイスラーム教育が行なわれている。離れにはキッチンがあり，皆の食事を作る大鍋が備えつけられている。2階には礼拝スペースのほか，イマーム（礼拝導師）のための執務室がある。

　モスクは，かつてのアパートや大学の空き室がそうであったように，人々を引きつける。そして，その周囲にはハラール食品店やレストラン，教育施設等，その他の施設も集まる傾向にある。ムスリムに暮らし良い空間が形成されていく。

　それには合点がいく。というのも，そもそもイスラーム諸国における伝統的なモスクとは，第一義的には礼拝のための場であるが，ムスリム同士の集まりの場，精神的な拠り所であり，憩いの場，悩み事の相談や情報交換の場，困ったときの相互扶助の場，子どもや成人のための教育の場，祭りや婚姻・葬儀の場などの機能が付与された空間であるからだ（店田 2015：41）。ムスリムとしての日常生活に欠かせない場であり，同時にその場に人が集まることによって様々な活動が行なわれる「コミュニティセンター」のような役割を有しているのだ。

日本のモスクの運営形態は，地元の有志の緩やかなつながりによるもの，団体や法人として運営されているもの，より大きな団体や法人の支部として運営されているものなど様々であるが，基本的に，日々の運営はその地域に住まうムスリムによって担われている。ゆえにモスクは，例えば「留学生が多いモスク」，「教育が盛んなモスク」，国籍や思想を反映した「○○系のモスク」など，所在地域ごとの特色を反映する空間となりやすい。日本のモスクにこれまでどのような機能が付与されてきたのかについて，一般的な活動を概観してみよう。

✤ 集まりの場，助け合いの場として

　集まりの場という点について，食事を切り口に見てみよう。現在も金曜の集団礼拝の後や，土曜日の夜の礼拝の後には食事が供されることが多い。食事は，専従のスタッフが作る場合もあれば，モスクに来る人が持ち回りで作る場合もある。パキスタン人やバングラデシュ人の人口の多さや，大人数に供する利便性を反映してか，これまでカレーやビリヤニ（南アジア風の混ぜご飯）が供されることが多かった。インドネシア人やマレーシア人が多いモスクでは，ナシゴレンやテンペ（インドネシアの納豆）などが供されることもある。あるモスクでは，アフガニスタン人が作るロッシュというスープが絶大な人気を博し，一時期頻繁に登場した。まだ稀ではあるが，コロッケやオムライスなど，日本の家庭料理が登場することもある。これらは，スパイスが苦手な子どもたちや，親元を離れ「家庭の味」が恋しい若者層を中心に人気がある。また，多国籍の人々が協力して料理する機会も多く，特にどこの料理というのではない，レシピのない「無国籍カレー」のようなものも頻繁に登場する。

　共に食事をとる「共食」は，モスクにおける重要な時間である。ムスリムであるという共通点を持ちながらも，メニューと同じく，多様な国籍，文化，世代の人々が混在する場で，「同じ釜の飯を食う」に同じく，同じ皿を囲んで飯を食べる。見ず知らずの人と膝をつき合わせる機会も多く，自己紹介から始まり仕事やプライベートの話題まで様々な話が飛び交う。共通の知人がいることがわかり驚くこともままある。また，母語を同じくする人や，同じ町の出身者で固まるということも，しばしば起こる。これをイスラーム的に「分離している」と見る向きもある。しかしモスクが信仰の場であると同時に，気心の知れた家族や友人との絆を再確認する場でもあることからすれば，必然の結果ともいえよう。イスラーム暦9月のラマダーン月の斎戒の期間中やラマダーン明けの祭り，犠牲祭などの折には，普段モスクに来ない（あるいは様々な理由からモスクに来ることができ

第2章　日本とイスラーム　　29

ない）人々も参集し，宗教や民族など自らのアイデンティティを再確認する格好の場となっている。

またモスクは，様々な生活上のリスクに対する助け合いの網の目（セーフティネット）を生み出す基盤になってきた。モスクでは，イスラームの教えを動機として採用しつつ，様々な相互扶助や慈善活動が行なわれている。社会・経済的基盤の安定化が進んでいるとはいえ，問題を抱える人もいる。失業や事故，怪我などのリスクもある。また，言語的な問題から生活上の手続きに不案内である場合や，入居できるアパートがなかなか見つからない場合など，外国出身であるがゆえの問題に直面することもある。そのようなとき，モスクで出会う人々が力になるのだ。転職・起業の援助，傷病者や生活困窮者への援助，遺族支援，役所や不動産業者への同行，結婚相手の紹介，などが行なわれている。これらは，必ずしもモスクとしての活動というわけではない。けれども，モスクに多様な人々が集まることによって，様々な生活上のリスクに対するセーフティネットが生まれてきたのだ。個人ではなく集団による解決を期待できるという点は，モスクの持つ重要な資質の一つとなっている。また，こうした連帯は，先に見た東日本大震災や熊本地震の際の支援活動のように，広く社会を対象とした活動の基盤ともなる。さらに，海外への支援や，ホームレス支援なども行なわれている。

❖ 教育の場として

イスラーム的な教育は，多くのモスクに備わっている機能である。成人や子どもを対象として，クルアーン（コーラン）読誦とその解釈，イスラームの行動規範の学習や語学（アラビア語，英語など）などが講じられている。生まれながらのムスリムであっても，必ずしもイスラームに関する知識に明るいわけではない。日本に来て，あるいは子どもができてはじめて，信仰に目覚めたという人もいる。結婚を機にイスラームに入信し，自発的にイスラームを学びたいと考える日本人女性もいる。きっかけや動機は様々だが，そのような人々を中心に，教育は求められてきた。

成人男性向けの勉強会は，各所で比較的頻繁に行なわれていた。近年では，モスクに女性専用のスペースが次第に確保されるようになり，女性の勉強会を開催するモスクも増えている。もちろん教育活動は，モスクの中に限られるわけではない。モスクに拠らない自助団体による勉強会や，ネットやSNSを通じた勉強会なども行なわれている。しかし，人が集まりやすいモスクは，教育ニーズを回収する「場」として，有効な選択肢の一つであり続けている。ゆえに，モスクが

運営する勉強会のほか，特定のエスニック・グループやサークルによる勉強会が，モスクのスペースを間借りして行なわれることもある。

　子どもの教育は，家族形成がいまほど進行する以前から，モスクが担うべき重要な活動として認識されていた。イスラーム諸国と違って日本では，子どもにムスリムとしてのアイデンティティを育んでもらいたいと思っても，それは放っておいて自然と身につくものではない。特に日本で長く暮らしていくことを前提としている親世代にとっては，子どもたちが，食や外見などにおいて，周囲との差異を認識する年頃になったとき，ムスリムとして健全な自己形成を行なえるかということも心配事であった。ともすれば，「排除」を経験するかもしれず，同時に「イスラームから離れていってしまう」ことへの危惧があった。もちろん，家族や夫婦によって教育観や子どもに対する考え方は異なるので，これらはすべての人が共有する認識ではない。けれども，一つの解決策として，「ぶれない心の軸」を持ってもらうために，イスラームの確かな知識や振る舞いの伝達が求められてきた。教育は，日本では，意識的に取り組まなくてはならない課題であった。最も着手しやすい選択肢は家庭での教育だが，親世代とてイスラームや教育に精通しているわけではない。

　こうした状況の中，一つの選択肢として，各地のモスクでは教育が試みられてきた。週末や平日夕刻に，モスクは教育の場として子どもたちに開放されてきた。近隣に住む子どもだけでなく，遠方から通ってくる子どももいる。先に挙げた座学のほか，夏休みなどを利用したキャンプなどのイベントも開催されている。だが，これらの取り組みの多くは，有志のムスリムによってボランティア的に運営されており，教師役にしても，「知識」はあっても必ずしも「教育」に明るいわけではない。学習面を重視しすぎるなどして，子どもが来なくなってしまうケースもあり，大人たちの試行錯誤が続いている。

　運営面においても，親たちの教育に対する考え方や経済状況の違い，居住地域の広域化と多様化，運営メンバーの帰国などを要因として，休業状態に追い込まれている事例もある。大人の勉強会と同じく，モスクに拠らないサークルも出てきている。また，近年では，いくつかのイスラーム団体が，幼児教育および初等教育レベルの教育施設をモスクの近隣に設立しているというケースもある。

❖ 婚姻，葬儀の場として

　モスクは，ライフステージに対応した重要な機能も果たしている。代表的なものは婚姻であり，婚姻契約（ニカー）がモスクにおいて執り行なわれる（図2-2）。

図2-2 結婚式の風景　東京ジャーミイで執り行なわれた式の様子。

日本の公的な婚姻届とは別に、イスラームに則って、ムスリムの証人臨席のもとで婚姻契約と結婚証明書の発行が行なわれる。イスラームへの入信手続きもモスクで行なわれ、入信証明書が発行される。改宗ムスリムの結婚、巡礼、埋葬の際には、入信証明書が必要となるからだ。

ムスリムの葬儀もモスクで執り行なわれる。ムスリムが死亡した場合、遺体の浄めは近親者などによってモスクで行なわれ、できる限り速やかな葬儀と埋葬の実施が望ましいとされている。ただし、既存の物件を購入するケースが多いため、モスクによっては遺体の浄めのための十分な設備を有していないことがある。その場合、モスク間の連携が発揮される。例えば群馬県の境町モスクは、かつてそうした設備を持たなかったが、近隣に位置する伊勢崎モスクの設備を利用することができた。このようにモスクは独立して存在しているのではない。

　個人の視点から見れば、モスクごとに異なる設備や制度が各地に点在しているといえる。ある地域の人が、他の地域のモスクが立ち上げた設備や制度を利用することは頻繁に起こる。墓地もその一例である。埋葬は、ムスリムの場合土葬が必須であるが、日本では土葬に対する法律上の制約や、（ムスリムに限った話ではないが）地域住民の反対などがあって、簡単には霊園を整備できないという事情があった。モスクやその運営団体は、このような状況にあって、墓地取得のための交渉や土地購入手続きなどの活動の基盤となってきた。現在、ムスリムのための霊園墓地として、山梨県甲州市に日本ムスリム協会の「イスラーム霊園」、北海道イスラミックソサエティ（札幌モスク）が北海道余市郡余市町に永代使用権を取得したイスラーム霊園、静岡県静岡市の「清水霊園イスラーム墓地」（イスラミックセンター・ジャパン協賛）、茨城県つくばみらい市にある日本イスラーム文化センター（大塚モスク）の谷和原霊園、茨城県小美玉市にあるマディーナ・モスクのMGIJ（Muslim Graveyard Ibaraki, Japan）、関西には橋本霊園があり、各地からの埋葬依頼を引き受けている。

4 ムスリム・コミュニティの課題

❖ 転換期に差し掛かったモスク

モスク設立が増加し始めた 1990 年代から，25 年以上の時間が経過した。これまで見てきたように，モスクは，ムスリム・コミュニティの核として，相互扶助，教育，墓地取得活動など，ムスリムの生活上のニーズを回収する場所となっている。

一方，25 年という歳月は，ムスリム・コミュニティの内外に変化をもたらすのに十分な時間でもあった。すでに見たように，国籍などの多様化，定住化，家族形成の進行，子ども世代の増加など様々な変化が生じた。加えて 1980 年代半ば以降に来日し，その後定住した人々，つまりこれまで各地でムスリム・コミュニティを牽引してきた中核層の高齢化も進んでいる。ムスリム・コミュニティは，世代交代の時期に差しかかりつつあるという，内的な変化を迎えている。

これらの内的な変化に加え，外的な変化も迎えている。本章の冒頭で触れたような，ハラールやセンセーショナルな事件などを通じた，イスラームないしムスリムへの関心の高まりである。関心の高まりと相まって，日本のムスリムがメディア等に露出する機会も増加し，日本に居住するムスリムの認知度も高まりつつある。またモスクと，日本社会や周辺の人々との接触機会も増えつつある。こうした内外の変化を踏まえつつ，転換期に差しかかったムスリム・コミュニティの課題について，それを克服しようとするモスクの活動とともに見ていくことにしたい。

❖ 持続的発展のための課題

モスクが抱える課題は，店田の報告に依拠すれば，大きく分けて三つある（店田 2015）。一つ目の課題は，コミュニティの継承，二つ目の課題は，次世代ムスリムの育成，三つ目の課題は，地域社会との関係構築である。転換期に差しかかった今，モスクやコミュニティを，いかに未来につなげていくかということが問われているのだ。

一つ目の課題から順に見ていこう。これは，主に経済的な課題である。モスクの恒常的な維持管理と運営のためには，備品の購入・修繕費，建物の維持管理費，イマーム（礼拝導師）への謝礼，水道光熱費や固定資産税など様々な費用が発生する。寄付などでその費用が賄われることが普通であるが，モスクによっては不

足することもある。また，これまで多くのモスクでは，複数のムスリムの個人名義で登記されるケースが多かったが，時が経つにつれて，所有権を持つ人の帰国や移住，死亡などといったリスクに備える必要も出てきた。これらは将来モスクの維持に影響を与えそうな不安定要素である。その対策として，宗教法人化が進められている。宗教法人化すれば，法人名義での不動産登記が可能で，固定資産税や喜捨が非課税となり，事業収入の税制優遇などの利点があるからだ。また宗教法人化することで，国内外の諸機関に対する社会的信用を得ることもできる。

　管見のおよぶ限りイスラーム関係では，2017 年 10 月現在，文部科学大臣所轄の 4 法人および都道府県知事所轄の 18 法人が，宗教法人として実質的に活動している。文部科学大臣所轄の 4 法人には，それぞれの傘下に複数のモスクがある。各地のモスクにおける法人格取得活動の状況を見ると，自分たちで法人格を取得しようとする動きのほか，既存の法人の傘下に入ろうとする動きも盛んになっている。このほか，法人名義での不動産登記が可能となる一般社団法人格の取得も行なわれているが，経済的利点から最終的に宗教法人格の取得が目指される傾向にある。

　二つ目の課題は，人的資源の課題である。日本のモスクは，地域毎で異なる特徴があることは先に述べた。日本で暮らしていくことを前提としている人が多い地域のモスクでは，世代交代に向けた人材の育成が課題となりつつある。現在，運営に携わっている人とて，いつまでも第一線にはいられない。法人化の流れと相まって，団体の諸活動全般に目を配る管理運営能力に加えて，日本社会の諸制度からの要請に対応する事務的能力を有する人材や，日本語でイスラームを語り，教育を担っていける人材が求められている。さらに，周辺社会との接触機会が増加していくことが予想される中で，ムスリム・コミュニティと日本社会とを架橋する人材も求められている。双方の慣行や文化に通じつつ，相手に通じる言葉や振る舞いでもって，価値観や言い分を伝えることのできる人材，いわば「文化の翻訳」ができる人材である。

　しかし，次世代の意向にも関わる問題であるため，これらには難点もある。現在運営を担っている層がいくらコミュニティの次世代への継承を望んだとしても，肝心の次世代にコミュニティの担い手としての自覚が育たなければ立ち行かない。現状では，その自覚以前に，ムスリムとしてのアイデンティティ形成が課題となっている面もある。

　モスクの内外において，子どもたちのムスリムとしてのアイデンティティを涵養する試みがあることは教育の項で見た通りだが，そうした場に来なくなってし

34

まう子どもも少なからずいる。教育内容や方針が原因の場合もあるが、年齢が上がれば子どもたちが学校の勉強や部活、友人関係等を優先させることもある。また別のケースでモスクから足が遠のくこともある。深刻なのは、親子間／夫婦間の価値観の衝突やそれによる不和、学校などで（国際情勢やメディア報道と関連づけた）いじめや「いじり」などを経験したことで、ムスリムとしての自己とどのように向き合うか葛藤を抱えていることが原因となっている場合などである。

こうした状況を受けて、一部のモスクでは、モスクと子ども、親世代と子ども、子どもと子どもとの関係性を再構築するような試みが始まっている。あるモスクでは、サッカー（フットサル）チームが立ち上げられ、レクリエーションからつながりを構築しようと試みている。運営者によれば、練習の後に礼拝に誘うなどして、徐々にモスクへ足が向くようになればとのことである。また週末に（最低限の見守り役はいるけれども）大人が干渉しない、子どもたちだけの「お茶会」を催すモスクもある。その場を通じて、子どもたち自身が友達としてつながり、様々な体験を共有することで、帰属感や自己肯定感を養える工夫がなされている。ただし、このような活動は、現状では局所的な試みにとどまっている。多くのモスクは、いまだ大人に最適化された空間であり、子どもたちが置かれた環境や、必要とするものを理解したうえで彼らを包摂できる空間となっていくかどうかは今後の課題である。モスクやモスクを通じたつながりを、子どもたち自身が大切なものとして肯定的に捉えられるようになることが、人的資源の課題克服の第一歩となる可能性もあるだろう。

✣ 第3の課題① モスクと周囲の接点

第3の課題は、地域社会との関係構築の課題である。厳密には、モスクから地域社会という一方通行の話ではなく、モスクとその周囲の社会とが、どのような関係を構築していくのかという課題である。

モスクと周辺社会との関わりの現状について見てみよう。もちろんすべてのモスクで行なわれているわけではないが、まず、モスク設立のための用地や建物購入のタイミングで周辺社会との関わりが生まれる。反対に、これまでには全く関わりのないまま開設に至ったケースもあった。しかしいくつかの地域で反対運動が起こったこともあり、近年では設立を目指す地域では、事前のあいさつや当事者間の話し合いがもたれていることが一般的である。

モスクが設立された後にも、周辺社会との関わりは続く。そのためモスクで開催される犠牲祭や断食明けの祝祭などへの地域住民の招待や挨拶まわり、語学教

室や料理教室の開催，自治会や商工会への加入，地域のイベントへの参加などが，モスク側からの働きかけによるものとして行なわれてきた。また学校との間で，例えば給食の代替となる弁当の持ち込みの相談や交渉も行なわれてきた。さらにモスクにやって来るムスリムに対し，路上駐車や違法駐輪，路上喫煙，騒音を慎むよう注意を促す呼びかけが恒常的になされている。こうした働きかけや配慮の背景には，地域住民との良好な関係構築，宗教施設そのものに対する忌避感への対応，文化の違いに起因するトラブルの回避など様々な要素がある。これらに加えて，あるいはこれらに密接に関わるものとして，イスラームやムスリムに対するイメージの再構築も重要な要素である。地域によっては，ムスリムとの交流が希薄であるにもかかわらず，マスメディアの報道に影響されながら，イスラームやムスリムに対するイメージがすでに形成されてしまっていることがある。そうしたイメージがある種のステレオタイプや偏見を含みこんでいる場合もあり，ムスリムの日常生活への影響が不安視されるケースがある。すでに構築されているイメージを，日々の行動や相互行為の中で切り崩す必要があるのだ。一方，周囲からの働きかけによるものとしては，モスク側のそれに比べて低調であるものの，これまで出前授業の開催やモスクの見学依頼などが行なわれている。

　近年になって，新たな働きかけや接点も生まれつつある。本章の冒頭で述べたような「ブーム」の到来がその契機となっているのだ。日本社会における「ハラール」や「おもてなし」への関心の高まりは，ムスリムと周辺社会とのこれまでにない接点を生み出した。国内では，ハラール関連団体のほか，いくつかの既存のイスラーム団体，モスクがハラール認証活動やおもてなしのコンサルティングに携わるようになっている。偶発的な出来事がきっかけとなって，モスクと周辺社会との関係構築が進んだ例としては，被災地支援活動が挙げられる。また，イスラームやムスリムに関する重要事件が海外で起こった際にモスクの代表者がコメントを求められるといったことも見られる。

❖ 第3の課題②　多様性のもとで

　以上を踏まえ，ここではモスクとモスクに関わる周囲の社会とが，今後どのような関係を構築しうるのかについて，留意点を簡単に確認しておこう。

　まず，モスクごとの成員や活動に特色があるように，モスク（さらには個人によって），周辺社会との関係の望ましいあり方や宗教実践に対する考え方は異なる。同時に，モスクができる地域もまた，それぞれの特徴を持つ。モスクと周辺社会との関係と一口にいっても，これらの組み合わせによって起こりうる相互作

用は無数に考えられる。そのため，上記の例から「関係構築のために努力するムスリム」や「反対運動を起こす住民」，「物分かりの良い学校」などを，安易に想定したり一般化したりすることは，お互いにとっていささか性急であることに注意したい。その地域ごとの特徴に接近するチャンスを逸してしまうことにつながり，相互のステレオタイプ化につながる危険性があるからだ。また，近年のブームにおける周囲からの働きかけは，希薄であった相互交流を促すものとして歓迎できる側面がある一方で，その多くは，主に社会活動が活発なモスクや団体，個人に集中している傾向があることを指摘しておかなくてはならない。例えば，ある集団や個人が考える「ハラール観」や「おもてなし観」が頻繁に取り上げられる一方，そのように取り上げられることのない層が生じるということが起こりうる。その場合，多くの人々が認識するハラール観は，前者のものを基準とすることになり，本来の多様性は少なからず捨象される。これまでのイスラームやムスリムに対するステレオタイプなイメージの形成プロセスが抱えてきたジレンマに再び陥ることになるかもしれない。あくまで一例ではあるが，こうした事態は日常レベルで相互に起こりうるのだ。

　これらの留意点から，モスクとその周囲の社会との関係構築において，多様性への認識は重要である。ともすれば，互いに安易なステレオタイプ化が行なわれるリスクを認識しつつ，相互行為の中でお互いのイメージや関係を築いていく作業が重要になるだろう。これまでモスクでは，次世代育成の課題として，双方の文化を架橋する人材，言い換えれば「文化の翻訳」ができる人材が求められていたが，それはムスリムと非ムスリム双方に求められるべき資質である。ひいては，多文化や多宗教が多元的に存在する今後の社会において，多くの人に求められる資質といえるだろう。

5　おわりに
——広がる社会空間——

　本章では，モスクを中心にムスリム・コミュニティを取り巻く現状の一端を紹介してきた。モスクはコミュニティの中核ではあるが，あくまで一端でしかない。例えば，モスクの運営者や参集する人の性比の偏りを考えれば，モスクを通じて見えている世界は限られていることがわかる。本文の端々で触れたように，ムスリムの社会空間は，モスクの外に広がりを見せている。モスクに拠らない女性のサークルやSNSを通じたつながり，子どもの生活世界やネットワークなど，日

本のムスリム社会の多様化を考えるうえで非常に重要ながら，十分に紹介することのできなかった事柄は多い。「日本のムスリム」の活躍する領域は，今後ますます広がるだろう。そしてその広がりは，地域や学校，職場など，あらゆる場所でムスリムと非ムスリムとが出会う機会の増加へとつながっていく。今後は，このようなモスクの外に広がる社会空間や接点，そしてそれらがもたらす変化を視野に入れた形での理解が求められる。

■読書案内

店田廣文『日本のモスク——滞日ムスリムの社会的活動』〈イスラームを知る 14〉山川出版社，2015 年。日本のムスリム社会を構成する様々な要素のうち，特にモスクとその役割に注目した一冊。日本のモスクの設立経緯や活動状況から，現在の課題までを概観することができる入門書。

三木英・櫻井義秀編『日本に生きる移民たちの宗教生活——ニューカマーのもたらす宗教多元化』ミネルヴァ書房，2012 年。本書は，外国にルーツを持つ人々の宗教生活に注目した論集である。イスラームを含む諸宗教の事例が広範に収められており，日本における移民と宗教との関係を広い視野で見渡すことができる。

樋口直人ほか『国境を越える——滞日ムスリム移民の社会学』青弓社，2007 年。滞日ムスリム移民の来日から定住・帰国までの軌跡を捉えた一冊。「外国人労働者」という言葉に収まりきらないムスリム移民の等身大の経験を追体験しながら，超国家的な生活世界を展望できる。

工藤正子『越境の人類学——在日パキスタン人ムスリム移民の妻たち』東京大学出版会，2008 年。国際結婚に焦点を当てた一冊。外国人労働者として来日したパキスタン人男性と結婚した日本人女性配偶者がどのようにムスリムとしての自己を構築していったのか，その過程を重層的かつ丁寧に描き出している。

佐藤兼永『日本の中でイスラム教を信じる』文藝春秋，2015 年。日本に暮らすムスリムを描いたノンフィクション。ムスリムとして暮らす人々の日常を丁寧に取材し，生の声や思いを拾い集めた本書は，「ムスリム」という言葉に，深みや広がり，そして体温を与えてくれる。

コラム2

石油危機とパレスチナ問題がつなぐ中東・イスラーム

1973年秋，日本列島は，「トイレットペーパー騒ぎ」と呼ばれる買い占め騒動に揺れていた。これは，同時期の石油危機（オイルショック）によってトイレットペーパーの生産がストップするという誤解から生じたものであった。

石油危機とは，石油の過少供給と価格高騰による世界経済の混乱を指す。その発端は，エジプト・シリアとイスラエルの間で戦われた第4次中東戦争（1973年）にある。この戦争で，サウジアラビアをはじめとするアラブの産油国は，アラブ・ムスリムの同胞を支援するべく，石油戦略を展開し，イスラエルの友好国に対する禁輸などを行なった。これにより，石油資源への依存を高めていた先進工業国の多くに経済的混乱がもたらされることとなった。

日本も「アラブの非友好国」という烙印を押され，部分禁輸の対象となった。中東での紛争に特別な関与をしていないにもかかわらず非友好国に分類された日本は，安定的なエネルギー供給を確保するため，急遽，アラブ諸国に対する外交努力の必要に迫られた。最終的に日本政府は，対イスラエル関係の再検討という，踏み込んだ内容の声明を出し，三木武夫副首相を特使としてアラブ諸国への歴訪を行なったことで，友好国に認定された。

件の「トイレットペーパー騒ぎ」も半年ほどで収束に向かった。しかし，中東からの石油に大きく依存していた日本は，この石油危機を主因として高度経済成長の時代に幕を閉じた。そして，省エネルギーや原子力推進も含めた脱石油路線に舵を切ることとなった。

石油危機は，日本社会が遠い中東と強く結びついていたことを如実に示し，その後の日本と中東の関係にも長期的な影響を与えることとなる。石油危機の後，両者の関係は，政財界を巻き込んで急接近し，日本国内で文化施設や研究所の設立が見られた。1985年には，中東地域と，同地域に関係の深いイスラームを研究対象とする学術団体として日本中東学会も設立された。

そもそも石油危機の背景にあった第4次中東戦争は，「パレスチナ問題」の一部をなしている。パレスチナ問題は，19世紀末に東欧やロシアからパレスチナへユダヤ移民が押し寄せ，先住のアラブ人（パレスチナ人）との間で軋轢を生じたことに端を発する。1948年に「ユダヤ国家」としてイスラエルが建国されると，故郷を追われた大量のパレスチナ人が難民となった。その後，パレスチナ問題はイスラエルとアラブ諸国との国家間紛争へと発展し，第4次中東戦争の時点では，紛争の当事者たるパレスチナ人という集団の存在は無視されるきらいがあった。アラブ諸国による石油戦略は，パレスチナ

人の自決権や難民帰還権の承認を世界に訴える意味合いも持っていた。

　日本においては，第2次世界大戦以前から，シオニズム（ユダヤ・ナショナリズム）運動や英国委任統治下の反英アラブ指導者の動向など，パレスチナ問題の諸事情に一定の関心が持たれていた。しかし戦後には，石油危機の直前に日本の新左翼組織とパレスチナの政治組織による非合法活動が行なわれるまで，パレスチナ問題の存在は歴史の過去に置き忘れられていた。石油危機は，その存在が日本において再び明るみに出される機会でもあった。1977年にパレスチナ人の代表組織であるパレスチナ解放機構（PLO）の東京事務所が設置されたことも，そうした時代状況を反映している。

　石油危機以降も，湾岸戦争や9.11同時多発テロ事件など，中東・イスラームをめぐる様々な政治的局面において，われわれはその底流にあるパレスチナ問題の存在を思い知らされる。パレスチナ問題は，アラブあるいはムスリムの同胞たるパレスチナ人の問題として，そしてイスラーム世界の中心たるパレスチナの問題として，多様な人々を糾合する磁力となってきた。

　石油危機以降の日本と中東の関係を考えた場合には，資源外交の側面のみならず，中東への企業進出や文化交流の促進といった点で顕著な進歩が見られる。石油危機をも引き起こした，「中東・イスラーム諸国におけるパレスチナ問題の重み」についても，日本社会での理解の進展を期待したいところである。　　　　　　　　　　（山本健介）

第3章

イスラーム復興
──西洋モデルに依存しないイスラーム的近代の試み

1　はじめに

　ムスリム（イスラーム教徒）と聞くと，髪をスカーフで覆った女性，または頭にターバンを巻いたひげ面の男性を思い浮かべる人も多いだろう。特に髪をスカーフで覆う女性の姿は，東南アジアなどムスリムが国民の多数派を占める国々からの観光客や留学生の増加に伴い，日本でも見かけるようになって久しい。いわゆる「ムスリム・ファッション」と呼ばれるものである。

　ファッションというように，今や，イスラームへの信仰心をモードな装いで表現したいというムスリム女性の欲求はグローバルなファッション市場を席巻している。海外でも人気な衣料品の生産販売を行なうユニクロでは，蒸し暑い時期も敬虔なムスリム女性がおしゃれを楽しめるように通気性の高い素材で作られたスカーフや，ゆったりとして丈の長いスカートやシャツを販売している。

　だが，「ムスリム・ファッション」は必ずしも歓迎されているわけではない。フランスでは 2004 年に公共空間における宗教的信条の可視化が禁止されて以来，ムスリム女性は公立学校や公共部門の職場でスカーフを着用することができなくなった。皮肉なことだが，フランス政府の世俗主義政策に基づいたベール禁止令は，イスラームには神学的に規定された服装があるという公共イメージをより強固なものにした（第 14 章「世俗主義とイスラーム」も参照）。

　驚かれるかもしれないが，「敬虔なムスリム」であるからには，預言者ムハンマドと彼の親族を手本としてあごひげを伸ばしたり，女性が頭髪を布で覆い隠し

たりせねばならないという考え方は意外と歴史が浅い。1970年代以降のイスラーム復興の潮流の中で形成されたのである。では，イスラーム復興とはどのような現象であり，どのような歴史的・社会的背景の中で台頭し，さらには，どのような影響をムスリムに与えてきたのだろうか。

　先行研究やジャーナリズムでは多種多様な社会現象を指して「イスラーム復興」と呼ぶが，本章では，イスラーム復興が台頭した歴史的背景に始まり，筆者の専門である現代エジプトのイスラーム教育とマスメディアの側面に中心に解説したい。

2　イスラーム的近代の模索に至る歴史的背景

❖ イスラーム復興とは何か

　イスラーム復興は，1970年代以降に広まった社会現象であり，公共領域においてイスラームに関連した宗教的象徴の可視性が高まった状況を指す。それは中東だけでなく，ヨーロッパ，アフリカ，南アジアや東南アジアなど世界中のムスリム社会に見受けられる現象である。イスラーム復興運動に傾倒する者は，メッカで預言者ムハンマドに下った神の啓示である聖典クルアーンや預言者ムハンマドの伝承（ハディース）への回帰という語彙を用いて自身の生活様式や行動規範を説明する。そのため，イスラーム復興は伝統主義的な思想と思われるきらいがある。しかし，イスラーム復興の歴史的経緯を鑑みると，イスラーム復興という社会現象がムスリム知識人によるイスラーム独自のモダニティ（近代性）のあり方を模索した結果であることが理解できる。

　「近代」と聞くと18世紀や19世紀といった歴史的な時代区分を思い浮かべる読者も多いだろう。一方，本章で扱う「モダニティ」は社会学的にとても重要な命題の一つで，近代のあり方を問う概念である。例えば，モダニティの特徴の一つとしてグローバル化が挙げられる。世界中でiPhoneの新モデルの販売が開始されるように，社会の近代化の度合いを計る普遍的な指標はあるのだろうか。毎年のように発表されるiPhoneの新モデルのように科学技術の発展に比例して，人々の生活水準や社会も向上するのだろうか。19-20世紀に西洋列強がアジアやアフリカ諸国の植民地支配を行なっていた頃は，西洋の文化や社会制度，科学技術を輸入することこそが近代化の前提であることが自明とされていた。しかし，第2次世界大戦以降，イギリスやフランスの植民地支配から独立した国々が，西洋社会を手本に自国の近代化を目指して試行錯誤する過程において，近代には

様々な性質があり，社会の近代化に普遍的な指標はないのではないだろうかという社会学的な命題が出現する。本章では西洋モデルに依存しない社会の近代化を模索する営為としてイスラーム復興について解説する。

❖ 西洋の模倣

イスラーム復興に至る歴史的経緯を紐解いて説明するうえで，まずは19世紀に行なわれたヨーロッパの植民地支配の歴史を看過することはできないだろう。というのも，イスラーム改革の必要性を訴えた中東のムスリム知識人の多くが，イギリスやフランスの植民統治を通じて西洋的な近代のあり方を経験した後，イスラームの理念や伝統に基づいて社会を近代化する方法を希求するようになったからである。

植民地支配を経験する以前にヨーロッパを訪問したムスリム知識人は，西洋科学や学問，近代的な工業技術の水準の高さに深く感銘を受け，社会の近代化と西洋化を同義と捉えていた。彼らは日没後も煌々と街を照らすパリのガス灯に衝撃を受け，西洋文明の発展の度合いを目の当たりにした。例えば，リファー・タフターウィー（1801 - 1873 年）である。彼は1826年から5年間のパリ留学を終えてエジプトに帰国した。そしてフランスの教育理論に基づいた教育制度の導入に取り組み，特にアラビア語をはじめとした言語教育の改革を推進し，「近代教育の父」としてエジプト近代史にその名を残している。

タフターウィーは，フランス人の子どもが身近な事柄からフランス語の語彙を習得するのに対し，聖典クルアーンの暗記から始まるアラビア語の学習方法こそがエジプト人の知的水準の発展を妨げていると批判した。聖典クルアーンが書かれている古典アラビア語は日常会話には使用されることはなく，文法や語彙がアラビア語エジプト方言とは大きく異なる。よって，生まれたときからアラビア語で会話している者でも，聖典クルアーンの暗記を始めた当初は章句の意味が全く理解できないのである。そのため識字率の低い19世紀のエジプト社会において，古典アラビア語を習得し，聖典クルアーンの章句の意味を解説できる学者層（ウラマー）は希少な存在で，大衆の尊敬を大いに集めていた。

しかしフランス式近代教育を広めようとするタフターウィーから見れば，当時のアラビア語学習はそれを指導するウラマーの権威を保持する制度のように見えたに違いない。と同時に，彼にとってみれば，聖典クルアーンの暗記を通じて預言者ムハンマドに託された神の啓示を広めるという本来の目的からウラマーが逸脱しているとさえ見えたのではないだろうか。それゆえ古典アラビア語の学習方法

第3章　イスラーム復興　　43

に対する彼の批判は，ウラマーが固持する形骸化された伝統と知的権力の解体を目指していたといえる。彼の尽力により，1862年に初等教育法が制定され，1873年には女子の初等教育も開始された。しかし1882年にエジプトはイギリスの植民地となったことから，1923年に名目上の独立を迎えるまで本格的な公教育制度の導入は頓挫した。

❖ ヨーロッパの植民地支配と世俗的近代

　エジプト社会は，イギリスの植民統治を経験し，プロテスタント的世俗主義に基づいた近代化政策が広まっていった。プロテスタントは，16世紀にヨーロッパでカトリックの教会改革を行ない，宗教は神と信徒との個人的関係性において成立する内的信条であると主張した。同時に，カトリック教会を司祭の権力や儀礼を偏重したことにより形骸化した宗教であると批判した。1798年に行なわれたナポレオンのシリア・エジプト遠征に始まる西洋列強による中東の植民地支配は，未開の地に文明をもたらすという名目を基軸とした世俗的近代主義の様相を呈していた。宗教と政治権力を分離することで人々の信条の自由が確保され，社会が発展するというプロテスタント的思想に基づいていたのである。こうしたプロテスタント的世俗主義の影響は，ムスリム知識人にも及び，彼らの多くはイスラームへの信仰を私的心情つまり個人的な問題と捉えるようになった。

　ヨーロッパ的な価値や思考体系の眼差しのもと，エジプトは近代的な国民国家として再編成された。そしてその再編成の過程で，それまでは普遍的かつ包括的な法であったイスラーム法は「宗教法」として再定義され，婚姻や相続など家庭内の私的問題のみに適用されることとなった。その結果，政治経済や自然科学などの客観的な「知識」に対し，宗教は個人の主観的な「信条」という認識が広まった。自宅を一歩出て，公共の場に足を踏み入れた個人は自身の宗教的属性や信条を標榜することがはばかられるような雰囲気が形成されていったのである。

　エジプトがイギリスから名目上の独立を果たした1920年代には，ムスリム女性であれば頭髪を隠すベールを，男性であればターバンをというように，伝統的な装いを脱ぎ捨て洋装に身を包んだ者こそが「近代人」であるというイメージが定着していた。その典型的な例が，中東の女性平等主義（フェミニズム）の創始者であるフダー・シャアラーウィー（1879-1947年）である。

　彼女はエジプトを独立に導いた1919年革命において女性のデモ行進を組織し，大いに活躍した。1923年にエジプト・フェミニスト連盟を設立した後，国際女性参政権同盟のローマ大会から帰国した際に，カイロの駅前の広場で髪の毛を覆

うスカーフは残したまま，顔のベールを脱ぎ捨てた。当時，シャアラーウィーのようなエジプトの上流階級は男女別に隔離された空間で居住し，特に女性は親族以外の異性に顔を見せる機会は皆無であったことから，この一件はベールの着用を止めることと女性の解放を同義とするイメージの形成に貢献した。

❖ アラブ社会主義の浸透

1956 年に勃発したスエズ危機でイギリスとフランスに勝利し，エジプトを真の独立に導いたナセル大統領（在職 1954 - 1970 年）でさえ，ヨーロッパ的モダニティの魅惑から解放されることはなかった。彼も 1960 年代まで世界的に主流であった世俗的近代化論を自明とし，近代化に伴う宗教などの迷信の駆逐を目指していた。ナセルは宗教と近代は相反した関係にあり，近代化した社会において宗教は過去の遺物でしかないと考えていた。例えば，彼が 1958 年の国会演説中に語ったハサン・フダイビー（1891 - 1973 年）との面会での「逸話」にも示されていた。

ナセルは 1952 年革命においてムスリム同胞団の協力により王政打倒に成功したものの，政権を掌握してからはムスリム同胞団を非合法団体として弾圧したことから両者の関係性が悪化した。ナセルは 1953 年にムスリム同胞団と平和的関係を築くため，第 2 代最高指導者ハサン・フダイビーと面会した。ナセルの演説によれば，その際フダイビーから開口一番，エジプト人ムスリム女性にベールの着用を義務化するように依頼されたと語ったというのだ。国会演説で彼が「すべての女性だぞ！」と言うと，国会議員が大爆笑する様子は，YouTube にアップロードされた議会の録画映像でも確認できる。

ナセルの国会演説は，1950 年代において，ムスリムであるからといってエジプト人女性にベールを強要するのがいかに非常識な事柄であったかがうかがえる。ちなみに，フダイビーの家族にスカーフを被った女性はいなかったということから，彼がベール着用の義務化をナセルに提言したか否かは歴史的に定かでない。ムスリム同胞団を愚かな懐古主義者のように見せ，権威を失墜させるために語った逸話の可能性もある。

ナセルがとったアラブ社会主義政策により，教育と雇用の機会が拡大するとともに大学卒業者への就職先を保障されたことで，新しい都市中流層が台頭した。当時の雑誌を見ると，スカーフを着用した女性や，ひげをたくわえた男性の写真は見当たらない。カイロやアレキサンドリアでは流行のミニスカートでハイヒールを履いた女性が街を闊歩していた。夏になれば男女そろって海に出かけ，水着

でビーチを楽しむ様子が報道されていた。すべてのエジプト国民は宗教の差異にかかわらずアラブ民族であるというイデオロギーが社会の隅々まで浸透していたようだ。アラブ社会主義政策の恩恵を受けて大学や高校で学ぶ機会を獲得した中間層には，ムスリム特有の身だしなみや服装があるとは考えなかった。彼らはイスラームやキリスト教への信仰を放棄した訳ではない。ただ，近代化と世俗化が同義とされた社会において宗教は私的領域に属することから，公共空間において自身の敬虔さを表明する必要性を感じていなかったのである。

3　アラブ社会主義の終焉とイスラーム覚醒

✤ 政治的転換とイスラーム復興

　ナセルのアラブ社会主義は，1967 年 6 月にアラブ連合軍がイスラエル軍にわずか 6 日間で粉砕されたことにより，あっけなく幕引きを迎えた。同時にナセルの「第三世界のリーダー」としてのカリスマも失われた。多くのエジプト人は，西洋起源の世俗的近代主義に対して懐疑的になり，エジプト独自の近代のあり方を探求するようになったのである。

　1970 年 9 月に没したナセルの後継者として大統領に就任したサダトは，前任者とイメージの差異化を図るために，公共の場で自身が「敬虔なムスリム」であることをアピールした。大統領に就任して 2 週間後，サダトは通常ならば伝統的なイスラーム学者がまとうガウンに身を包んでモスクを訪れた。そして床に座って数珠を手に握りながら瞑想にふける様子をジャーナリストに撮影させ，「信心深い大統領」という公共的イメージを構築することに成功した。

　20 世紀以降，都市中流層のエジプト人の服装は，シャツとズボンといった洋装が一般的であった。縁に刺繍をほどこしたガウンとカフタン（立て襟でジャケットのような形状の長衣）を組み合わせた服装をイスラーム学者以外が，まして政治家が着用するということは非常に珍しかった。ナセルが集団礼拝に参加している写真も多数残っているが，軍服かスーツ姿で，カフタンをまとっているものはない。

　サダトはナセル政権によって弾圧されていたイスラーム主義者からの支持を獲得するために，ムスリム同胞団を合法化し，収監されていたメンバーを釈放した（第 13 章「イスラーム主義」も参照）。イスラーム主義者の積年の願いであったイスラーム憲法の制定までは至らなかったものの，1971 年に憲法改正を行なった際には「イスラーム法は憲法の主要な法源の一つである」という条項を加えた。ま

た 1973 年 10 月のイスラエルとの戦争が断食月ラマダーンと重なった際には,「預言者ムハンマドがエジプトを勝利に導いてくれるであろう」と聖戦を鼓舞した。1973 年戦争で政治的勝利を収めることにより,サダトはナセルをしのぐようなカリスマ性を獲得し,エジプト人ムスリムはイスラームを国民的アイデンティティの中核に位置づけるようになった。

　時期を同じくして,あご髭を伸ばした男性や,ベールを被った女性がエジプトの都市部で急増した。これこそがイスラーム復興と呼ばれる社会現象の始まりである。

❖ 自我を呼び起こす「イスラーム覚醒」

　ここで重要なのはどのような女性がベールを着用し始めたのかという点である。ナセルがアラブ社会主義政策をとっていた時代にも,女性が髪を覆う慣習が完全に消滅した訳ではなかった。都市や農村で単純労働に従事する低所得者層の女性は,若者であっても,ミラーヤと呼ばれる一枚の黒い布を頭から被り,顔を除いて全身を覆った衣服を着ていた。一方,大学生はもちろんのこと,学校の教師や公務員などホワイトカラーの職に就いた社会人といった学校教育を受けた中流層の女性は,欧米にいる同年代の女性と同様の流行ファッションに身を包んでいた。ところが,1970 年代に入ると,これまではミニスカートにハイヒールの装いで外出していた女性たちが,「イスラームの教義に則った生き方をするため」に露出を控えた服装に自発的に着替え,スカーフで髪を覆い始めたのである。ムスリム女性の社会的地位の向上のためにシャアラーウィーが公共の場でベールを脱いでから半世紀が経過し,今度はベールが都市中流層の女性の社会進出を後押しする象徴となった。

　エジプトの知的エリートの多くは近代化と世俗化を同義とし,人々が近代教育を受けて社会が発展するに従い,宗教は過去の遺物となるであろうと信じて疑わなかった。彼らは,教養のある都市中流層の女性が「ムスリムだから」という理由でスカーフを着用し始めた不可思議な現象をイスラーム覚醒と呼んだ。

　覚醒と聞くと,「1970 年代までムスリムは眠っていたのか?」という印象を持つ読者もいるのではないだろうか。もちろん,ナセルのアラブ社会主義の時代に水着姿で砂浜に集って余暇を楽しんでいた若者であっても,ムスリムであることをやめた訳ではない。彼らは「ムスリム・ファッション」をまとっていなくとも,礼拝やラマダーン月の断食などイスラーム的信仰の核となる儀礼は行なっていた。1950 年代のエジプトは,スンナ派ムスリムとコプト派キリスト教徒だけでなく,

第 3 章　イスラーム復興　　47

ユダヤ教徒やギリシャ人，イタリア人なども暮らす宗教的にも文化的にもコスモポリタンな社会であった。

　ナセルのアラブ社会主義は，宗教や社会階層の差異を乗り越え，アラビア語を母語とする「アラブ民族」としてエジプト国民をまとめる試みであった。それゆえ，一般的なエジプト人は自身を「エジプト国民」や「アラブ人」であると認識し，「ムスリム」であることはあまり重要視していなかった。ところが彼の社会政策の恩恵を受け，高等教育を受けた若者が神の教えに従ってスカーフをかぶったり，あごひげをのばしたりする現象が顕在化した。それが「イスラーム的覚醒」と呼ばれたゆえんは，これまで無自覚であったムスリムとしての自我を呼び起こすための社会運動として認識されたからである。

　1967年のイスラエルに対しての大敗を，エジプト人の多くは，社会主義や自由主義といった西洋起源のモダニティに依存した結果として反省していた。エジプトの伝統や文化に根差した社会の近代化のあり方を模索する中で，イスラームが第三の道として浮上したのである。

4　信仰の客体化とイスラームに関する知識

❖「意識して」帰依する

　イスラーム復興運動に共鳴した教養のある都市中流層の若者は，礼拝や断食など身体を使った儀礼だけでなく，スカーフを着用したり，あご髭を伸ばしたりと身だしなみにも信仰心を現わし始めた。というのも，身だしなみにも唯一絶対なる神への内省的な信仰心の発露があると捉え，「ムスリム」としての身だしなみがあると考えたからだ。

　ムスリムとはアラビア語で「神に帰依した者」という意味である。しかしイスラーム復興運動に共鳴した者にとっては，無意識に神に帰依した状態は不十分であり，意識的に帰依することが重要なのである。彼らの考えによると，聖典クルアーンや預言者ムハンマドの言行録を通じて神の教えを学び，実践することで，人はムスリムとしての成長を遂げるのである。そのためイスラームの教義について関心を示さず，ただ習慣として儀礼を行なっている親世代のムスリムとして無自覚な生き方は，伝統を盲従しているにすぎない。近代的な学校教育を受けた世代である彼らにとって，イスラームは生まれながら育った環境で身に着ける伝統的慣習であってはならない。真のムスリムであるためには，イスラームの教義を「知り」，「理解」したうえで，他者に「説明できる」必要があるのである。

イスラーム人類学の先駆者であるデイル・アイケルマンは，1970年代に学校教育が導入され始めたオマーンでフィールド調査をした後，学校教育を受けた子ども世代と受けなかった親世代の考える「正しいイスラーム」のイメージの違いに衝撃を受け，詳述している。

　1978年にとある部族の長の家において住込み調査を行なっていた際に，夜明けの礼拝の一時間ほど前に部族長にたたき起こされた。そのうえ，ライフル銃を突きつけられて「体調が悪いのか？　なぜ礼拝の準備をしないのだ？」と聞かれた。オマーンでは他人を手で触るのは非礼な行為であったため，あいさつ代わりに部族長は銃を使ったという。アイケルマンは「私はキリスト教徒だ。われわれはムスリムとは違った礼拝をする」と返答し，寝なおした。アラビア語を流暢に話し，礼儀作法や衣食などの慣習を非常に良く理解していた客人が，礼拝に参加しないということが信じられなかった。学校教育を受けなかった親世代にとっては，1日5回の礼拝がイスラーム独自の宗教的行為であるという認識が皆無であったのである。

　アイケルマンは，このような親世代に対して「イスラームについて無知である」と学校教育を受けた若者たちが嘆く場面に何度も遭遇した。聖典クルアーンや預言者の言行録ハディースに興味を示さず，礼拝や断食などの儀礼を無作為に行なっていることを若者たちは問題視した。若者たちは儀礼を行なううえの目的を理解することこそが信仰の核であると強調した。なぜ神はムスリムに1日5回の礼拝を行なうように命じたのか。なぜラマダーン月には日の出から日没まで断食するのか。アイケルマンは，教育経験のあるムスリムがイスラームへの信仰を「目的」に還元する傾向を「ムスリム的な意識の客体化」と呼んだ。

❖「学び」としてのイスラームの広まり

　学年別のカリキュラム，教科書や試験などの近代的な教育制度に親しんだオマーンの若者にとって，他の教科と同じように，神への信仰もイスラームの知識の蓄積を通して習得される「学び」として捉える傾向にあった。イスラームの教義であっても，算数や理科のように，知り，理解し，説明できる「対象」となったのである。

　イスラーム復興においては，識字能力のあるムスリムが能動的にイスラームの教義を学ぶ機会を増やすことが重要視される。イスラーム復興の必要性を説く者は，イスラームの教義自体には全く落ち度はないのに対し，ムスリムが自らの宗教を正しく理解し，実践していないことこそが，社会の近代化を妨げていると考

第3章　イスラーム復興　　49

える。イスラームは，預言者ムハンマドを通じて人類に託された最後の啓示であると同時に，最も完璧な宗教なのである。問題は信仰者の側にある。イスラームを正しく理解し，実践するためには，教義に関する正確な知識を習得することが不可欠となる。信仰を客体化したムスリムにとって，善き信仰者であるためには，伝統的な宗教的権威の解釈に依存せずに，自らの手で聖典クルアーンをひも解き，神の啓示の真実について知る必要があるのである。

　エジプトでは1970年代に聖典クルアーンの活字化が進んだため，通勤途中のバスや電車で人々がクルアーンを読む様子が広く見受けられるようになった。イスラーム教育の需要が高まるにつれて，エジプトの国営放送におけるイスラームの教義に関するラジオ番組も増え，モスクの説教を録音したカセットテープも広く流通し，家事や車の運転をしながらもイスラームについて学べる環境が整った。より熱心で，時間的に余裕のある者は，モスクにおいて開講された社会人向けのイスラーム教育講座を訪れ，聖典クルアーンはもちろんのこと，イスラーム学の基本図書や古典文献の講読会に参加するようになった。各人のライフスタイルと信仰の篤さや思想的潮流に合わせ，多種多様な形態のイスラーム教育を受けることが可能となったのである。

5　マスメディアにおけるエジプトの自画像とイスラーム

❖ メディアの「イスラーム観」

　1980年代に入ると，エジプトではヒジャーブと呼ばれる都市中流層を象徴するスタイルのスカーフがムスリム女性のファッションとして定着し，ありふれた日常風景の一部となっていた。しかしマスメディアに代表される公共文化においては，依然として世俗化を近代化と同義とする傾向にあった。そのためテレビ番組に出演する女性の芸能人やアナウンサーでスカーフを着用した者は皆無であった。国営メディアの関係者は，テレビ番組や映画を通じて，エジプトを近代国家として表象することを第一義としていた。彼らは，ヒジャーブやあごひげに代表されるイスラームの宗教的象徴がメディアにおいて増えることにより，欧米の先進国によって「後進的な社会」として見られるのを懸念していたのである。

　近年，エジプトのテレビ番組や映画，ミュージックビデオなどを見ても，イスラームの歴史や教義を主題とした作品でない限り，依然として宗教的象徴を見かけることは少ない。宗教的な番組においてはイスラームへの信仰を可視化するためにヒジャーブやあごひげなどの「ムスリム・ファッション」が必然となる。し

かしニュースやドラマなど「一般的な番組」において出演者は世俗的な近代を表象することが義務づけられているのである。

宗教的ジャンルに属さない一般的なテレビ番組や映画において，宗教的象徴をまとった人物が登場する際には，近代が到達していない世界，つまり都市や農村の低所得者層または歴史的文脈として表象されている。例えば，2006年に公開され，国際的にも注目を集めたエジプト映画『ヤコビアン・ビルディング』という作品にも顕著に示されている。

この作品の主要な登場人物の一人である低所得者層出身の若者は，カイロ大学法学部に入学して警察官の職を目指すものの，就職に失敗したことをきっかけに過激派イスラーム主義組織に洗脳され，テロリストとなってしまう。きちんとアイロンのかかったシャツを着て通学していた若者が，髭をのばしてガラベーヤ（ワンピースのような長衣，エジプト人男性の伝統的な服装）をまとうようになる。装いの変化に気づいた家族や近所の住人の助言のかいもなく，彼は「正しいイスラーム」と信じてテロを決行する。宗教的な文脈の外において，イスラームは無知に起因される近代の逸脱なのである。

✣「懺悔する芸能人」の増加

1977年に，エジプトの国営テレビ放送でニュースキャスターとして活躍していたカリーマーン・ハムザ（1942年生）が，イスラーム復興運動に共鳴してヒジャーブをかぶるに至った経緯を説明した自伝を発表したとき，エジプトのメディアに大きな衝撃が走った。1982年には，1960年代より数多くの恋愛映画に出演し，大胆なラブシーンを演じてきたシャムス・バルーディー（1946年生）が，より敬虔なムスリムとして生きるためにヒジャーブをかぶる決意を表明した。彼女は，私生活だけでなく，公共の場においてもイスラームを正しく実践したいという願いから，映画の作品中で夫以外の男性と触れ合うシーンや肌の露出の多い衣装の着用を拒否した。

エジプトの国営メディアは，テレビ番組や映画に出演する女性芸能人がヒジャーブを着用することを認めていなかった。そのため，カリーマーン・ハムザとシャムス・バルーディーは表舞台からの引退を余儀なくされた。イスラームへの信仰から芸能界を引退する女優や歌手は増え続け，「懺悔する芸能人」と呼ばれるようになった。

第3章　イスラーム復興　　51

❖ テレビがもたらしたイスラーム復興

　公共の場でイスラームへの信仰を表明したのは女性芸能人だけではない。医学や工学などイスラーム諸学とは無縁な分野の教育を受けた者もであった。彼らは，独学で聖典クルアーンやハディースを学び，モスクなどで説教師としての経験を積んだ後，宗教的なコンテンツのテレビ番組に登場するようになった。その代表例が1980年代のテレビ・スター，ムスタファー・マフムード（1921-2009年）である。

　マフムードは医師免許を持つマルクス主義の作家であったが，1967年にエジプトがイスラエルに期した大敗を悲嘆して以来，イスラームへの信仰に目覚めた。マルクス主義からイスラームに転じた経緯を記した自伝『懐疑から信仰への旅』はベストセラーとなった。また，アメリカのテレビ番組『ナショナル・ジオグラフィック』を模したドキュメンタリー風のテレビ番組『科学と信仰』に出演し，聖典クルアーンやハディースに記載されたイスラームの教義が科学的知識に裏づけられていることを語った。当初はマフムードが自主制作していたが，1980年代には大人気番組となったことから，国営テレビが番組を買い取ることとなった。

　マフムードは医師として働いた経験はほとんどなかったものの，番組を視聴する都市中流層の多くは，医師免許のあるイスラーム思想家による，聖典クルアーンの「科学的な」解釈に心酔した。視聴者は，スンナ派イスラーム世界の最高学府とされるアズハル大学でイスラーム諸学を学んだ専門家よりも，近代科学に精通した知識人によるイスラームの教義の説明のほうが，権威性があると感じていたのである。

　マフムードのようなテレビ説教師の番組が大いに成功したことにより，1990年代に入ると，宗教的なコンテンツを扱うテレビ番組の需要が増えた。イスラームの教義に関するトークショーや，イスラーム史に登場する偉人を扱ったドラマなどのテレビ番組を制作するにあたり，テレビ局は1980年代より休業していた「懺悔する芸能人」に配役を依頼し，芸能活動を再開する女優や歌手が登場した。イスラームへの信仰心の篤さから芸能活動を控えていたアーティストが登場するイスラーム関連のテレビ番組は，宗教的なコンテンツにある種のリアリティを付与していることから，大いに注目を集めた。

　宗教的象徴の可視化とともにイスラーム復興が進み，イスラーム教育番組の需要が高まった。しかしながらエジプト社会全体を見てみれば，マスメディアにおいては依然として世俗的近代こそがエジプト社会の規範として映し出されている。エジプトには，イランやサウジアラビアのようなスカーフ着用の義務やフランス

のスカーフ着用の禁止といった，法律上の服装規制は存在しない。よって，1960年代のようなミニスカートでハイヒールの女性は珍しいものの，学校でも職場でもヒジャーブなどの「ムスリム・ファッション」をまとった人もまとわない人もいる。ヒジャーブのかぶり方も多様であるため，スカーフ一つで「保守的な女性」と思われることもない。ひげの伸ばし方も同様に多様なスタイルがあるのである。

6　おわりに

本章では，イスラーム復興が台頭した歴史的背景に始まり，イスラーム教育とマスメディアの側面から主にエジプトの事例を用いて概説した。先行研究やジャーナリズムでは多種多様な社会現象を指して「イスラーム復興」と呼ぶが，筆者は1970年代以降に広まった公共領域においてイスラームに関連した宗教的象徴の可視性が高まった状況に焦点を当てて解説した。

宗教的象徴とは，女性が髪を覆うスカーフや男性が伸ばすあごひげといった一般的に「ムスリム・ファッション」と認識されているアイテムを意味する。スカーフを被ったり，ひげを伸ばしたりすること自体に宗教的な意味合いはない。流行のファッションとしてひげを伸ばす男性は世界中にたくさんいる。ただ，イスラームへの信仰の実践の一環として，特定のスタイルにひげを伸ばすことにより，あごひげは宗教的な象徴となるのである。

エジプトでイスラーム復興が顕著となった歴史的背景を鑑みると，自国の伝統や文化に基づいた近代化のあり方を模索した結果，イスラームにたどり着いたことがわかる。ナセルのアラブ社会主義により富国強兵を成し遂げたと信じていたエジプト人が，1967年の敗戦に大きなショックを受けた。そしてその大いなるショックから立ち直るべく模索したものこそ，社会主義の時代は見向きもされなかったイスラームであり，それは西洋的モダニティのオルタナティヴとして急浮上したのだった。

一度失った伝統を取り戻すためにも，イスラームを正しく信仰することを求めて，人々は教義に関連する知識の習得につとめた。この伝統との距離感と近代的な学校教育が「ムスリム的な意識の客体化」を促進させた。慣習化された単なる儀礼として礼拝するだけでなく，なぜ神がムスリムに礼拝することを命じたのかを知るためである。社会人になってからもマスメディアやインターネットを利用して，イスラーム教育の機会を求めるムスリムが増加したため，宗教的なコンテンツを扱ったテレビ番組の人気が高まった。

第 3 章　イスラーム復興　　53

スカーフをまとった都市中流層の女性が日常のありふれた風景の一部となったとはいえ，エジプトの国営メディアは，宗教的象徴の可視性を，イスラームを主題とするテレビ番組のみに限定しようとしている。女性の芸能人でスカーフをかぶったり，露出の少ない衣装を着用したりしたいと願う者は，一般のテレビドラマや映画での活躍できない状況は，ほとんど変わっていない。ただ，2011年のエジプト革命後，スカーフをかぶってニュース番組に登場する権利をめぐって法廷で争っていたアレキサンドリア・テレビの女性アナウンサーが，勝訴した。唯一絶対なる神の教えに則って生きるのは容易ではないのである。「アラブの春」はあっという間に過ぎてしまったが，イスラーム復興の潮流が今後どのような発展を遂げるのかを注目したい。

■読書案内

大塚和夫『イスラーム的──世界化時代の中で』講談社学術文庫，2015年。エジプトやモロッコを中心とした中東のムスリム社会で行なった民族誌的フィールドワークに基づく論文集。宗教の客体化やイスラーム復興が顕著化した1970-1980年代についての，貴重な記述が多数ある。

タラル・アサド『世俗の形成──キリスト教，イスラム，近代』中村圭志訳，みすず書房，2006年。イスラーム復興の背景にあるヨーロッパ起源のモダニティと植民地支配の関係性について理解するうえでの極めて有用な書籍。グローバルな思想史にイスラーム復興を位置づけている。

嶺崎寛子『イスラーム復興とジェンダー──現代エジプト社会を生きる女性たち』昭和堂，2015年。エジプトのイスラーム復興におけるムスリム女性のスカーフ着用をめぐる議論の歴史的な背景や現代的な状況を詳述した一冊。特に女性がイスラーム的な言説を利用して社会進出する様子を描いている。

八木久美子『グローバル化とイスラム──エジプトの「俗人」説教師たち』〈世界思想ゼミナール〉世界思想社，2011年。テレビやインターネットを利用してイスラームについて学びたいと思う一般のムスリムの営為とイスラーム諸学の専門家ではない人気テレビ説教師の台頭をグローバル化の視座から論じている。

Dupret, Baudouin et al. eds., 2009, _Ethnographies of Islam : Ritual Performances and Everyday Practices_（イスラームの民族誌：儀礼的パフォーマンスと日常実践）, Edinburgh : Edinburgh University Press. ムスリムが社会の多数派を占める中東だけでなく，ヨーロッパやアフリカなど様々な状況に置かれたムスリムについての短い民族誌を集めた論文集。イスラーム復興のグローバルな特色を理解するのに役立つ。

コラム 3

他宗教との共存

　ユダヤ教を原型として，中東で発生した一神教(ユダヤ教，キリスト教，イスラーム)は，アブラハムの宗教，アブラハム一神教と総称される。律法（旧約聖書）の創世記に登場する「神の友」アブラハムを祖として，その嫡子イサクの子孫がユダヤ教徒となり，そこからイエスを救世主として信じる人々がキリスト教徒として枝分かれした。さらにアブラハムのもう一人の息子であり，砂漠の民の祖となったイシュマエルの子孫がやがてムスリムになったと信じられており，つまりアブラハム一神教の信徒はすべて血族であるという考え方が，中東では一般的である。ただしイスラームでは，アブラハム（イブラーヒーム）の正統な後継者はイシュマエル（イスマーイール）であり，有名な「イサクの犠牲」のエピソードは，犠牲に捧げられそうになるアブラハムの息子はイシュマエルであったとされている。このエピソードは，イスラームの大祭の一つである犠牲祭の由来である。

　クルアーンにユダヤ教，キリスト教への批判は見られるが，一般のムスリムは基本的に，ユダヤ教徒やキリスト教徒と平和に共存すべきであると考えている。イスラームの厳格さを表わす言葉として流布している「コーランか剣か」の文句のような，イスラーム帰依の強制が必ずしも行なわれなかったことは，今日もなお中東各地に多くのキリスト教徒が居住していることからも明らかであろう。また，源を同じくするアブラハム一神教の信徒は，聖典を共有し，教えの内容も重複する部分が多い。モーセやダヴィデ・ソロモン親子，洗礼者ヨハネ，イエスなどは，イスラームにおいても預言者である。このため，ムスリムはクリスマスや過越祭，復活祭を尊重し，同様にユダヤ教徒やキリスト教徒も，ラマダーンやイード・アル・フィトル（ラマダーンの終了を祝う祭り），犠牲祭を尊重する。今でも彼らは互いの祭に訪問し合い，祭を祝うために必要な食材や菓子の詰め合わせを贈りあう。互いの祝祭の行列に加わることも，めずらしくはない。オスマン帝国治下のエルサレムで行なわれてきたモーセ廟巡礼のナビー・ムーサー祭は，ちょうど過越祭と復活祭の時期に重なり，すべてのアブラハム一神教徒に共有される祝祭であった。また，イスラエル・ハイファで復活祭の8週間後に行なわれている聖母巡行祭は，カトリックの祝祭であるにもかかわらず，東方正教徒やムスリム，ロシア系ユダヤ人市民（実際にはユダヤ教徒ではなく，ロシア正教徒）も参加する大規模なものとなっている。

　祝祭と並んで，聖者崇敬もまた，アブラハム一神教徒の共存を支える存在である。パレスチナでは，ことに預言者エリヤと聖ゲオルギオスへの崇敬が，その役割を担ってきた。預言者エリヤは旧約聖書の列王記に登場する預言者で，死なずに天に上げられたという特異な存在である。彼への崇敬は，彼が雨乞いを行なったとされるイスラエル・ハ

イファのカルメル山で見られる。山の麓には現在，彼が追っ手から身を隠したといわれる洞窟を中心としたシナゴーグがあるが，ここはイスラエルが建国された1948年以前はモスクであった。今日このシナゴーグに集うユダヤ人市民は，モロッコ系やカザフ系のルーツを持ち，ムスリムが願掛けに訪れることを歓迎している。また，山の上にはローマ・カトリックの修道院があり，ここで行なわれる7月20日の預言者エリヤ祭には，地元のキリスト教徒のみならず，ガリラヤ地方の各地からムスリムも願掛けに多数訪れる。イスラエル建国以前には，地元のユダヤ教徒も祝祭に参加していたという記録が残っている。一方，聖ゲオルギオスは初期キリスト教の殉教者であるが，パレスチナに母方のルーツを持つ聖者として，ムスリムにも崇敬されている。11月16日に殉教の地リッダの東方正教教会で祝われる殉教祭では，教会地下の墓所に詣でるキリスト教徒の長蛇の列に，ムスリムが多数混ざっていることが確認できる。なお，預言者エリヤと聖ゲオルギオスは，ともに不老不死の聖者「緑の男」（パレスチナ方言アラビア語の発音でハディル）と呼ばれ，豊穣や治癒を司る聖者として崇敬される。そのルーツは，前一神教時代の豊穣神崇敬にまでさかのぼるとされている。　　　　　　　（菅瀬晶子）

第4章

ムスリムにとってのイスラーム史

1 「歴史」と「現在」

　2015年，ISIS，ISIL，ダーイシュなど様々な呼称で呼ばれる，いわゆる「イスラム国」（以下IS）がカリフ制の復活を宣言した際，日本の知識人には大きな戸惑いが広がった。おそらく高校の世界史で単語のみを聞いたことはあっても，はるか過去の，はるか遠い中東における支配者の称号が，なぜ，この現代の，このタイミングで，突如として（大部分の日本人にはそう受け取られたことだろう）持ち出されてくるのか。そこにはどのような意味があるのか。日本の多くの人々には，全く理解できない現象であった。

　一方で，イスラーム研究者の中では，このカリフ制復活宣言は「本当に宣言したのか」という思いこそあれ，あまり意外と捉える向きはなかったようである。ISに体現される〈急進的イスラーム主義〉の思想潮流／思考法としては，カリフ制宣言は，十分にあり得る選択肢であった。それは，このようなイスラーム運動が，常に「過去のイスラーム社会」を意識し，イスラームの歴史，特に初期イスラーム社会のあり方に，その運動の原点を求めようとする事実に拠っている。

　イスラーム社会の政治・社会運動にとって，また思想運動にとっても，「歴史」は常に特別に重大な位置を占めている。それは，イスラームがその成立当初から国家と関わっていたからであり，もう一歩踏み込んでいえば，イスラーム自体が，イスラーム国家の形成とともに自己形成を遂げてきたからである。一般に，イスラーム法がほぼ現在の形まで確立したのは，イスラーム帝国が安定した政治体制

57

を確立した8-9世紀のアッバース朝下であったとされる。その間，イスラーム
は間断のない政治対立と国家形成の「歴史」とともに歩み，その歴史がイスラー
ムの変容と確立をうながした。

　キリスト教は，ローマ帝国に国教として受容されるまで400年近い苦難の歴史
を歩んだ。このためキリスト教の歴史的関心は「人の子」であるイエス個人の体
験に集約され，キリスト教の宗派としての確立は，政治的国家的な視野とは関係
が薄い。これに対して，イスラーム共同体は，ムハンマドの晩年にすでに国家的
要素を内包しており，極めて初期から「政治史的文脈」と「宗教的体験・情熱」
が重なり合う形で展開してきた。これは，出エジプトから始まり新バビロニア帝
国による捕囚やローマ帝国による神殿破壊といった共同体史が「宗教体験・情熱」
と一体となっているユダヤ教と似通った性格であり，また国家形成の中で血統神
話を神道という宗教に結晶化しつつ仏教との一体化を図っていった日本の天皇家
と宗教の関係にも重なり合う部分も存在する。

　「イスラームの歴史」をいかに理解し把握するかは，あらゆる時代・地域のム
スリムにとって，イスラームそのものの理解と，その進路決定に大きな意味を持
ち続けてきた。それは「現在」においても，全く変わらない。ムスリムは，自分
たちの「歴史」を学び，それを時代に即して再解釈して「新たな歴史」を創造す
るとともに，その中に自分たちの問題の解決を見出していった。そして，それは，
たびたび「自らの理解する歴史こそが正しい歴史である」という歴史観の主張と
ともに，自らの思想・行動の正当性を主張する根拠となっていったのである。

　以下では，このようなイスラームの性格を，まず先述の「カリフ」という制度
から眺めてみたい。

2　「カリフ論」と「カリフ制」という体験

　そもそもカリフとは，イスラーム共同体の指導者に与えられる称号の一つであ
る。それがいかなる内実を持つかについては，それを定義する者の時代・地域・
政治的社会的信条によって大きく変わるが，イスラーム共同体の統合を意識する
ものにとって，極めて大きな意味を持つものであることには変わりがない。カリ
フという称号は，現代に至る過去の大多数のムスリムにとって，その求心力の焦
点となり得るものであり，政治的・社会的そして宗教的な指導力を及ぼすもので
あった。

✤ 正統カリフ時代

　カリフ制の歴史は預言者ムハンマドの死とともに始まる。西暦632年,マディーナの住民に対する演説によって,ムハンマドの高弟アブー・バクルが,ムハンマド亡き後のマディーナ政府とそれを中心とするイスラーム共同体(ウンマ)の指導者に選ばれた。アブー・バクルは自ら「預言者のハリーファ」と名乗った。ハリーファという語はのちに欧米でカリフと転訛し日本でもこの音で用いられるようになったが,本来のアラビア語では「代行するもの」や「後を継ぐもの」を意味する。アブー・バクルは預言者ムハンマドの後継者として認められたのである。

　初代カリフ,アブー・バクルから,ムハンマドの従弟で第4代カリフであったアリーの治世までを,通常スンナ派では,「正統カリフ時代」と呼ぶ。この「正統(ラーシドゥーン:〈正しき道を行く〉の意)」という呼称に,すでに歴史観・歴史解釈の存在を見てとれるが,後世のムスリムの多くは,この時代のあり方をムハンマドの治世と並ぶ理想的なイスラーム統治体制とみなした。

　アブー・バクルの下でアラビア半島の統一を成し遂げたマディーナ政府は,やがて大征服運動を開始し,第2代カリフ,ウマルの時代に,エジプトからイラン東部に至る広大な地域をムスリム支配下に置くことに成功する。しかし,あまりに広大な支配地域に対して,政府としての統治機構が未成熟であった。そのため,第3代カリフ,ウスマーンの治世はムスリム間の利害対立と内部衝突を引き起こし,彼も同朋のムスリムの手によって殺害された。ウスマーン暗殺のあとを継いだ,ムハンマドの従弟である第4代アリーはこの事態を収拾するどころか,結果的に対立の激化をあおってしまった。

　このように,イスラーム国家の躍進と混乱分裂の双方を体現する時代が「正統カリフ」時代であるが,この時代の歴史こそがムハンマドの生涯史と並んで,後世のイスラーム社会に最も大きな影響を及ぼし,多くの解釈と対立を生み,彼らの社会の「未来」を生み出す原動力となった「歴史」であることには間違いがない。その理由については,本章の後半部で詳しく論じよう。

✤ アリー死後のカリフ制

　第4代「正統カリフ」アリーの死後に成立したウマイヤ朝は,ムハンマドの出身部族クライシュ族の有力家系ウマイヤ家一族がカリフとして支配した王朝であり,アラブ・ムスリムの支配する帝国をスペイン,中央アジア,インド西部まで拡大するとともに,エルサレムのイスラーム化を進めた。

　このウマイヤ家カリフに対して,ムハンマド家の支配を唱えて革命を行なった

第4章　ムスリムにとってのイスラーム史　　59

のが，ムハンマドの叔父アッバースの子孫をカリフとするアッバース朝である。

　アッバース朝カリフの下では，アラブ以外の諸民族の社会進出が進み，ムスリムであれば出自を問わず社会的な上昇を成し遂げることのできる体制が構築された。またその状況下で，非アラブ出身者の学問的な貢献が進み，高度な先進文明であるローマ地中海文明，ペルシア・メソポタミア文明，インド文明，そして中国につながる中央ユーラシア文明の成果が，それらの地を出身地とする改宗ムスリム学者・技術者の手を経てイスラーム化され，イスラームの枠組みの中で発展していった。この結果，高度に洗練されたイスラーム文化が栄えるとともに，法学や神学をはじめとするイスラーム諸学もまた学問的・社会制度的に確立し，イスラーム文明が盛期を迎えることとなった。その後の歴史の中で「イスラーム的」とされる文化，学問，政治制度，社会制度，経済制度のうち，この時代に基礎が築かれたものは枚挙にいとまがない。

　一方で，この時代にはシーア派の活動が従来にも増して活発化した。彼らはシーア派独自の政治理論，神学・宗教理論の基礎を築いて，アッバース朝カリフ体制に挑戦を行なった。またスンナ派と呼ばれる多数派は，これに対抗する形で自己形成を行ない，アッバース朝カリフと互助関係と緊張関係を同時に保ちながら，やがてイスラーム法と神学の分野においては，イスラーム学者がカリフに対して優位を保つという新たな関係を確立していったのであった。

　10世紀半ば，アッバース朝の経済的衰退と地方勢力の経済的繁栄とともに，アッバース朝カリフの権力は政治的軍事的には衰退し，イラン系ダイラム軍人によるブワイフ朝，トルコ系遊牧集団によるセルジューク朝などが次々とカリフの政治権力を奪った。彼らは，カリフを傀儡として大アミールもしくはスルターンといった称号を獲得し，カリフの権威を利用して自らの国家に正統性と政治的求心力を付与した。実権を奪われたカリフは，王朝君主に手当を与えられ，徳川期の天皇のように身動きのできない立場に押し込められた。やがて13世紀半ばにモンゴル帝国が歴史上に名高い大征服活動を始めると，バグダードもまたその攻撃対象となり，1258年に陥落，第37代カリフ・ムスタアスィムもモンゴルの手によって処刑され，王朝としてのアッバース朝はその終焉を告げた。

　しかし「カリフ」という歴史的制度の持つムスリムへの求心力は極めて強いものであり，モンゴルと対峙してシリア・エジプトに成立した軍事王朝マムルーク朝は，アッバース朝カリフの末枝をバグダードからカイロに迎え，新たなカリフとして即位させた。この，マムルーク朝に守られたアッバース朝カリフは，以前にも比して何らの権力も持たない存在であって，単なる儀礼的な装置でしかな

60

かったが，それでもインドなど周辺のムスリム王朝はこのカリフに礼を尽くし，彼の書状を得ることによって王朝の正統性を誇示しようとした。しかし，この最後のアッバース朝カリフたちも，1517年，オスマン朝のスルターン・セリム1世がマムルーク朝を滅ぼすことによって，ついに絶え，カリフ位がオスマン家に譲渡されたという伝説が残されることとなった。

3 「現在」のための「過去のカリフ」
——マーワルディーのカリフ論——

　ここまで見てきたように，カリフ制は，①実質的な権力をもって帝国を支配するカリフの時代と，②権力を失って，国家に正統性と求心力を与える装置として維持・利用されるカリフの時代，という二つの歴史的経験を経て，現代に至っている。このことを念頭においたうえで，現代社会とカリフ制度の歴史的関係を考えるときに興味深いのは，スンナ派におけるカリフ論の展開と，19世紀末オスマン帝国スルターンのカリフとしての活動である。

　まず前者であるが，スンナ派には11世紀以降，長くカリフ論（正確にはイマーム論）の伝統が存在し，現代のカリフ運動もこの中世のカリフ論を自分たちの運動の前提としている。ローゼンタール著『中世イスラムの政治思想』では，その中でマーワルディー，ガザーリー，イブン・ジャマーアらが代表的なものとして挙げられており，彼らの著作の中では，いかなる人物がカリフ（イマーム）として適格かといった条件や，カリフがいかなる機能を担い，その背景にはどのような理由があるかなどが詳細に論じられている。ちなみに「イマーム」という言葉はシーア派の指導者を指す用法が有名であるが，それだけではなく，スンナ派においても，広く「イスラーム共同体の指導者」を示す言葉として用いられる。この場合，スンナ派では事実上カリフのことを指す。また「イマーム」は礼拝の導師を指すこともあるが，これとは異なる用法である。

❖ マーワルディーのカリフ論

　さて例えばマーワルディーによれば，ある人物がカリフ足るべき資質は，以下の七つの条件を満たすことであるという（アル＝マーワルディー『統治の諸規則』湯川武訳，慶應義塾大学出版会，2006年より。読者の理解を容易にするため，必要に応じて縮約や改変を加えた）。

第4章　ムスリムにとってのイスラーム史　　61

①カリフ職に必要な公正さ

②様々な事件や法局面で自ら判断を下すことのできる知識

③五感が健全で，認識したことを正しく扱えること

④四肢の運動能力に欠陥がなく，素早く立ち上がれること

⑤臣民を統治し，公共の福利増進を促す意見を持つこと

⑥イスラームの領域を守り，敵と戦う勇気と気概を持つこと

⑦正しい血統を持つこと，すなわちクライシュ族出身であること

といった条件である。

　また同じくマーワルディーはカリフの職務に関わる統治の諸規則と宗教権限として，以下の20項目を掲げ，各章でその内容に言及している。

①イマーム（カリフ）制の締約

②ワズィール（宰相）の任命

③地方のアミール（指揮官）の任命

④ジハード（聖戦）の司令官の任命

⑤公共の安寧のための戦争の司令官

⑥司法

⑦不正の監督

⑧高貴な血統の人たちに対するナキーブ（監督）制度

⑨礼拝のイマームの任務

⑩巡礼の引率

⑪サダカ（任意の喜捨）の管理

⑫ファイ（不動産戦利品）とガニーマ（動産戦利品）の分配

⑬ジズヤ（人頭税）とハラージュ（土地税）の課税

⑭地域によって異なる規則

⑮不毛の地の開墾と水の開掘

⑯保留地と［土地や場所の］一時使用権

⑰イクター（封土としての徴税権授与）の諸規則

⑱ディーワーン（官庁）の設置と規則

⑲犯罪についての諸規則

⑳ヒスバ（市中における勧善懲悪）の諸規則

このように，11世紀のマーワルディーは，実に多様かつ広範な職務を，カリフの権限として列挙し，詳細に論じつくしている。ここで注目すべき点は，以上のような職務を，マーワルディー時代のカリフは〈全く実行していなかった〉という事実である。すなわち，これらの権限は，11世紀のカリフからはすでに失われ，そのすべてが，カリフを傀儡とする大アミールもしくはスルターンの職務となっていたのである。歴史上はじめて本格的なカリフ統治論を執筆したマーワルディーであったが，そこに描かれたカリフ像は，全くの絵空事であり「理念上かくあるべき」カリフ像でしかなかった。

✢ カリフの復権に向けた苦闘

マーワルディーが『統治の諸規則』を執筆して献上したのは，アッバース朝第26代カリフのカーイム（在位1031-1075年）であった。このカーイムと，その父である第25代カーディル（在位991-1031年）は，10世紀以降のアッバース朝カリフの弱体化にあって，そのカリフの地位の回復に向けて苦闘を続けた。

10世紀半ばから11世紀半ばに至るブワイフ朝においては，シーア派ダイラム軍人が大アミール位に就任してカリフから政治的職能を奪った。しかしカーディルは，そのようなブワイフ家の支配の中で権能の回復を試みるとともにブワイフ家の支配を揺るがす努力を続けた。彼の発表したカーディリーヤ綱領は，アッバース朝カリフをスンナ派のためのカリフと定義するとともにシーア派を強く非難したことで知られ，シーア派政権であるブワイフ朝がカリフを傀儡とし，その職権を侵すことに対して，強い意義を申し立てるものであった。

この父の遺志を継いだカーイムは，ブワイフ朝弱体化の間隙を縫って，当時中央アジア近辺にいた遊牧集団セルジューク家と接触を持ち，彼らのバグダード入城を支持した。この結果，スンナ派のセルジューク家はブワイフ朝の勢力を倒してバグダードを征服し，新たなセルジューク朝を開くとともに，カリフからスルターンの称号を名乗ることを認められた。しかし，カリフの政治権力を象徴する「スルターン」の称号を得たセルジューク一族は，ブワイフ朝と同じくカリフから諸権能を奪い，結果的に，カーイムはカリフの権力・権能を取り戻すことはできなかった。これ以降，結局モンゴル侵攻によってアッバース朝カリフが滅びるまで，カリフの実権が回復することはほとんどなく，カーディル，カーイム父子の努力は，単に軍事王朝の担い手を交代させる結果にしかならなかったのである。

カーイムはこのような状況の中で，自らの側近2名にカリフ統治の理論書を編むことを命じた。これが，シャーフィイー法学派法官マーワルディーによる『統

治の諸規則』と，ハンバル学派法官アブー・ヤアラーによる『統治の諸規則』という，同名の2書であった。この2書はともにカーイムに献上されたが，特にマーワルディーの著作はその後のカリフ論の礎となったものである。そして両者ともに，現実には存在しないカリフの職能・権能がいかなるものであるかを，まるでその権能が存在するかのように論じるものであった。それは，失われた過去を「現代（＝11世紀）」に呼び起こし，その時代の現実に対峙させようとする，カリフの苦闘のたまものであり，それによって，カリフにとっての危機の時代である「現代（＝11世紀）」を克服しようとする試みだったのである。

✤ 「正しい過去」の創造

　このような，現実には存在しないカリフの権能を論じるに当たって，マーワルディーの『統治の諸規則』が，その議論の拠り所にしたのは，過去のカリフたちに関する豊富な伝承であった。すなわち，そこではアブー・バクル，ウマルといった初期のカリフだけでなく，ウマイヤ朝カリフのウマル・ブン・アブドゥルアジーズや，アッバース朝カリフたち，特にマンスールなどの伝承が引かれた。それらの伝承は，カリフがいかに個々の権能に対して責任を持ち，またその判断をどのように下すかの実例として論じられた。と同時に，それぞれの権能がカリフのものであり，カリフはいかにその権能を振るうべきか，が示された。つまり，マーワルディーはカーイムに対して，「過去の歴史」を再構成することによって「過去に存在した」理念的なカリフ像を編み，それを「現代（＝11世紀）」にあるべき姿として呈示しているのである。

　マーワルディーが行なった作業は，歴史的な事実としてのカリフ像の再構成ではない。近代の歴史学が希求するような「客観的史実」などは，マーワルディーにとってもカーイムにとっても無用なものであった。そこに求められたのは，アッラーの理念が展開された「正しい過去」であり，「現代（＝11世紀）」にとって手本となるべき理想の過去であった。すなわち，マーワルディーは，過去の伝承によって，理想的なカリフ像を編むための根拠づけを行なっているが，その伝承自体が取捨選択によって，論者の議論を理想のために「恣意的に」補強したものであった。マーワルディーは無数に存在する伝承から，彼の議論（あるべき理想的なカリフの姿）を再構成するのに適したもののみを取り上げ，それに相応しくないものはすべて捨象した。その結果，彼らの議論は，彼らに相応しい「過去を創造する」ことにつながった。そして，その「創造された相応しい過去」を根拠として，あるべき現在の姿が構築されたのである。

このように，危機の時代にあってカーイムとその一党は，過去の歴史を再構成しつつ，あるべきカリフの姿を生み出し，それを「カリフ論」として掲げることによって，現実に対抗しようと試みたのである。

4　オスマン朝末期のカリフとヨーロッパの進出

このようなカリフと「（同時代としての）現代」を考えるとき，さらに注目されるべきは18世紀以降にオスマン帝国において，オスマン帝国のスルターン（オスマン・トルコ語ではスルタンと発音する）がカリフであるという言説が広がったことである。これは，旧来「スルタン・カリフ制」の名で知られていた議論であるが，実際にスルタン・カリフという制度が存在したわけではない。

18世紀に入るとオスマン帝国はロシア，オーストリアなどの恒常的な対立関係の中で徐々に，ヨーロッパに対する優位を失い，その力関係は逆転を始めた。オスマン帝国がヨーロッパの文物を積極的に取り入れるようになったチューリップ時代から，18世紀末には露土戦争に敗北，19世紀に入るとギリシア独立を契機にヨーロッパ諸国のあからさまオスマン帝国への介入が進んだ。このようなヨーロッパ進出という「危機の醸成」の中で，オスマン帝国内部において，1517年にセリム1世がマムルーク朝を征服した際，その庇護下にあったアッバース朝カリフからセリムがカリフ位を譲り受けていた，という言説が広まったのである。この言説は同時代（＝16世紀）の史料から確認ができず，18世紀以降の産物であるとされている。アッバース朝解体以降の地方王朝君主がカリフを自称した例は，中世・近世の北アフリカ諸王朝にも散見され，決して前例のないことではない。しかし，大帝国であるオスマン帝国のスルターンが，実はカリフでもあったとする言説は，大きなインパクトを持っており，やがてオスマン帝国の内外に浸透していくことになった。

特に，オスマン帝国第34代スルターンのアブデュルハミト2世（在位1876-1909年）は，この言説を効果的に利用し，自らのカリフとしてのムスリムに対する求心力を，イギリスなどヨーロッパ諸国に対抗する手段として，実利的に用いることを試みた。アブデュルハミト2世は，イスラーム世界の統一によってヨーロッパと対峙しようとする汎イスラーム主義を国家的に推し進めたことでも知られており，汎イスラーム主義の主唱者のジャマールッディーン・アフガーニーをイスタンブールに招いたりもしている。その中で，アブデュルハミト2世は，自らがカリフであることを強調して，全世界のムスリムの支持を得ることを試みた

のである。

　彼はまた，日本に対してエルトゥールル号という軍艦によって，使節派遣を行なったが，そのもう一つの目的は，日本に赴く途次の各国に「カリフの軍艦」を入港させることにより，各国のムスリムに対して自らの偉容を示し，その支持を受けようというものであった。すなわち，これは広範なアジアのムスリムに対するデモンストレーションであり，イギリスなどヨーロッパ諸国に対する牽制の意味も込められていたと思われる。事実，エルトゥールル号は，インド，東南アジアの諸港で，同地のムスリムから圧倒的な歓迎を受けたのであった。

　このように 19 世紀末期から 20 世紀初頭のオスマン帝国において，スルターンが「カリフ」であるというイデオロギーは，ヨーロッパ進出による帝国の分断と解体という危機に対抗する，有効な手段として用いられたのである。ここでは，「カリフ」という遠い過去の制度が，歴史の内に掘り起こされ，中世のカリフ論や初期時代のカリフ統治の「事実」（史実であろうと「創造された過去」であろうと）とともに，「現代（＝19 世紀）」の現実を克服するために用いられているのである。「カリフ制の歴史」は，危機に陥ったムスリムにとって，その危機のたびに再生する神話であり，ムスリム統合のための重要なツールであるということができる。

　ムスリムは常に，イスラーム共同体の過去を学び，その過去を再生／創造することにより，「現代」の危機を克服する新しい手段を生み出すのである。

5　「過去の持つ力」の普遍性

❖ 歴史認識の問題

　もっとも，このような「過去の力」は，ムスリムだけのものではなく，世界的に普遍的な現象である。著名なイギリスの歴史家故エリック・ホブズボウムの「伝統の創造」論にも明らかなように，人は様々な形で，「現在」の自らを肯定しその現状をより有利なものとするために，自らの過去を新たなものに造り替えていく。根拠も怪しげな祭りを町おこしに利用することなどがその典型的な例であるが，現在の自分に都合の良い歴史を生み出し，それに自らのアイデンティティを寄り添わせ，自己を強化することは，一般に見られる現象である。その際，対象となる過去は，全く根拠なく一から創り出されることもあるが，どちらかといえば「過去の見直し」，「修正」，「再解釈」といった手段によって創り直されることが多いであろう。いわゆる「歴史認識」「歴史解釈」問題はまさしくこのことで

ある。

　歴史と「歴史認識」は世界中の諸文化・諸文明において，大きな意味を持つ問題であった。古くは，中華文明において，歴代王朝は常に創建後，その前代の王朝史を正史として編纂することを行なってきた。これは前王朝の事績を，事実として残すのみでなく，自分たちの現王朝の正当性を支持する「編纂された過去の歴史」として，未来へ残すためである。近年では，日本・中国・韓国の間で「歴史認識問題」が声高に議論され，主に帝国主義時代から第2次世界大戦期の日本の施策や行動について，その「事実」や評価の食い違いが焦点となっている。

　どの歴史が正しいか，それは，自らの現状に最も有利な歴史を生み出し，それを正当なものとして確立する競争と対立の場であるともいえる。「歴史修正主義」が常に国際的な対立の焦点となるのは，このためである。

❖ 天皇制の変化に見る「歴史の創造」の一例

　イスラーム社会のカリフ論を念頭においた場合，われわれは，日本の天皇制とその歴史の問題を対置しなければならない。いわゆる天皇制は，奈良盆地の大王と豪族の歴史に端を発する史実の歴史として，その多くが解明されているが，興味深いのは，その神話性・宗教性と近代化における天皇制の役割の問題である。

　周知のように中世から近世の天皇家は，軍事政権下のカリフのように，実権を幕府に奪われた「求心力のみの存在」であった。しかし，幕末近代において，その天皇家が反欧米のシンボルとして再発見され，国民統合の中心としての役割を付されたことは，よく知られている。その際，尊皇派や明治政府が行なったのは，天皇に関わる歴史の再創造であった。すなわち天皇家の国民統合力は，天照大神と関わる国家神道的な歴史に由来するものとされ，天皇家と日本の歴史は神道的な神話の歴史とされて，これと矛盾する仏教的要素は廃仏毀釈によって反日本的なもの，反国民統合の象徴として排除されたのである。

　実際には，中世の天皇は即位儀礼として即位灌頂という仏教儀礼を行なう仏教王であり，徳川時代の天皇家の人々は熱心な仏教徒であった。しかし，ヨーロッパ進出という国際環境の中でいち早く危機感に目覚めていた本居宣長は，日本の正史として漢文で綴られていた『日本書紀』を，海外からの影響物（からごころ）として否定し，それまでほぼ忘れ去られて誰も見向きもしなかった和文の歴史伝承『古事記』こそが，日本と天皇家の正史（やまとごころ）であると称揚したのである。この結果，天皇家の歴史は，国際的で多様な文化に基づくアジアの歴史から，単線的で一様な民族史へと塗り替えられていった。

第4章　ムスリムにとってのイスラーム史　　67

このように歴史観の変容，「現在」の自分たちに都合の良い「歴史の創造」と，それを原動力とする社会運動・国家創出運動は，日本の近代史においても典型的に見ることができる。それは，ヨーロッパの国際進出という自国の「危機の時代」に対応する，ある種普遍的な営みである。ムスリムがカリフ制に見た求心性と，日本人が天皇制に見出した求心性には，近代化という時代の中において，同じ方向性が見出せるのである。

また，このように，歴史の中に「現代」を見出し，それが社会を（良い方向にも悪い方向にも）変革するという営為は，ムスリムのみに特徴的なものではない。しかし，冒頭に述べたように，イスラームという宗教がイスラーム国家形成とともに自己形成を遂げた結果，イスラームに独特の歴史性が備わることとなり，それが，上記で見たような人々の営みを呼び起こしたこともまた，否定できない事実であろう。最後に，このムスリム社会の歴史性について，シーア派の問題を中心に触れてみたい。

6　初期イスラーム史の表象と宗派問題

✤ シーア派とスンナ派の対立

現代の国際社会において，シーア派とスンナ派をめぐる対立は大きな不安定要因の一つとなっている。両者の対立は，多くの場合には各社会の直面する経済的・政治的利害対立が基盤となっており，その対立を互いに表現するための単なる道具として「シーア派」と「スンナ派」のシンボルや言説を用いている傾向が強い。しかし，一方で両者の対立が言説として利用されるほどの影響力を持つということもまた事実である。またそのような言説の使用が，時に当事者たちの思考の枷となって，対立の構図がエスカレートすることも多い。その意味で，この問題は慎重に検討するべき課題となっている。

そもそもこの問題は，元来，預言者ムハンマドの後継位をめぐる対立に端を発しており，シーア派は，ムハンマドの従弟アリーや，彼とムハンマドの娘ファーティマの間に生まれた子孫こそがイスラーム共同体の指導者に就任すべきであると主張し，実際に指導者として権力を掌握したカリフたちと政治的対立を続けていった。その後，アリー家の人々を中心としたシーア派の反乱がたびたび武力鎮圧され，特に，ムハンマドの孫に当たるフサインがウマイヤ朝カリフの軍勢によって殺害されることによって，シーア派は単なる政治集団から，殉教と救世主思想を核とする宗教集団へと変貌していった。これに対して，たび重なるシーア派の

政治・宗教行動に反応した多数派は，9世紀に入ると徐々に自らをスンナ派と称して，シーア派との対立を深めていった。

❖ 歴史解釈の分岐と対立

このように，シーア派とスンナ派の対立は，宗教対立であると同時に，イスラームの歴史展開とダイレクトに関連を持っている。両者の対立の中では，無数の歴史的事象がその解釈によって分岐し，それぞれの主張とアイデンティティを支えるために用いられている。

フンムの水場の逸話はその典型である。ムハンマドは晩年の「最後の巡礼」の際に，フンムの水場で休息をとった人々に対して「私をマウラーとする者にとって，アリーもまた彼らのマウラーである」と語ったとされる。この言葉について，スンナ派はマウラーを「親しきもの」といった意味にとり，ムハンマドが，一時的に人々から疎まれていたアリーとの間の仲裁を図ったものと解釈する。しかし，シーア派はこのマウラーを「主人」ととり，ムハンマドがアリーを自らの後継者として指名した言葉と解釈して，この事件を非常に重視している。シーア派によれば，この言葉によって，本来アリーこそがムハンマド自身によって初代のカリフに指名されていたのであり，これを無視してカリフに就任したアブー・バクルやウマルは，アリー家からカリフ位を簒奪した極悪人であると解釈されるのである。現在もシーア派社会においては「フンムの水場の日」は記念すべき祝日として重視されている。

またこの「ムハンマドによる後継者の指名」という考え方を発展させ，シーア派ではイスラーム共同体の指導者は前任者の指名によって決定するという，直系継承的なイマーム論が生み出された。これに対してスンナ派ではアブー・バクルが合議によって選出されたことを重視して，カリフを合議によって決定するという，集団的なイマーム論を生み出し，現在のイスラーム民主主義論にまで影響を与えることとなった。

カリフに就任したアブー・バクルは，ムハンマドの残した財産の一部をイスラーム共同体全体のものと裁定し，これに個人的な遺産継承権を主張したムハンマドの娘ファーティマやその夫アリーと対立した。この財産継承権は，本来的には単なる経済的な遺産争いであったが，その当事者がアブー・バクルとアリーであったことから，事実上，ムハンマドの共同体指導権そのものを象徴するものと認識されるようになった。スンナ派においては，共同体の指導権はイスラーム共同体全体に継承されたものとされ，その共同体が合議によって指導者を選出する

根拠となったのに対し，シーア派においては，指導権はあくまで特権的にムハンマドの家族に継承されるものであり，指名によって直系的な継承がなされるべきとの理念が定着するとともに，これを妨げたアブー・バクルとウマルへの批判的言説が強化された。

このようなカリフ位や財産権をめぐる歴史的経緯の記憶は，その解釈とも相まって，スンナ派とシーア派の双方において集団的自己形成の核をなすとともに，その言説が繰り返し表明されることによって，集団意識の強化にもつながっていった。その言説はやがて，行動を伴う意思表示へとつながり，双方の相互批判を目で見て，音で聞き，そして自ら体験するものへと発展していった。

✣ 追体験される「歴史」と現在

その一つの表われが，アーシューラーと呼ばれるシーア派の哀悼儀礼であり，イラクのカルバラーで殺害されたフサインの死を悼む行事は，9 世紀末から当時の首都バグダードでも公然と行なわれるようになり，10 世紀半ばにシーア派政権のブワイフ朝が成立すると公的な行事として施行されたが，このためスンナ派住民の反感を買う結果となった。10 世紀後半から 11 世紀にかけて，アーシューラーを契機とした宗派対立・宗派騒乱が毎年のように勃発して，バグダードの荒廃につながっていったのである。

16 世紀にサファヴィー朝がシーア派政権を打ち健てて以降，イランの住民にシーア派が受容されていったが，近世には，この哀悼儀礼の一環としてフサインの死の顚末を演じる歴史劇（ターズィイェ）が定着し，現在に至っている。アーシューラーの儀礼は，まさに「解釈された歴史のひとこま」を「現在（その人々が生きている今）」によみがえらせ，それによって人々の宗派的自己認識を強化，再確認する役割を担っているのであり，これはシーア派はもちろんのこと，それを目撃し，それの儀礼が行なわれていることに反発するスンナ派にとっても同じことがいえるのである。

ここまでカリフ位をめぐる事例と，スンナ派やシーア派の言説の事例を中心に，歴史性と歴史解釈がイスラーム社会の「現在」に与えた様子を紹介した。ここからは，イスラーム共同体の歴史性がイスラームの政治性と宗教性の双方に関わり，さらにそれぞれの時代の社会状況と関わっていく様子を見て取ることができるであろう。

歴史と「現在」の関わりは，様々な時代・社会において普遍的に見られる現象であるが，イスラームおいては特に，初期イスラーム時代における共同体指導権

の問題に，その現象が強く表われ，現在のグローバルな社会の中においても，イスラーム共同体が人々の中に理念として存在し続ける限り，政治的にも，宗教的にも，そして思想的にも強固な影響を与え続けることに疑いの余地はない。

■読書案内

小杉泰『イスラーム帝国のジハード』講談社，2006 年（講談社学術文庫，2016 年）。イスラーム社会と国家の成立の歴史を，近年の新しい学説にも目配りしつつ平易に記述した好著。現代のイスラーム社会を歴史との関わりで論じている。

佐藤次高『イスラームの国家と王権』岩波書店，2004 年。中世イスラーム国家のあり方や王権の考え方について，豊富な歴史史料に基づいて論じている。様々なエピソードから丹念に歴史的イスラーム世界を再現している。

新井政美『トルコ近現代史』みすず書房，2001 年。日本語で執筆された，最も信頼のおけるトルコ近現代史の通史。オスマン帝国が国民国家トルコ共和国に変化していく過程を，精緻な筆致で明らかにしている。

エリック・ホブズボウム／テレンス・レンジャー編『創られた伝統』紀伊國屋書店，1992 年。「伝統の創造」という，人文学ではもはや基礎となった概念を提出した論文集。人々の信じる「伝統」が，より新しい時代に創造されたものであり得ることを示す。

レザー・アスラン『変わるイスラーム〔源流・進展・未来〕』藤原書店，2009 年。現代のイスラーム社会のあり方を，イラン生まれのアメリカ人である著者が，まさしく初期のイスラーム史を自ら再話することによって論じている。

コラム 4

中東のイスラーム

中東という地域が示す地理的範囲は，その言葉を用いる人により異なる。広義の意味では，東はアフガニスタンから北はトルコ，南はスーダンから西はモーリタニアまでの北アフリカ一帯を示すことが多い。狭義の場合は，上記から北アフリカなどを除いた地域を指す場合もある。これらの地域とイスラームとの関わりを考えてみよう。

イスラームと聞いて即座に中東地域をイメージする方も多いかもしれない。しかし，第1章でも触れたように，世界のムスリム人口において中東地域が占めるのは2-3割程度であり，中東地域にもユダヤ教徒，キリスト教徒などが一定数暮らしている。また，世界中のムスリムは日常的にクルアーンを題材にした宗教グッズを用いているが，そのほとんどは中国で製造されたものである。つまり，ムスリムの人口や宗教実践に使われる物の生産地を考えると，中東地域がその中心地ではないことに気づく。

一方で，中東地域はイスラームにおける揺るぎない特異性を持っているのも事実である。まず，預言者ムハンマドに啓示が下された場所はアラビア半島であり，マッカ（メッカ），マディーナ（メディナ），エルサレムというイスラームの聖都が中東地域にあることは，イスラームにとって重要な意味を持つ。五行の一つである礼拝は，必ずマッカの方角に向かって行なわれ，もう一つの五行であるハッジ（大巡礼）も，定められた月にマッカ（メッカ）とその周辺を巡礼することである。ムスリムとして生きている限り，一度はこれらの聖都に訪れたいと憧れるであろうし，今後も世界中のムスリムがこの地を目指すことに疑いはない。

その啓示をまとめた聖典クルアーンの内容には，ムハンマドが生きていた時代のアラビア半島の状況が記されている。つまり，世界のどこにいてもクルアーンを読むと，中東の乾燥地帯の情景が思い起こされるのだ。これはイメージの問題に限らず，実際の宗教実践にも関わっている。例えば，クルアーンには多数の植物や果実が神の恵みとして記されているが，それらの植物は中東の乾燥地域で特徴的に栽培されている。ナツメヤシはその果実の一つであり，主に中東地域で生産され，世界中のムスリムへと輸出されている。断食明けには世界中で必ずといってよいほどに食されており，いわばイスラームの「宗教食」といえる。つまり，宗教グッズは中東地域以外の工場で生産することができても，ムスリムの儀礼に欠かせないナツメヤシは生産できる土地が限られているのだ。

またクルアーンをはじめ，預言者言行録などが記されているのはアラビア語であり，イスラーム諸学とアラビア語のつながりは非常に深いが，アラビア語方言の諸言語が話されているのも中東地域である。また，中東地域にはイスラームの歴史を通じて主要なイスラーム諸王朝が興亡したために，伝統的なイスラームの研究・教育機関が多く存在

する。これらのイスラーム諸学やアラビア語を学びに中東地域に留学するムスリムは多く、例えば東南アジアからエジプトのアズハル大学に留学するエリートムスリムの数は増加傾向にある。中東諸国でイスラームの知を学んだ彼らは、母国で宗教教育者や官僚、ジャーナリストなどになり、活躍の場を広げている。世界中にイスラーム知識人が散在している現代においても、イスラームの伝統を学びたいという学徒がいる限り、中東地域への留学者は途絶えないであろう。

　これらの例からわかるように、中東地域には世界中のムスリムが希求する場所、物、人（知）が存在している。冒頭に述べたように、現代においては中東地域の地域性は薄らいでいる側面がある一方で、それでもなお同地には世界中のムスリムを惹きつけてやまない、他の地域とは異なる魅力も多く存在してきた。グローバル化によって人や物が地域を超えて移動する時代ゆえに、世界中のムスリムはこのような中東地域が持つイスラームの資源に憧れて同地を訪れ、また知や物といった資源が同地から世界中へと輸出されているのである。　　　　　　　　　　　　　　　　　　　　　　　（二ツ山達朗）

第5章

聖典クルアーン
──声に出されて誦まれるもの

1　はじめに

　誰かの文化や宗教を理解したいと思ったとき，大事なことは，相手の大切にしているものを知ることである。それが一番の早道となろう。次に，相手と自分との共通点を見つけることである。相手にとってのそれは，自分にとってどういうことなのだろう，と想像してみることだ。地球上に生きる人間である限り，自分と他者は，本当はそんなには違わない。ただ，別の地域に住まい，文化や宗教が違うと，理解が成り立たないうちは，相手がコミュニケーション不能な異人のように見えるにすぎない。

　イスラームにしてもほかの宗教にしても，きちんとひもといて，相手の事情，相手の背景，相手の来し方を丁寧に探し続けていけば，同じ人間同士であるから，相手の生き方や考え方は，きっと腑に落ちる。同じようには思えずとも，なぜそうなのかを理解することはできる。

　本章では，ムスリムが歴史的・現代的に極めて重要な存在として位置づけてきたイスラームの聖典であるクルアーンとは何かを考えていく。というのも，筆者の考えでは，クルアーンとは何かを理解することこそがムスリムを理解するうえでの一番の早道であるからだ。クルアーンはアラビア語で「誦まれるもの」，つまりはっきりと声に出して読むものという意味である。クルアーンの特質とは何であり，それをわれわれの馴染みのあるもので例えればどういうことかを本章を通じて理解していきたい。

74

2 聖典クルアーンとは何か

✤ なぜクルアーンが重要なのか

現代の日本社会からすると，一つの驚きは，なぜこの 21 世紀になってもまだムスリムたちが 7 世紀に成立した聖典について，「クルアーンが大事」，「クルアーンに従って生きる」などと，時代錯誤なことを言っているのか，ということだろう。疑いもなくムスリム社会では，歴史的に様々な王朝や社会が多様な文化や価値観の下で展開しながらも，総じてクルアーンを大事にしてきた。その歴史的背景は納得できるとして，クルアーンを重視する度合いが，宗教が社会生活の場でそれほど重要ではなくなった脱宗教時代の現在になって再び一段と高まっている，というのは，なぜだろうか。

そもそも，世界の文化や宗教を見渡して，これだけ「言葉」を神聖視し，そこに崇拝を集中させる事例は珍しい。全体的に見れば，イスラームでは，預言者や聖者の神格化を取る立場よりも，「言葉」に焦点を当て続け言葉を神格化する立場の度合いが桁外れに強いというのが筆者の見解である。長い人類の歴史の中で発生した宗教はいずれも，「聖なる言葉（神話など）」と「カリスマ的指導者（預言者やシャーマンなど）」がつきものである。そのどちらに力点があるかは，宗教や宗派・地域によって異なる。イスラームの場合，総じて「言葉」が重要視され，近・現代では，他の神聖さの要素をそぎ落としながら，なおさら言葉を重視する傾向にあり，いわば「むき出しのテクストそのもの」への過度な傾倒・依存が強まってきた。

ムスリムにとってのクルアーンの位置づけやその社会におけるクルアーンの実態，さらにはクルアーンの文化的表出を見ていくことは，ムスリムにとって一番大事なものを理解することになるだろうか。クルアーンがイスラームの教えの心臓であり，これが生活全体に漏れ出て，彼らの生活全体をイスラーム色に変えている，ということを理解することになろう。それによってイスラームへの理解も一気に容易になる。

ムスリムにしても，現世の欲求はふんだんにある。アラブ諸国でも東南アジアでも，フィールドワークをしていれば，すぐにわかるだろう。お洒落も大事，友達や家族と笑い合って，楽しく美味しいものを食べたい，心地よいお家でくつろいで寝たい。さらにいえば，かっこいい車を自慢げに乗り回したり，すてきな観光旅行だってしたい。それは，今を生きる人間にとって当たり前のことである（本

章末付録「暮らしの中のクルアーン」も参照)。

ところが，その当たり前のことすべてにクルアーンが関わり，クルアーンが関わることによって，普通の生活のすべてがイスラーム色に染められる。日本に遊びに来る際にも，食事はハラールでないといけないという考えも，クルアーンに関わっているのだ（ハラールについては第10章参照）。それが，イスラームの面白いところである。人間としての生活は似たように見えるのに，クルアーンがあるためにムスリムたちには，当事者にとっても外から見ても，イスラーム色以外の何物でもない色がつく。それがクルアーンの「波及力」といえる。

❖ どのように維持されてきたのか

われわれはアラビア語で500頁程度のクルアーン刊本を見て，それが聖なる書物だと理解するが，クルアーンは，最初から今のような形だったわけでない。今日のムスリムたちが手にしている一冊の単行本にきれいにまとめられたクルアーンは，歴史の中で紆余曲折を経て，たくさんの社会や時代の努力の積み重ねの果てに到達した姿である。様々な地域のムスリムたちが各時代に「クルアーンを前の時代から正確に引き継いで，次の時代に渡したい」という希求を持ち続けた結果，クルアーンはより便利で，より均一で，よりキャッチーな形になった。今われわれが見ているクルアーンは，14世紀にわたってクルアーンを限りなくムハンマド時代に近い形で味わいたいという熱意を，先人たちが途方もなく真剣に持ち続けた成果といえる。

今日のクルアーンには次のような特徴がある。

①音がしっかり確立している（子音や母音が固定され，朗誦のバリエーションが最小化されている）。
②単一のテクストが確定している（本文の語句と章の名前がほぼ一つずつに確定している）。
③各地域文化の中で魅力的なものに工夫する余地がある（朗誦の際のメロディーや刊本の装飾など，周辺的な部分で地域色を盛り込むことができる）。

このような力強く合理的な形が生み出された背景には，様々な経緯があった。それらの経緯を単純にいうと，解釈学の発展，朗唱技法の発展，そして正典化である。7世紀のアラビア半島で預言者として活動したムハンマド受けた「啓示」を集成したクルアーンをめぐっては，まず解釈学が発展した。ムハンマドの没後，

彼の孫弟子世代を過ぎると，クルアーンの語句の意味がわからない部分が出てきたからだ。そこで，クルアーンの語句を読み解いて，本文から教えを抽出する啓典解釈（タフスィール）が始まった。

　次に，音としての美しさが洗練されるとともに，文化的・地域的に多様な展開が起きた。ムハンマドは生前，彼は声が美しく朗誦が上手い教友（弟子）たちにクルアーンの章句を誦ませ，うっとり聴き入っていたという。一般的にイスラームでは音楽は好ましいものとされていないが，クルアーンについては美しく朗々と誦み上げる朗誦（ティラーワ）の技が発展した。

　もう一つ大事なことは，クルアーンが一つの正典として確定したことである。ムハンマド没後の正統カリフ時代，初代カリフのアブー・バクルによる小規模な結集，第3代ウスマーンによる大々的な結集によって，本文のテクストが一つに確定された。カリフ，ウスマーンが率いるマディーナ政府の公定した以外の，ムハンマドの直弟子であった教友たちが保持していたものは，すべて公には禁止された。もっとも公定版も，書き文字としては一つであるが，当初のアラビア文字は母音を表記しなかったため，テクストを音としてどう読むかは複数のバリエーションが残された。

　公定版を定めたのはムハンマドの死後20年近くたった，650年頃のことであった。ここで本文テクストが確定され，書き下されたため，これ以後，写本が発展した。写本では，口伝で伝わってきた音を正確に記すために，それまで未熟であったアラビア語の正書法が急ピッチで整備された。同じ形をした文字に異なる数の点を打つことで識別できるようにし，すべての文字に母音符号を振って，母音を確定できるようにした。また，荘厳な，あるいは華麗な朗誦の美を可視化するために，書体と欄外装飾のための幾何学文様が発展した。

❖ 元は何であったのか

　クルアーンが7世紀のアラビア半島で成立したことは，その内容と様式を彩っている。当時，地中海東岸はユダヤ教，キリスト教の神話・伝説の言い伝えが色濃く残る文化的土壌があり，アラビア半島にもその影響があった。その土壌で，610年頃から632年まで，ムハンマドとその弟子たち，その周囲の人間や政敵たちに，ユダヤ教・キリスト教とも共通する唯一絶対の神が語りかけたのだ。これら三つの宗教は，一神教として姉妹宗教の関係にある。

　ムハンマドは生まれながらの王族でもなく，神を奉ずる神殿に住まう神官でもなかったため，神の語りを代理し，神の言葉を伝達する権利を先験的に持ってい

第5章　聖典クルアーン　　77

たわけではなかった。そのためムハンマドを通じて語る神は，およそ23年にわたって，ムハンマドに敵対する人間たちに「ムハンマドが神の言葉の正統な伝達者であること」「語っている神は，ユダヤの諸預言者や聖母マリアやイエスに天使を送った神と同じ本物の神であること」を説得し，論争し続ける必要があった。それは同時に，ムハンマドが政敵や批判者との闘争に勝ちを収め，自身の権威を獲得・確立していく過程でもあった。ムハンマドの人生の時期ごとに，どのような敵対者や同盟者に相対していたかを示したのが，**表5-1**である。

　またクルアーンの語りには，周囲の人間関係を反映したものも多くある。以下では，二つの先行する一神教との関わりを見てみよう。

　ムハンマドは，生涯の中で二つの点でキリスト教徒に大いに助けられた。まず，ムハンマドの最愛の「姉さん女房」ハディージャの従兄ワラカの助言である。ムハンマドがマッカ郊外のヒラーの洞窟の中で最初に大天使から神の啓示を受けとったとき，彼にはその身に何が起こったのか，理解できなかったという。巨大な恐ろしい存在がやってきて，自分を恐ろしい目にあわせたと考え，ただただおびえて恐慌に陥った。そのとき，事情を聞いて，自分たち（多神教のクライシュ族）には理解できない，何がしかの超自然的な宗教現象が起こったのではと察して行動を起こしたのは，妻のハディージャであった。

　彼女は，当時のマッカには大変珍しかったキリスト教徒の従兄ワラカに相談に行った。彼は「ムハンマドに訪れたのは，天使に違いない」と助言したという。この一神教の知識を持った特殊な従兄が身近にいなければ，ムハンマド夫婦はこの結論にはたどり着けなかった。彼らには，天使が神のメッセージを携えて人間の前に降臨するという知識がなかったからである。つまりムハンマドが，自分自身をユダヤ教・キリスト教の系譜に連なる預言者という存在であると自覚した背景には，キリスト教徒のワラカが授けた知識と，ハディージャのサポートがあった。

　次に，キリスト教徒による保護を受け，迫害されたムスリムの命が守られたことである。ムハンマドを通じて語った神は，当時のアラビア半島に蔓延していた悪しき価値観を次々と批判した。富者のおごりと貧富の差を批判し，男尊女卑を批判し，血統を誇る部族の傲慢さを批判し，人種差別を批判した。既存の社会規範を真っ向から否定したことで，支配層から反感を買い大きな弾圧が起きた。

　その苦難に際して，ムハンマドにはアラビア半島にいたら耐えがたい迫害で命を失ってしまいそうな弟子たちがいた。彼らは弱者や部族の保護のない者たちであり，アフリカのキリスト教国アクスム王国に送り出された。そこで信仰深い国

表5-1 ムハンマドとその敵対者・同盟者たち（クルアーンに言及されている論議の対象）

	出来事	キリスト教徒（周辺のキリスト教国や個人）	マッカの支配層（共同体の富裕層，土着の多神・偶像崇拝）	マディーナ期の妻たち	マディーナのユダヤ教アラブ部族（アブラハム的一神教のエリート，特権的知識の持ち主）	周辺の非アラブ諸国（アラビア半島外の帝国，王国）
610頃	ムハンマドが預言者と自覚。キリスト教徒ワラカのサポート。その後3年間の入信者は30名ほど					
614	この頃から公然の布教を開始					
615	クライシュ族による迫害が激化，一部がアクスム王国へ避難	アクスム王によるムスリムの保護				
620	伯父アブー・ターリブ，妻ハディージャ没，マッカでの活動が困難に。この頃までの改宗者は200人ほど					
622	マディーナに移住，マディーナ憲章					
624	キブラ（礼拝の方向）をエルサレムからカアバへ変更，バドルの戦い，カイヌカーウ部族追放					
625	ウフドの戦い，ナディール部族追放					
627	塹壕の戦い，クライザ部族殲滅					
628	フダイビーヤの和議，ハイバル遠征，諸国へ使者派遣（ビザンツ，ペルシア，アビシニアほか）					
630	マッカを無血征服，アラビア半島統一					
632	ムハンマド没					

第5章 聖典クルアーン　79

王によって，ムスリムはキリスト教の系譜に連なる者とみなされ，保護を受け，命を守られた。ムハンマドの生涯においても，のちの大征服時代においても，アクスム王国はイスラームの同盟国として尊重され続けた。

このような背景があり，クルアーンの中でもキリスト教は特別な位置づけをされている。まず114章のうち二つの大きな章が「イムラーン家章」「マルヤム章」と名づけられ，長々と彼らの物語が語られていることである。前者はイエスを受胎した聖母マリアの父イムラーンの一族を指し（章の順番では第3章），後者は聖母マリアその人を指している（第19章）。特に，マリアが神の恩寵を受け，言葉をしゃべる赤子を産んだ鮮烈なエピソードは圧巻である。

一方，ムハンマドの人生において，ユダヤ教徒との間柄は両想いでは決してなかった。彼は，アラビア半島の多神教徒たちが一神教の教えを否定するかもしれないが，一神教の長い歴史を持つエリートであるユダヤ教徒たちは，自分が伝える教えの正しさを理解し，サポートしてくれると信じていた。その期待は，ユダヤ教徒の部族との闘争の中で裏切られ続けた。ムハンマドの預言者としてのキャリアの後半に当たるマディーナ期には，彼らとの闘いと決別があった。そのため，クルアーンの中でもユダヤ教徒に対する，神の失望や苦いコメントが数多くある。

しかしながらユダヤ教徒が信じる輝かしい旧約聖書の預言者たちの物語は，クルアーンの中でも燦燦と輝いている。ノア（71章），アブラハム（14章），ヨナ（10章），ヨセフ（12章），の名前を冠した大きめの章があり（アラビア語ではそれぞれヌーフ，イブラーヒーム，ユーヌス，ユースフ），特に，兄弟たちの害意によって困難にあいながら，清々しい伸びやかな心映えを保ち続けるヨセフの姿は，涼やかで美しい。

これらの語りをムスリムたちが聴き，読み続けることで何が起こるであろうか。ムスリムたちの心には自然と，ユダヤ教・キリスト教の諸預言者への崇敬が育まれる。ユダヤ教とキリスト教は，教義内容やムハンマドとの関係では批判すべき点もあるが，彼らにとっても諸預言者であるヨセフ（ユースフ）やマリア（マルヤム），イーサー（イエス）は，自分たちが預言者としていただくムハンマドと同じくらい，好ましいすてきな人物で愛おしいと感じる気持ちが，クルアーンを通して芽生える。

実際，ユースフ，マルヤムは，ムスリムの名前として，歴史的にも現代的にも非常に人気が高い。また聖書に登場する諸預言者の名前もムスリムが好む名前として大きな人気を誇る。ムハンマド，アリー（ムハンマドの従弟で第4代正統カリフ），ウマル（ムハンマドの直弟子で，第2代正統カリフ），ファーティマ（ム

ハンマドの末娘・アリーの妻），アーイシャ（ムハンマドの直弟子・晩年の愛妻）などに続いて，聖書の預言者の名前も大きな人気を持っている。

　ムハンマドと，ユースフ，マルヤムは，いわばイスラームの「愛されキャラ」で，実はかなり似た面を持っている。ムハンマドの性格は，クルアーンよりも彼の言行録（ハディース）に詳しい。膨大な量の言行録からは，清純で，世間ずれしていないムハンマドの活き活きとした姿が読み取れる。

　クルアーンに描かれたユースフとマルヤムの性格も，ムハンマドに似ている。いってみれば二人とも，苦労はしているものの，保護されて育ち，性格が清く保たれ，極めて純真である。神に見込まれたためとんでもない出来事が自分に降りかかり，周囲の害意にもさらされるが，そのときの反応もすれておらず，常識人には想像もつかないリアクションを取るのである。どんな目にあっても，二人は当初の清さ，純真さを保ち続けている。

3　クルアーンを読み込む

✤ 重層性を読み解く――古事記との比較

　クルアーンが成立したのは，よく考えると，われわれがよく知っている古事記の成立と同時期である。**表５−２**からわかるように，クルアーンが成立した７世紀前半に，日本でも大陸から仏教の伝来が起こり，その影響でそれまでの土着のアニミズムが神道として整備された。その時期に，神話や伝説が古事記という形で編纂され，まとめられた。

　クルアーンも古事記も，同時期に形を成した口誦叙事伝承，つまり声に出して読まれるありのままの伝承である。もちろん，古事記には並列する日本書紀（現在まで伝えられている王権者による正史の書き直し）があり，それとの関わりが問題になるなど，クルアーンと異なる面，それぞれの特質も多い。しかし語りの中の重層性と，そのことが同時代の政治的・文化的文脈の中で闘う力をもたらした点という似通った重要な性質がある。

　私見では，古事記が人を惹きつけてやまず，それと比べると日本書紀がつまらなく感じられるのは，この力の有無による。闘いを勝ち抜く現場の痕跡があるテクストには臨場感があり，勝者が後から正当化のために整理し，歴史の確定のためになぞり直したテクストからは，臨場感が消える。

　クルアーンのテクストを分析するうえで，古事記研究者・三浦佑之の次の言葉が役立つ。

第５章　聖典クルアーン　　81

表5-2　古事記／日本の宗教とクルアーン／イスラームの時代展開（概観）

日本の時代区分	日本の宗教の変遷	人類史的な区分	イスラームの変遷
縄文時代 弥生時代	アニミズム 狩猟採集的 農耕的	その土地のアニミズム （神話・伝説，古代宗教）	セム的一神教の土壌 （アブラハムの系譜，アラブの預言者たち）
古墳時代，飛鳥時代	外来宗教（仏教）の影響でアニミズムが神道として整備	三層の融合 ① 土着のアニミズム ② 一つ目の外来宗教 ③ 二つ目の外来宗教 ④ 三つ目の外来宗教 ⑤ 宗教の近代化	イスラームの始まり クルアーンの成立
奈良時代 平安時代 鎌倉時代 室町時代	日本特有の仏教宗派が発展		非イスラーム圏に伝達 ・各地のアニミズム ・ゾロアスター教 ・キリスト教 ・ヒンドゥー教 ・仏教　などと融合
戦国時代 江戸時代	外来宗教（キリスト教）の影響，各宗教を統制へ		
明治時代	国家による宗教の統制 新宗教 アイヌや沖縄の同化（文化・宗教の破壊）	宗教の制度化	植民地支配下での脱宗教化，宗教の禁止 ワッハーブ派
昭和	宗教の脱聖化 脱宗教化 新新宗教	近代化 脱宗教化・世俗化	純化運動 サラフィー主義
平成	スピリチュアルブーム パワースポット	宗教の再復興	原理主義 過激派

　古事記を理解する上での「困難」について池澤（夏樹）氏は，「テクストの多様性」にあると指摘し，具体的には，「神話・伝説」と「系譜」と「歌謡」という，「形式において互いに関係の薄いテクストが混在」していることだと指摘する（「この翻訳の方針」）。そして，その三つのテクストの混在を明確に意識しながら，池澤氏の翻訳はなされている。

　中心となる「神話・伝説」では，「テンポよく進む」「そのスピード感を壊さないようにと，言葉をなるべく補わない」文体で叙述され，省略されがちな「系譜」は，べた書きで連ねるのではなく，神明や人名を一柱（一人）ずつ並列して表記する。それによって系譜は存在感を強め，作品の中での自己主張が読みやすくなった。そしてもう一つの「歌謡」は，音仮名表記された元のことばの音声やリズムをそのまま漢字かな交じり文で表記し，訳文を並

べるというかたちで対処する。それによって，三者三様の文体が混在するテクストを現代語に復元しようとした，それが池澤氏の翻訳の新鮮さである。（三浦佑之『古事記学者ノート──神話に魅せられ，列島を旅して』青土社，2017年，75頁）

　クルアーンのテクストを読み解く際，古事記研究の方法論を参照することは，欧米では一般的ではない。オングの『声の文化と文字の文化（*Orality and Literacy*)』（1982 年刊）に始まる画期的な古代ギリシアの口頭伝承の研究に影響を受けた研究に限られているといっても過言ではない。だからこそ，あえて古事記研究にインスパイアされながら，クルアーンにたたまれて収められた「長い歴史＝重層性」を考えてみたい。

　古事記に「神話・伝説」「系譜」「歌謡」といった異なる三つのテクストが混在しているのと同じように，クルアーンにも形式の異なる複数のテクストが混在している。クルアーンでは歴史が繰り返す。いつも同じ筋立てで，神が預言者や使徒を送り，人々は不義を行ない，滅ぼされる。そこから読み取れるのは，まず，神の人類に対する一つのアクションが幾度でも繰り返されていることである。そして，その裏には，神が人間に愛されたいがために，砂の中から黄金を拾うかのように，正しい人々を見出そうとする神のモチベーションが見え隠れする。

　神は語る。

　　まことにアッラーは，アーダムとヌーフ，イブラーヒームの一族とイムラーンの一族を衆生の上にお選びになった。（「イムラーン家章」第 33 節）

　　マルヤムの息子イーサーが言ったのを思い出しなさい，「イスラエルの民よ，まことにわたしはあなた方に遣わされた神の使徒であり，わたしより以前の律法（タウラー）を確証し，わたしよりあとの使徒についての吉報を知らせる。彼の名は，アフマド〔ムハンマドの別名〕である」（「戦列章」第 6 節）

　これらの語りが浮かび上がらせるのは，螺旋のように繰り返す歴史，人物が変更されながら同じことが起こるループの存在である。アーダム，ヌーフ，イブラーヒームの一族（つまり，ヤコブやイエス，ムハンマドにたどり着く家系），イムラーンの一族（マリアとイエス）は，人類の中で善き人々である。神はこれらの善き人々にメッセージを託し，人類が善きものになることに期待をかける。そし

第 5 章　聖典クルアーン　　83

て，それは繰り返し何度でも裏切られ，また啓示が下され，さらに裏切られ，また啓示が下され，また裏切られ，ムハンマドへと行きつく。

　表5-3はクルアーンに登場する預言者をまとめたものである。この表からわかるように，クルアーンには大まかに分けて，二つの異なる層が圧縮されている。すなわち，アーダムからユースフまでの神話と，ムーサーからムハンマドの歴史である。前者は，さらに，人類の起源，人類の滅亡と新しい人類の始まり，純粋一神教の起源という三つの物語・時代から構成されている。

　次の歴史部分も，三つの時代が混在している。すなわち，イスハーク（イサク）やムーサー（モーセ）からダーウード（ダビデ），スライマーン（ソロモン）を経てユーヌス（ヨナ）までのイスラエルの民の歴史，そして，ザカリーヤーやヤフヤー（洗礼者ヨハネ）らとマルヤム（マリア），イーサー（イエス）の時代，そしてムハンマド時代である。

　クルアーンはこれらの人類の来し方を，歴史として時系列に並べることには関心がない。クルアーンが伝えたいモチーフは，ムハンマド以前にも諸預言者は，人類からの害意によって苦難を味わってきたし，またその苦難を乗り越えようと奮闘し，そのことによって神に愛され続けたという，神と人間の二人三脚の物語である。

❖ 口承性がもたらす特質

　以上に述べた重層性は，クルアーンが口誦伝承，口から口へと伝えられたために起こる特性である。口誦伝承は，書かれて読める状態になっている文字テクストとは情報の乗せ方が違う。紙面という物質がない状態で，言葉（メッセージ）を保つために，以下のような配慮が必要となる。

　　①配列の工夫（テーマごとではなく，音の結びつきで並べる）
　　②グループ化（いくつかのグループに分けて，特有のグループ名をつける）
　　③歴史（時系列）を固有名詞化（ラベル化）することで，平たくして，断片化する
　　④音を整える（韻律を優先して文法を崩す）
　　⑤決まり文句（フレーズ）と繰り返し出てくる登場人物を，なじみやすい記号として反復させる

　クルアーンは音として始まり，音として受け渡され，消費され続けてきた。文

表5-3　クルアーンに含まれる複数の層

登場する預言者	語りの種類	
アーダム…人類の父（アブー・アル＝バシャル）。妻の名はクルアーンには出てこない。(旧約聖書創世記のアダム。二人の息子カインとアベルがいる。BC5000年頃）	ヒト（人類）の起源についての物語。神が大地を創り、人が大地から生まれる。	神話部分にはこの三つの層が圧縮されており、時系列はあまり意味をなさない
イドリース…旧約のエノクか。（エノクはアダムから7代目）。2回登場。 ＊**ヌーフ**…大預言者で、最初の使徒（ラスール）。(旧約聖書のノア。アダムから10代目。BC3000年頃） ＊**フード**…アラブ人。アードの民に遣わされた。イエメンに墓廟がある。 ＊**サーリフ**…アラブ人。サムードの民に遣わされた。ヒジャーズ地方に遺跡がある。	神との約束の物語。人間は神に背き、大洪水が起こって人類が滅亡し、新しい人類が始まる。	
＊**イブラーヒーム**…諸預言者の父（アブー・アル＝アンビヤー）。ハリール・アッラー（神の友）。パレスチナのヨルダン川西岸に墓廟がある。(旧約聖書のアブラハム。BC1900頃） **ルート**…イブラーヒームの甥。「転覆された都市（ムウタフィカ）」に遣わされた。（旧約聖書のロト。都市の名はソドム） ＊**イスマーイール**…イブラーヒームの息子。ムハンマドの祖先。(旧約聖書のイシュマエル) **イスハーク**…イブラーヒームの息子。（イサク） ＊**ヤアクーブ**…別名イスラエル。イスハークの息子で、イスラエルの民の祖。ユースフの物語に登場する。（旧約聖書のヤコブ） ＊**ユースフ**…ヤアクーブの12人の息子の一人。クルアーンの中で「スィッディーク（真実の人）」と呼ばれ、ユースフの物語は「最良の物語（アハサン・アル＝カサス）」と表現されている。(旧約聖書のヨセフ)	自分たち（部族）の来し方の物語。純粋一神教の起源。ムハンマドにとってのロールモデルの提示。	
シュアイブ…アラブ人。マドヤンの町に遣わされた。イブラーヒームの子孫。ムーサーの義父とされる。 ＊**ムーサー**…大預言者。最多の136回登場。カリーム・アッラー（神と語る者）。エジプトで生まれ育ち、イスラエルの民の指導者となる。ファラオとの対立。(旧約聖書のモーセ，BC1290?) **ハールーン**…ムーサーの兄。ムーサーを補佐した。（旧約聖書のアロン）。 **ヒドル**…ムーサーに法では判断できないことを教	自分たち以前の歴史。イスラエルの民の変遷。ムハンマドに先行する正統な啓示の受け取り手。頑迷な敵との困難な闘い。	歴史部分。三つの時代が含まれる。

えた。 ＊**ダーウード**…イスラエル王国の王。神から詩篇（ザブール）を授かる。（旧約聖書のダビデ王，BC1000 頃） ＊**スライマーン**…ダーウードの息子。鳥や動物と話し，風やジン(幽精)を操る能力を持つ。シェバの女王とのエピソードが知られている。エルサレムの岩のドームは，彼が建設した神殿の至聖所があった場所。（旧約聖書のソロモン。BC960－922） **イルヤース**…バアル神（太陽神）信仰に陥ったイスラエルの民に送られた（エリヤ。BC9 世紀頃） **アイユーブ**（ヨブ記） **ズルキフル**（ビシュル。BC593，バビロニア捕囚期の預言者。別説あり） **アルヤスウ** ＊**ユーヌス**…（ヨナ。ヨナ書。ヤロブアム 2 世の治世）	
ザカリーヤー…マルヤムの保護者。ヤフヤーの父。ザカリーヤーの物語は，年老いて子のなかったザカリーヤー夫婦が，ヤアクーブの家が耐えるのを嘆き，神に祈って，清い息子ヤフヤーを授かった。 **ヤフヤー**…ザカリーヤーの息子。ダマスカスのウマイヤ・モスクに首級が埋葬。（新約聖書の洗礼者ヨハネ） ＊**マルヤム**…クルアーンに登場する唯一の女性の固有名詞。マルヤムの物語は，神に選ばれ清く養育されたマルヤムが，清いままに懐胎し，生まれた赤子が救世主イーサーで，言葉を話す赤子であった。（新約聖書のマリア） ＊**イーサー**…マルヤムの息子。大預言者であり，救世主（マスィーフ）。イーサーの物語は，イスラエルの民に遣わされ，病人の治癒し，死者を蘇らせる。（新約聖書のイエス）	自分たち以前の歴史。キリスト教の始まり。
＊**ムハンマド**	自分たちの歴史

＊の人物…その名前や関連する事柄がクルアーンの章名（標準版の章名もしくは別名）に採用され，より重要な主題・キーワードとみなされている。人物について複数説あるときは，『岩波イスラーム辞典』（岩波書店，2002 年）に従った。

字を読めない子どもであろうが，識字能力のない庶民であろうが，アラビア語が
わからない非アラブ人であろうが，みなクルアーンを暗誦できるように，聴いて
覚える学びが奨励され続けてきたし，そのための寺子屋・学院も各地で充実して
いた。

　口誦伝承がもたらす特質や叙述の重層性などは，時代が変わってもそのまま受
け継がれる。しかし書物としてのクルアーンが流通し，文字テクストが整備され，
充実すればするほど，啓典解釈（タフスィール）や法源学（イルム・ウスール・
アル＝フィクフ）などの，クルアーンを使った複雑な分析を行なう学問分野がさ
らに発展することも起こった。その結果，クルアーンを取り巻くテクストが限り
なく増大し，クルアーンそのものが当初色濃く持っていた口誦伝承としての性質
は，一見しただけでは見えにくくなるほどに薄れたのである。

　クルアーンは，書物として編纂された時期が比較的早い。第3代正統カリフ，
ウスマーンの時代には，すでに一冊の書物として綴じられていた。8世紀半ばに
はイスラーム圏に唐から製紙法が伝わり，紙の製造が始まったことで書物として
のクルアーンが社会の中に流布していくようになった。もちろん，中世には書物
は高価なものであったため，庶民の手には入らなかった。しかし16世紀にルネ
サンス期のイタリアが安価なムスハフ（クルアーンの刊本）をムスリムに向けて
輸出を試みたり，ムスリム社会でも19世紀半ばには南アジアなどで安価な刊本
の製造が始まっていた。

4　現代のクルアーンへ

❖ 現代のクルアーン朗誦ブーム

　近代になると多くのムスリム社会は，西洋列強に植民地化され，地域の宗教や
文化を禁止・破壊され，それまでのイスラーム的な生活や社会を保つことはでき
なかった。植民地時代や近代化の時代，あるいは植民地からの独立期には，西洋
化や民族主義・ナショナリズムなどの影響で，それまでのイスラーム的伝統の多
くが姿を消した。激動の現代になると，植民地時代に蹂躙されたアイデンテティ
ティを回復するために，またはなおも続く悲惨な状況の中，ほかにすがれるもの
はないとばかりに，宗教熱が各地で高まり，クルアーンも新たな形で復活した。

　20世紀半ばには，エジプトの大朗誦家たちの朗誦が，ラジオやレコードに乗っ
て世界各地のムスリム社会に広がった。彼らのスタイルが広く世界中で愛され，
近代のスタンダードとして権威を持つようになった。アフリカやアジアの各地域

からエジプトのカイロ，サウジアラビアのマッカへとイスラーム諸学を学びに来た留学生や旅人が，朗誦技術を自国へと持ち帰った。新興国である湾岸やマレー・インドネシア世界では，市町村・州・全国・国際大会へと昇っていく近代的な形式の朗誦大会が生まれた。朗唱大会は大衆が観戦して盛り上がることができ，大いに発展し，それは今日でも続いている。

　朗誦が，サウジアラビアやエジプトから東南アジアへと持って帰られる過程で，「女性朗誦家」というアラブではありえなかった存在がたくさん生まれた。アラブの女性朗誦家は，人前で朗誦を披露することができないため，プロとして活動している人がほとんどいない。それに対して，東南アジアでは女性が人前でパフォーマンスすることに制限はなく，女性朗誦家の声を録音したテープも男性のものと同じくらい流通している。

　東南アジアの国々は国内で女性朗誦家の活動を応援するだけではなく，アラブの国々も参加する国際大会においても女性の朗誦家の存在をきっちりと押し出し，男性とほぼ同等に扱うことで，「女性の人前でのパフォーマンスを全面的に奨励し，女性朗誦家の活躍を全面的にポジティブに捉える」という独自のイスラーム文化を打ち出し続けている。

　近年スマートフォンのアプリやYouTubeでは，エジプトの昔の大スターだけではなく，サウジアラビアなどの若手の朗誦家も人気が高い。往年のエジプトの大朗誦家たちの朗誦も，クラシックとしてYouTubeでもアプリでも豊富にある。しかし今の若者たちの耳にはどうしても重厚過ぎて，それが好みの一部の人以外にはそれほど頻繁には再生されないようである。確かに，ポップミュージックの洪水の中で生活している耳には，悠長で深玄な声は，どうしてもギャップがあり過ぎてなじまず，聴きにくい。筆者は依然としてシャイフ・フサリー（1917－1980）の朗誦の大ファンなので，今の若者や朗誦業界が湾岸びいきなのはもったいないことだと思うが，時代の波なので仕方がない。

❖ インターネット時代の解釈という問題

　現代のもう一つの大きな特徴は，クルアーンの文言の解釈を誰でも勝手に行なえるようになったことである。クルアーンの文言を誰でも勝手に引用し，イスラームの価値観に反するようなことをイスラームの名の下に行なうことさえなされる。

　ワッハーブ派やサラフィー主義などは過激な原理主義と思われているが，中東や東南アジアのムスリム社会に暮らすムスリムにとっては，それが隣人の思想ということもよくある。そうであれば，その思想自体が悪いとは考えず，近代的な

やり方に便乗するのも，そのような復古的な考え方をするのも，個人の選択の範囲のことだと考えている。

　ワッハーブ派やサラフィー主義は，クルアーンの字義的な理解を好み，伝統的な解釈学に否定的なため，欧米では「プロテスタント的」と言われることが多い。インターネットの言説空間を見ると，サラフィー主義の比率が異様に高いことに気がつく。一時期に大きな影響を持った「イスラム国（IS）」などは，宗教的知識もない若者たちがイスラームを「乗っ取る」現象であった。過激派が自分たちの身勝手な解釈を広め，メンバーをリクルートしうるという点で，これもインターネット時代に特有のことであった。

　過激な見解の流布，生半可な知識を振りかざす投稿など，解釈権の取り合いを見ていると，一見すると秩序や伝統の崩壊が起き，みんなが好き勝手にできる時代であるかのように見える。しかし，別な観点から見れば，実はいい時代だともいえる。なぜなら，この事態は，以下の二つの条件がイスラームにそろっているからこそ，起こりえたからである。

　一つ目は，宗教的言説を規制する教会や公会議といった権威が存在しないという条件だ。これまで，啓典解釈学者であるとか法学者であるとか傑出した人々が数多くいたが，彼らの学的な努力が社会的に認知されたからである。原則は，誰もが自分の解釈を言ってよいのである。聖職者や政治的リーダーなどの特定の人間だけが解釈権を独占して，勝手なことを言うことができない。「知識の探究はムスリム全員の務め」というムハンマドの言行があり，誰もが知の獲得に前向きとなり，知の独占とそれによる弊害が除去される。インターネット時代の現状は，その意味で過渡期であり，新しい時代にふさわしい解釈がやがて大きな力を持つことが期待される。

　二つ目は，ムスリムは誰もが平等であるという条件だ。特別の戒律に従う聖職者がいて，義務と権利において特権階級をなすということも本来ない。イスラーム法の対象として区別されるのは，成人か未成年者かといったことで，出家者と俗世に残る平信徒というような区別はされない。現在の解釈権の奪い合いは，むしろ，この平等の権利を再確認するものといえる。特に，このことは女性が解釈権を回復するうえで，大きな意味を持っている。ムスリムは平等とはいえ，歴史的な背景からこれまでの啓典解釈はすべて男性学者によるものであった。女性たちから，それは男性の都合やものの見方を色濃く反映していると，強い批判も起こっている。現在ではアメリカを中心に，女性による新鮮な解釈も盛んになってきている。

もちろん，解釈権が自由化する中で，それぞれの解釈の妥当性が問われることになる。過激派の言説に対しても，いったん遅れをとった穏健派が反論を展開しているし，女性たちの解釈もそれが確立されるには，女性にだけ受け入れられるのではなく，クルアーンの解釈として広く受容されるところまで行かなくてはいけない。

✥ クルアーン研究の最前線で

　近年のクルアーン研究は，エジプト出身の研究者でロンドン大学を中心に活躍しているムハンマド・アブドゥルハリームの大きな功績があり，またイギリス，フランス，ドイツなどで新しい手法や成果が目覚ましい。科学技術によって，羊皮紙に多層的に隠されている文書が読み取れるようになったことで，正典として成立したウスマーン版ではないクルアーンのバージョンが見つかるなどの，画期的な進展もある。

　アメリカでは，アンドリュー・リッピンの貢献により，近代的タフスィールの研究の土台が作られ，日本が誇る国際的なイスラーム学者・井筒俊彦のあとを継いで意味論的分析も大いに盛んである。ハーバード大学のシャーディー・ヘクマト・ナセルは，クルアーンの異なる読誦がどのように伝達・発展してきたかの全歴史の解明に取り組んでおり，音としてのクルアーンの復元というユニークな貢献をしている。

　その一方で，1960 年代以降，レヴィ＝ストロースは世界中で構造主義ブームを起こし，学問の領域を超えて各分野に多大な影響を与え，人類学のスーパースターとなった。彼は，北南米神話の読み解きに新しい手法を生み出した。神話を，それが鳴り響いていた世界の文脈の中で，そのままに読み解くための，複雑かつ大胆な手法である。筆者は学部時代からレヴィ＝ストロース研究の日本の第一人者に師事し，レヴィ＝ストロースの神話分析をクルアーンに援用しようと努めてきたが，これがなかなかうまくいかない。神話であれ，聖典であれ，聖なる言葉を読み解くのに，レヴィ＝ストロースの方法がベストなことはずっと確信しているが，いかんせん，北南米神話とクルアーンは条件があまりに異なっており，直接細部の分析の援用がしにくいのである。

　近年，アメリカで日本の精神文化，特に神道および仏教に関する講義の中で，古事記とクルアーンのシンメトリーさに出会い，雷に打たれたように開眼したのが，上に記した古事記との比較である。古事記研究を見渡すに，これだ！と感じたのは，三浦佑之の著作群であった。我が意を得たりと，せっせと三浦にインス

パイアされながらクルアーン研究を進めている最中であるが，最近，驚くべき発見をした。三浦の古事記研究の始まりにある師と言うべき西郷信綱が，人類学から並々ならぬ影響を受けており，特にレヴィ＝ストロースに負うところが大きいというのである。西郷の『古事記の世界』はまさに，古事記をレヴィ＝ストロースの神話論理的に読み解くもので，元の文脈の中で鳴り響かせるというそのモチーフは，三浦において一つの形で完成した。

　さて，ひるがえって，われわれクルアーン研究者にも，西郷・三浦の方法論のように，レヴィ＝ストロース的方法でクルアーンを考察するという大仕事が残っているのではないだろうか。もちろん，これまでの西欧の東洋学者たちも自ら信じる方法で，クルアーンへのアプローチを続けてきた。それゆえの成果や発見も多くある。だが，クルアーンが形成された7世紀のムスリム的世界における音と意味を復元するというレヴィ＝ストロース的方法はより魅力的な方法ではないだろうか。研究方法としての新しさはもちろんのこと研究者のクルアーン理解だけでなく，ムスリムのクルアーン理解にも新鮮な発見をもたらしてくれるのではないだろうかと，これからが，楽しみである。

■読書案内

大川玲子『図説　コーランの世界——写本の歴史と美のすべて』河出書房新社，2005年。世界各地に所蔵されている様々な時代・地域のクルアーン写本の図版が，美しい。

小杉泰『「クルアーン」——語りかけるイスラーム』岩波書店，2009年。／小杉泰『イスラームを読む——クルアーンと生きるムスリムたち』大修館，2016年。イスラームのロジックや啓典解釈学に精通した著者が，日本人にわかりやすくクルアーンを紹介している。後者は，ムスリムの実際の生活と聖典の関わりがよく理解できる。

堀内勝「QIRĀ'AH（コーランの読誦）に関するノート」『アジア・アフリカ言語文化研究』4号，1971年，189－231頁。／堀内勝「預言者時代のコーラン読み達：第一層 Qurra'（コーラン読誦者）を中心に」『国際関係学部紀要』28号，2002年，71－92頁。伝統的なクルアーン諸学の原典を丁寧に研究してきたアラブ学の大家。日本ではほとんど研究のない分野なので，今でも最も有益な資料。

【第5章付録】暮らしの中のクルアーン

礼拝（サラー）

　毎日5回の礼拝の中で，神の語りが再現される。

神のうつくしき御名（アスマーウ・フスナー）

　驚いたとき，感動したとき，つらいとき，慰めが必要なとき，人々はその状況に応じた様々な神の別名を唱える。それはイスラーム諸国の各言語の中に慣用句として入り込んでいる。

唱名（ズィクル）

　神の第一の名である「アッラー（神）」と唱える行であるが，各地域に根差した神秘主義教団では，クルアーンに出てくる神名や文言を修行の処方・術式として使う。

神徴（アーヤ）

　クルアーンの文言は，神の存在を指し示す徴（アーヤ）と呼ばれる。神は，自然界もアーヤであると語る。クルアーンの中では，山や星が神に仕える「しもべ」として活き活きと描写される。

神の名を唱える言葉（バスマラ）

　バスマラと呼ばれる「慈愛あまねき慈悲深き神の御名によって」という決まり文句は，クルアーンの第一章である開扉章の第1節であり，他の章や何らかの章句を朗誦するときに必ず唱えられる。また食事を始めたり，発言を述べたりという行為が行なわれる際にはバスマラがまず唱えられ，次に食べたり，話したりといった行為が行なわれる。

クルアーン・グッズ

　旅行中に携帯するための護符やお守り，女性の装身具などが伝統的にクルアーンの文言が書かれた「宗教グッズ」であった。現代では車に貼るステッカーや壁に貼るポスター，カレンダー，時計，置物などになり，世俗的・西洋的な家や車をイスラーム化するための道具としての役割が出てきた。

コラム5

アラビア文字の聖性：チャム・バニとピニ文字

　雨季に入り，人々が農作業に追われている6月のベトナム中南部。チャム・バニの人々が暮らす村で，ある青年の通過儀礼が行なわれていた。儀礼を主導していたのは，村の中でも高名な宗教職能者の一人，イマーム・ゴイ。自宅の一室で，イマームは蜜蝋と香木が焚かれた台の前に座り，香木の煙に手をかざして何かを朗誦した後，傍に置かれた器の中の水を口に含み，すぐに器の下の壺に吐き出した。次に，台の上の小さな碗に用意されたライムの果汁などが入った水で指先を濡らし，それを自分の額やこめかみや喉に規則正しく当てていく。それが終わると，同じようにして濡らした指先を，隣に座っている青年にも当ててやる。さらに，台の上の，4行ほどの白い文字が書かれた黒い板と木製の筆にも同じように濡れた指先を当てた。その後，筆を握った自分の手に青年の手を添えさせ，板の文字をなぞり書きする仕草を繰り返す。それが終わると板を台の上に立て，筆で文字を指しながら，一区切りごとに声に出して読み始めた。青年がそれを真似る。

　「ビスミッラー」，「ビスミッラー」，「イーラハムー」，「イーラハムー」，「イーラヒーミ」，「イーラヒーミ」，「リィゥ」，「リィゥ」，「パッ」，「パッ」，「タッ」，「タッ」……。

　これは，現地の言葉で「筆を開く」の意味するレッ・カラムと呼ばれる儀礼の様子である。水で濡らした指先で「お浄め」をした後に読み上げられた板書は，現地で「ビスミラ」と呼ばれる文言と，ピニ文字のアルファベット。「ビスミラ」とは，「慈悲深く慈愛あまねきアッラーの御名において」を意味するアラビア語のバスマラと呼ばれる定型句で，ピニ文字とは，アラビア文字もしくはそれに似た文字で構成されるチャム・バニ特有の文字である。

　アラビア文字は，「神の言葉」であるクルアーンが書かれた文字として，イスラームを受容した人々が暮らす地域に広く伝播した。そうした地域では，アラビア語を母語としない人々が，自らの言語を表記する手段としてもアラビア文字を受容した例が多く見られる。例えば，東南アジアではマレー語をアラビア文字で表記したジャウィがよく知られている。ベトナムでも，チャム・ジャウィと呼ばれるアラビア語表記のチャム語文書を使用する人々がいる。しかし，同じベトナムでも，イスラームの伝来とともにアラビア文字を受容したと見られるチャム・バニの人々が，母語であるチャム語をアラビア文字で表記して用いた痕跡は今のところ確認されていない。彼らがチャム語を表記する場合，南インド系のチャム文字を用いるのが一般的である。前で触れたピニ文字は，クルアーンの一部など，アラビア語由来の文言を記すためだけに用いられている。

　チャム・バニの社会には，ムスリム社会に一般的な書物にまとめられたクルアーンは普及していないが，いわゆるコミュニティの「聖典」として，「パタル」と呼ばれる写

本が存在する。「パタル」は，チャム文字で記されたチャム語の部分と，ピニ文字で記されたアラビア語由来の文言の部分で構成されるのだが，後者を調べてみると，アラビア語としての表記上の「間違い」があり，クルアーンの部分ですら同様の「間違い」が少なからずある。それでも，チャム・バニの人々にとっては，ベトナム人による征服やベトナム戦争といった過酷な時代を経ながらも彼らの祖先が守り抜いてきた文書であり，宗教的知識の源泉として大切に扱われている。紛れもなく，コミュニティの聖典である。

ピニ文字の学習や「パタル」に関する知識は，社会全体に開かれているという類のものではない。それらは慣習的に男性に推奨されるもので，中でも，一般信徒とは明確に区別される宗教職能者の専門とされる。冒頭で紹介したレッ・カラムは，それらの学習を開始するための宗教的な資格を得る諸段階の儀礼である。

ところで，彼らは何のためにピニ文字やクルアーンの章句を含むアラビア語由来の文言を学ぼうとするのだろうか。一般的に，レッ・カラムを終えて宗教的学習の資格を得た男子が目指すのは，村の宗教職能者に個人的に教えを請い，墓参りや祖先祭祀で朗誦される一定の文言を暗唱することである。つまり，祖先に対して，意味はわからないが「どうやらアラビア語であるらしい」と言い伝えられてきたピニ文字表記の言葉「クルウーン」を朗誦することが，彼らの第一の目的である。

実際のところ，チャム・バニの人々はムスリムと自称しておらず，セム的一神教の世界観やムスリムとしての実践を共有していない。しかし彼らは確かに信仰を持っており，それはアラビア文字を基とするピニ文字で書かれた聖典と不可分の関係にある。

（吉本康子）

第6章

法学・神学

1 はじめに

　イスラームでは，人のあらゆる生き方や社会のあり方は，包括的なシャリーア（イスラーム法）が担っている。聖典クルアーンはシャリーアについて，次のように明言している。

　　そして，われ〔アッラー〕はあなたを諸事のシャリーア〔正しい道〕の上に置いた。それゆえ，無知なる者たちの空しい欲望に従ってはならない。（「跪く章」第18節）

　シャリーアは，本来アラビア語で「水場への道」を意味している。イスラームが生まれた乾燥地帯の世界観では，それは生命を維持するために不可欠な道，生存維持の基本の道，言い換えれば人生を全うするための根本的な教えということになる。包括的なイスラーム法であるシャリーアから外面・内面の細かな規定を示す営為を，法学と神学が担ってきた。

　イスラームには，信仰のあり方や心で信ずべきことを論じる側面と，信徒がどのように生活し何をすべきかのルールを論じる側面がある。「信ずべきこと」「行なうべきこと」をしきりと論じると，「〜すべき」と責任や義務を重視することになる。規範を重視する立場を日本語では「べき論」と表現することがあるが，その言い方を用いるなら，イスラームは「べき論」を好む。本章の主題に即して

95

いうと，内面的な「べき論」が神学の領域であり，外面的な行ないに関する「べき論」が法学の領域である。

本章では，法学と神学が具体的に何を扱い，それぞれがどのような役割は果たしてきたのか，さらには現代におけるそれらの展開を示したい。

2　神学の仕組み

✛ 心の中はわかるのか

前近代のキリスト教では「神学は諸学の女王」といわれた。それになぞらえていうならば，イスラームでは「法学は諸学の王」であり，神学はどちらかといえば，脇役の学問に当たる。キリスト教では三位一体論をはじめとして，神とは誰か，神とはどのような存在か，ということが大きな議論となったが，イスラームでは神をめぐる議論はクルアーンの中にほぼ尽くされており，むしろ，人間が信じるとはどのようなことかが議論となった。しかも，信じるということは，どのような行ないをすることなのか，という形で問題が出された。心の信仰は究極的には神にしかわからないため，目に見える行ないを重視する，イスラームらしい問題の立て方であった。

もう少し，キリスト教との比較を続けてみたい。キリスト教ははじめ，ローマ帝国の中で密かに新宗教として浸透し，やがて大きな力を持って，帝国の公認宗教となった。キリスト教はそのとき，ローマ法（市民法）を廃止しようとしたわけではなかった。キリスト教は古代からの多神教を廃止して，新しい宗教をもたらしたが，法については従来の法体系を肯定した。そこから「神のもの（宗教）」と「カエサルのもの（国家，法）」が別々のものとして成立した。キリスト教は，今日のパレスチナやヨルダンでセム的一神教の一つとして成立したが，地中海に広がってからはローマ帝国と併存するものとして発展したといえる。当然ながら，国家の領域に属する法学ではなく，神学がキリスト教の本体の学問として，「諸学の女王」へと成長した。

これに対してイスラームは，歴史的に中央集権的な国家がほとんどなかったアラビア半島で，いきなり宗教と国家を合わせたウンマ（イスラーム共同体）が成立し，社会のすべてを制御するものとしてシャリーア（イスラーム法）が生まれた。政教一元論に基づく国家，社会，宗教の誕生である。

規範や基準を意味する古代ギリシア語の「カノーン」という語はキリスト教世界にもイスラーム世界にも入ったが，その意味するところは真逆となった。古代

ローマの公用語であり西洋キリスト教世界の公用語であるラテン語のカノンは，キリスト教世界ではカトリック教会の「教会法」を指す言葉となり，世俗のローマ法（市民法）と区別されるようになった。ところが，イスラームの「公用語」であるアラビア語のカーヌーンは，国家が定める制定法，つまりシャリーアではないものを指すようになった。古代ギリシア語のカノーンは，キリスト教では聖法となり，イスラームでは世俗法となったのである。

　このような構造の違いがあるため，イスラームでは最初の神学的問題は，政治行為をめぐって起きた。イスラーム世界は預言者ムハンマド没後，彼のハリーファ（代理人・後継者，いわゆるカリフ）が代々ウンマの指導者を務めた理想的な時代，いわゆる正統カリフ時代を迎えた。ところが正統カリフ時代の末期になると，イスラーム世界は内乱状態に陥っていた。第4代正統カリフ・アリーに対して，シリア総督ムアーウィヤがその権威を認めず抵抗を続けていたためだ。クルアーンの章句「アッラーとその使徒と権威ある者に従いなさい」（「女性章」第59節）によれば，共同体の指導部であるカリフ政府にとって，ムアーウィヤは反逆者である。ところが，両軍が激突したスィッフィーンの戦い（657年）で勝敗がつかず，カリフであったアリーは調停を受け入れることにした。ムアーウィヤにすれば大きな政治的勝利であり，アリーにすればやむをえない妥協であった。ところが，アリーの陣営内でこれを不服とする者たちが出た。

　彼らは，ウンマによって正しく指導者に選出された正統なカリフのアリーが反逆者との調停に応じることは許されず，そうである以上，アリーはカリフ位の資格も失ったとした。アリーがこのようにイスラームの教えに反したとなると，ムスリムとさえ認めがたい，と彼らは考えた。それ以前から反逆者であったムアーウィヤはいうに及ばず，彼らは両者を暗殺によって排除しようと企図したのであった。

　暗殺計画の結果は，アリーの暗殺は成功し，他方，ムアーウィヤは生き延び，実力でカリフに就任するという事態になった。正統カリフ時代は終焉を迎え，ウマイヤ朝が樹立された。過激な思想を持つ者たちは，彼らはアリーの陣営から出ていったことから，「ハワーリジュ派（出ていった者たち）」と呼ばれるようになった。彼らは後にウマイヤ朝にとっても，大きな脅威となった。

　当時のムスリムの多くは正統カリフ体制を支持していたが，「ウンマの統一」という原理を破る内乱・内戦にも辟易していたため，ムアーウィヤによる平和を受け入れた。ムアーウィヤの時代にさらに「イスラームの大征服」が広がり，イスラームの版図が拡大した。それと並行して，市井では法学者たちがクルアーン

第6章　法学・神学　　97

の章句などから新しい版図での新事態に対応する法の解釈に励んでいた。

　ムアーウィヤの治世はほぼ20年に及んだが，この時点では王朝はまだ始まっていない。ところが，晩年のムアーウィヤが強引に息子のヤズィードにカリフ位を継がせたため，再び対立が生じ，ウンマに危機が訪れた。しかも，ヤズィードは自分の権力を確立するために，即位して半年のちに，アリーの次男フサインが少人数の供を連れてクーファ（現イラク南部）の町に向かうところを大軍で取り囲み，ほぼ全員を殺害するという暴挙に出た。クーファはアリーがカリフ時代に首都とした町で，ヤズィードが恐れていたことは，フサインがここに到達して反乱の狼煙をあげることであった。

　アリーはムハンマドの末娘ファーティマと結婚していたから，フサインはアリーの息子であり，ムハンマドの孫に当たる。ウマイヤ朝の統治者がムハンマドの愛した孫を無慈悲に殺したことは，ウンマを震撼させた。ムアーウィヤの統治を容認した者たちにとっても，これは容認しがたいことであった。この大量殺害は「カルバラーの悲劇」と呼ばれる。シーア派は，ここから生まれた。

　シーア派という言葉は「アリーのシーア（党派）」を短縮した表現である。アリーが生きている時代にも，彼こそがムハンマドの後継者となるべきと思っていた支持者はいた。しかし，当のアリーが3代にわたる正統カリフを（おそらくはウンマの分裂を恐れて）容認しており，また最終的にアリーが第4代正統カリフとなったため，彼の生前は党派活動が表面化しなかった。しかし，カルバラーの悲劇を経て，ウマイヤ朝の非道を批判するアリー支持派がはっきりと姿を現わした。

　前述のハワーリジュ派に次ぐ分派の登場である。シーア派は，アリーを第1代として，その子ハサン，フサイン，そしてフサインの子孫のたちがウンマの指導者となるべきと主張した。そのため，アリーを押しのけたとされる3代の正統カリフは簒奪者とされ，ウマイヤ朝も極悪人とされた。シーア派がいうイマームを認めない人々は，みな罪人とみなされた。ここでも，政治的行動が心の信仰の証とされたのである。

❖ 善悪の判断は，何によるか

　正統カリフ時代末期からウマイヤ朝の時代に，ムスリムの外面的な行為を内面的な信仰の有無と結びつける分派が登場した。分派の登場は，人間が信じるとはどのようなことか，しかも，信じるということは，どのような行ないをすることなのか，という形の問題をムスリム社会に提起する契機となった。こうした政治

的問題と結びついた心の信仰をめぐる問題はやがて，ギリシア風の神学派として体系化されることになる。

　ウマイヤ朝は90年ほどで，アッバース朝に道を譲った。その間に大征服事業が進行し，アッバース朝当初の版図は中央アジアから西欧のイベリア半島にまで及んだ。ウマイヤ朝は被征服地でイスラームに加わった新参者に不人気であった。それは，ウマイヤ朝がアラブ人を優位に置いた「アラブ王朝」で，新しい改宗者を一段低い存在として扱ったためであった。これは人間の平等，信徒の同胞性を説くイスラームの理念に反する。アッバース朝はこの点で，本来のイスラーム的理念を実際の政策に反映させるようになり，最初の「イスラーム帝国」とも評価される。

　その一方で神学について，新入者たちが新しい問題をもたらした。理の当然ともいえるが，版図の拡大，新入者の増大は，被征服地において先行する文明・文化の流入をもたらす。イスラームはアラビア半島で生まれた段階では，科学技術などを獲得していなかったから，医学，天文学をはじめ，先行文明から学ぶことは多かった。問題は，哲学や宗教思想の流入であった。特に，古代ギリシアの哲学や論理学の流入は，ムスリムの発想法を変えた。

　クルアーンは「アッラーは永遠の自存者，生みもせず生まれもせず，かれに並び立つものは何一つない」（「純正章」第2-3節）と純粋な一神教を確立している。しかし，唯一神をギリシア哲学の表現を用いて「絶対存在」と呼び，それ以外の被造物を「可能存在」と呼ぶような思考様式は，アラビア半島の時代にはなかった。ギリシア思想の影響で生まれた神学を，アラビア語では「カラーム学」ともいう。

　カラームとはあれこれ話すこと，論じることである。日本語では「思弁神学」と訳すが，神学者をムタカッリムーン（あれこれ論じる人々）と呼ぶ語感は，否定的なニュアンスを含んでいる。ムスリムとは「帰依者」の意であるから，クルアーンに述べられた神の命を聞いて「われわれは〔命を〕聞き，従います。われらが主よ，あなた〔アッラー〕の赦しを求めます」（「雌牛章」第285節）と服従するのが良いとされる。それに対して，神や信条の問題をあれこれ議論する態度は新しい風潮であった。

　しかし，すでにイスラームも科学と哲学の時代に入っていた。しかも，先行文明の人々は議論や思弁に親しんでいたから，ただ「クルアーンを信じなさい」と言われても納得しない者もいた。そのような中で，議論の学として最初に登場したのがムウタズィラ学派である。「ムウタズィラ」という言葉は，ある論争の際

に第三の立場を取って「身を引いた」のが語源という説がある。しかし彼らは身を引くどころか，その合理主義的な神学が9世紀頃に一世を風靡した。一時はアッバース朝の公認教義ともなった。

その神学的な主張は様々であるが，ここでは人間の悪しき行為を取り上げてみたい。前述の分派の場合，悪しき行為をする人は信徒とみなしうるか，という問いを立てた。一方で，ムウタズィラ学派は，より神学的な議論，つまり正義の神はこの世に悪を創造するのか，という問題を論じた。

彼らの考えでは，神は正義である。そのことはクルアーンにも「われ〔アッラー〕はしもべ〔人間〕を決して不当に扱わない」（「カーフ章」第29節）と明言されている。そして，神はこの世のすべてを創造する。「アッラーはすべてのものの創造者」（「集団章」第62節）なのである。すると，殺人，強盗，姦淫といった人間の悪行も神が創造しているのであろうか。そうだとすれば，矛盾しているように見える。いかにして，正義者が悪を創造しうるのであろうか。神が正義という原理とこの世の悪の現象は，一見すると調和しがたく見える。

ムウタズィラ学派の回答は，おおむねこうであった――神は全能であり，人間の能力も神が与えたもの以外ではありえない。しかし，与えられた能力の範囲では，人間は行為を生み出す力を持っている。人を殺すのは，その能力を用いた人間自身の悪行である。正義の神が悪行を創造するわけではない。イスラームは人間のすべての行ないが審判の日に裁きを受けるとしているが，人間が自分で悪行を作るとすると，その報いを受けることも当然のことと納得される。

やがて，勢威を極めたこの学派の内部から，彼らの神学に反対する者が登場する。批判の最大の論点は，ムウタズィラ学派の「思い上がり」にあった。つまり，ムスリムはクルアーンを朗誦し，その章句を聞いて，神を理解するのではないか。それなのに，理性的な判断や合理主義的な議論に基づいて，「神の正義とはかくかくしかじかである」と論じるのは，人間の思い上がりではないか，という批判がなされた。

✤「団結の民」の神学

ムウタズィラ学派の方法論を取り込んだうえで，その内容を厳しく批判して，当時のムスリム大衆の心情に寄り添った神学を打ち立てた代表的な神学者は，アシュアリー（873/4-935/6年）であった。彼の主張は，さらに弟子たちが詳説を展開した部分も含めて，やがてアシュアリー学派として知られるようになる。

その考え方の基本は，神について知るにはクルアーンに耳を傾け，預言者ムハ

ンマドの言葉に学ぶことで，そのうえで，わかりにくさや矛盾を感じたならば，
合理的な解釈を行なえばよい，というものであった。

　ムウタズィラ学派を公式教義として採用した時期のアッバース朝は，この神学
に反対する学者たちを激しく弾圧していた。一般信徒にとっては，篤信の学者た
ちへの暴行や弾圧は許しがたかったとはいえ，民衆にとってはハワーリジュ派の
ように，それをもって権力者の不信仰をあげつらうことも好みではなかった。

　クルアーンやハディースをそのまま信じることを主張する学者たちの抵抗が続
き，素朴な一般信徒たちが彼らを支持する状況が続いた。その中で，アシュアリー
が彼らの立場を支持する主張を打ち出し，それをムウタズィラ学派ばりの論証で
補強する神学を唱えたのであった。

　アシュアリーは，聖典こそが知識の基礎であり，神が世界を創造し，善悪も創
造した以上，善悪の基準も神の言葉である聖典に求めなければならない，とした。
つまり，ムウタズィラ学派が人間の犯罪的な行為を神にとっても「悪」であると
決めつけているのは，アシュアリーから見れば，理性的な思考であっても越権行
為に当たる。人間が先験的に何かを「悪」と決めつけ，正義たる神がそれを創造
するはずがない，という議論は，悪の定義から間違えているということである。

　また，ムウタズィラ学派の公式教義として，アッバース朝が法学者たちを弾圧
したクルアーン創造説というものがある。この世に朗誦や書物の形で存在するク
ルアーンは超越的で絶対的な神の言葉そのものではありえない，という説であっ
た。これに対して学者たちは，神の言葉である以上，クルアーンは被造物ではな
い，と主張し続けていた。アシュアリーは，われわれが耳に聞く朗誦の音，紙に
書かれた文字などは被造物であるが，言葉の本体は永遠の神の言葉にほかならな
い，と矛盾を避ける中道の解釈を取った。

　アシュアリー学派と類似の教説を取る神学派として，マートゥリーディー学派
がほぼ同時期に成立したのは，ギリシア的な哲学的思考法の流入と本来のクル
アーン的な信条を接合する神学が社会的に必要とされていたことを物語っている。
マートゥリーディー（853－944 年）は，中央アジアのサマルカンドで活動した。
彼の神学は，それまでのハナフィー法学派が堅持していた神学的主張を発展させ
たものであったから，ハナフィー法学派とともに，中央アジアや南アジアに広が
るものとなった。

　ハナフィー法学派については次節で詳しく触れるが，法学派が「神学的主張」
をしていたというと奇妙に聞こえるかもしれない。しかし，8－9 世紀には，シャ
リーアは法学と神学にはっきりとは分岐していなかった。ハナフィー法学派の祖

第 6 章　法学・神学　　101

には『大法学』などの著が伝わっているが，その内容も後代の区分からすれば神学的な要素が強い。

　ちなみに，アシュアリーが登場したとき，アッバース朝に抵抗していた代表的な法学者はイブン・ハンバル（ハンバル学派の祖，780 - 855 年）であった。アシュアリー自身も「イブン・ハンバルの見解を支持する」と断言している。しかし，この表現は片思いの面もあった。というのは，イブン・ハンバルは法学のみならず，ハディース学の大家であり，どちらかというとクルアーンやハディースの教えを字義的に理解する学派を作った。アシュアリーはその見解を擁護する理性的な議論を展開したのであるが，擁護されているほうもそのような議論を好むわけではなかったのである。

　実際に，アシュアリー学派は，法学において論理的議論を展開したシャーフィイー法学派と親和性があって，同学派が広がった地域で広く受容されている。アシュアリー学派とマートゥリーディー学派は二大神学派として，今日までスンナ派の基本的な信条の護持者となっている。

　イブン・ハンバルに代表される「ハディースの民」は，理論的な推論よりもハディースの字義を好む傾向があるが，それでも字義だけでは立ち行かないときもある。根本教義などに照らして解釈を展開せざるをえない場合も，解釈を最小限にとどめるというが彼らの立場である。これも神学的立場に含める場合もあるが，議論を好まない彼らの態度は「思弁神学」には入らないであろう。

　主要な神学派の成立と，次節で述べる主要な法学派の成立は，全体としての「スンナ派」の成立と結びついている。スンナ派という訳語は分派を思わせるため，誤解を呼びやすいが，実際は「スンナと団結（ジャマーア）の民」といって，多数派を表わしている。スンナ派が多数派になったのは，「預言者のスンナ（慣行）を尊重し，多数の団結を実現する」という名称が示しているように，分派や分裂を嫌う中道派が自己形成したことによる。

　ハワーリジュ派の主張は他者を断罪し，ムスリムの信仰を簡単に否定するものであったし，シーア派の主張は特定の指導者を認めないことが信仰上の罪に当たるとして，どちらもウンマに分裂をもたらす結果を生んだ。多くのムスリムは，この状態そのものに賛同できなかった。クルアーンを聖典と認め，ムハンマドを預言者と認める点では何の違いもないのに，特定の政治の問題でなぜ分裂するのか，ということが彼らの心を苦しめていたのである。そのためスンナ派は，「信仰告白をしてムスリムであることを自認する者の内面の信仰を問わない」という原則を打ち立てた。主要な神学派と法学派の原則は，それに拠っている。このよ

うな和解と団結の原則を樹立したゆえに，スンナ派は今日のムスリムの9割に達するような多数派になった。

3　法学の仕組み

❖ 私人としての法学者と法学派の形成

　シャリーアという用語は，「水場へ至る道」から転じて，包括的なイスラーム法の意味となった。しかし，思弁神学の勃興によって信仰箇条を論じることは独自の専門分野となり，神学者と呼ばれる存在が生まれた。それに対して，具体的な法規定を社会に対して示す法学者も，法学の発展によって独自の専門分野を確立するようになった。一人で両者を兼ねる学者もいたが，そのような人物は「神学者にして法学者」と二つの役割が併記されるようになった。

　法をめぐる知識も，法規定の知識全体を指す「法学」と，クルアーンやスンナという法源から具体的な法規定を導き出す方法論を指す「法源学」が分岐した。法源学者はより高次の知識が必要とされるため，法学者全般の中では数が少ない。

　法学者たちは公的な地位や立場にあった人物ではなく「私人」として始まった。典型的な例は，最初の法学者の名祖となったアブー・ハニーファ（699-767年）であろう。「名祖」というのは，その人の名前が学派名についている人物を指す。「学派の開祖」のように見えるが，一般的にいって本人が学派を作ろうとするわけではない。イスラーム思想の特徴として，当人はイスラーム理解の正答を求めているだけで，自分の独自の説とは考えないのが一般現象となっている。そのため，弟子たちが師の説を継承し，詳説したり発展させる中で，次第に学派が形成され，最初の師の名をそこに冠するというのが「名祖」ができるゆえんとなっている。

　さて，アブー・ハニーファはバグダードで絹織物の商人をしていた。彼の才能を見抜いた師によって法学の道に入るが，生計の道としては商人を続けていた。実際に，ビジネスの才能も豊かで，後に自分が弟子を育てるようになると，かなりの数の弟子を養っていたようである。彼は「ウンマの法」としてのシャリーアの学問を発展させたが，時の権力からは距離を置いていた。最期は，裁判官としての任用を拒否し続けて，獄死したと伝えられる。

　彼の『大法学』は，前述したように神学的な内容が主であるが，その題名を直訳すると「大きなフィクフ書」である（ほかに「中法学」「小法学」がある）。フィクフとは「理解」を意味する語で，クルアーンでは動詞形で「われ〔アッラー〕

は理解する民のために，徴を解明した」（「家畜章」第98節）と使われている。つまり，啓示の教えを「理解」するのが，法学ということになる。付言すれば，『大法学』の時代にはまだ神学・法学が分岐していないとすれば，後代の用語である「法学」を使わずに，「大いなる理解の書」とでも訳すべきかもしれない。

　法学者たちの原型となるのは，ムハンマドの弟子たちの中で行為規範に詳しかった者たちであった。例えば，第2代正統カリフ・ウマルは法に詳しく，彼自身も自らの判断でカリフの権限で法規定を定めていた。彼の息子イブン・ウマルもムハンマドの直弟子であったが，父の系譜を引いて，法学に詳しい人物となった。彼は公職に就くことをいくたびも断わり，最後まで，私人として法学者の道を歩んだ。その孫弟子たちの中から，マディーナでハディース学・法学の第一人者となったマーリク（708頃–795年）が出た。彼の名を冠したマーリク法学派は，ハナフィー法学派に次ぐ第2の学派となった。

　おおまかにいうと，ハナフィー法学派は法規定を求めるうえで論理的な推論を好み，マーリク法学派はマディーナでハディース（預言者言行録）がたくさん伝承されていたため，ハディースを好む，とされる。しかし，これは一般的な傾向であって，ハナフィー法学派がハディースを軽視していたわけではない。アブー・ハニーファもマーリクのような権威とはならなかったものの，自らのハディース集を編んだ。

　マーリクはハディース学者として非常に高い権威を持っており，彼の編纂したハディース集は今日でも法学の典拠として広く重視されている。マディーナの学統として，マーリク法学派こそがムハンマドの伝統を最もよく継承している，と評価する研究者もいる。

　マーリクの弟子の中から頭角を現わしたのが，シャーフィイー（767–820年）である。彼の代となると，クルアーンやハディースを法源としたうえで，そこからどのように法規定を導き出すかについて大きな考察がなされるようになった。例えばクルアーンの章句にしても，同じ主題について章句の指示が異なって見える場合がある。あるいは，クルアーンの章句とハディースの指示が異なって見える場合がある。そのようなときに，一方を一般原則，他方を特定の条件下での例外規定，というような解釈を行なう原則を確立したのは，シャーフィイーであった。「法源学の父」といわれるゆえんである。

　シャーフィイーの弟子であったものの，彼の学派に加わらずに独自の道を歩んだのは，イブン・ハンバルであった。彼がハディースに基づく教条を主張し，合理主義的なムウタズィラ学派を押しつけるアッバース朝と闘ったことは，前節で

触れた。イブン・ハンバルは，シャーフィイーの法源学よりも，ハディースの字義を重視する学派を育てることになった。

以上に，スンナ派を構成する四つの法学派について簡単に述べたが，法学派はこの四つのみだったわけではない。様々な学派が形成され，あるいは途中まで形成され，やがて歴史の中に消えていった。例えば，アンダルス（イベリア半島，「イスラーム時代のスペイン」とも呼ばれる）では，13世紀までザーヒル法学派が大きな勢力を持っていた。

なぜ，多様な学派が競合する中で，特定の学派だけが生き延びたのであろうか。それを説明する一つの方式は，イスラームのウンマが「思想の市場」をなしていて，そこで一般信徒の継続的な支持を得ることができた学説や学派が力を持ったという考え方である。もちろん，ここでいう「市場」はメタファーであるが，イスラームには聖職者の組織や公会議がないことを考えると，学説や思想に対する採否は市場としてのウンマ全体が受容するかどうかで決まると見ることができる。

✤ 法規定とは？

法規定（フクム）とは，何か特定の事項に関するシャリーアの規定で，それは通常「五範疇」と呼ばれる法規定のどれかに含まれる。五範疇とは，「義務」「推奨」「任意」「忌避」「禁止」の五つであり，事柄や行為は何であれ，これらの五つの範疇に区分される。

その意味するところは次のとおりである——①義務：信徒が義務として果たさなければならないこと。果たすと来世で報奨があり，果たさないと来世で罰される。②推奨：義務ではないものの，よい行ないとして実践が推奨されること。行なえば報奨があるが，行なわない場合も罪にはならない。③任意：実施する・しないは，本人の任意で自由。善行であれば報奨に値することもある。④忌避：避けることが推奨されること。避ければ報奨があるが，やったとしても罪には問われない。⑤禁止：信徒に禁止されていること。行なわなければ報奨があり，犯せば罰される。

これらの五つの範疇は，対称形になっている。つまり，義務は，その履行が義務であると同時に，その不履行が対極の禁止事項となっている。禁止事項は，それをすることが禁止されると同時に，それを避けることが義務となっている。推奨行為は実践が推奨されるものであり，逆に，忌避すべき行為は非実践（行なわないこと）が推奨されている。任意行為は自由であるから，義務の観点から見ても禁止の観点から見ても，中立的な行為である。

第6章　法学・神学　　105

何かの事柄や行為が，どれに相当するかは，法学者が判断することである。ただし，名称を聞くだけでどれに相当するか判然とする行為もある。例えば「義務の礼拝」は①義務であるし，「任意の断食」は③任意の行為である。強盗や窃盗が禁止されていることは周知のことであり，今さら，法学者に聞くまでもないことであろう。

　「イスラーム法の包括性」という場合は，イスラーム法がすべての事項，行為について，法学者の解釈を通して五つの範疇のどれかに必ず含まれることを指す。もし新規な事項が生まれた場合には，法学者は一般信徒に問われれば，それに対する法規定が何かを返答する責任がある。

　例えば，20世紀半ばに飲料としてコーラが販売されたとき，ムスリムがこれを飲んでよいのか問うた。法学者たちは，成分の科学的分析を取り寄せ，酩酊性や毒性（身体への害）などがないことを確かめて，合法の回答を出した。

　イスラーム法の最大の特徴は，法学者たちが解釈を行なって，クルアーンとスンナという典拠から法規定を導き出す点にある。しかも，法学者たちは原理としては国家の規制を受けない。実際には，イスラーム王朝にしても現代のムスリム国家の政府にしても法学者たちの管理に努めているが，かといって彼らの解釈権を否定することはできない。法学者の学説に基づくという意味で，イスラーム法は「学説法」または「法曹法」といわれる。

　今日の法体系はほとんどの国で，憲法と国家の立法機関が定める制定法に基づいているが，イスラーム法はそれとは異なる体系となっている。制定法が主権の範囲を支配する「属地性」を有するとすれば，イスラーム法は人（ムスリム）を支配する「属人性」に基づいている。このため，ムスリムたちが移住すると，移住先が欧米であっても自分たちの聖なる法を守りたいという要求が出され，属地的な制定法との矛盾がしばしば生じる。

　さらに，ムスリムが多数を占める国家においても，19世紀以降のいわゆる「法の近代化」によって西洋法を大幅に導入されたため，制定法とイスラーム法の間の齟齬が生じるようになった。人々が法の西洋化を是とする（あるいは，やむなしとする）間はまだよかったが，20世紀半ば以降になるとイスラーム復興が起きて，法体系の摩擦も大きな問題となり始めた（この問題については，第13章を参照）。

4 現代の法学と神学

❖ 法解釈（イジュティハード）の革新

　歴史を振り返ってみると，イスラーム世界では 12 世紀以降，イスラームの信仰箇条と法の体系について，次第に大きな安定期に入った。大多数を占めるスンナ派では，神学派は二つの学派（アシュアリー学派，マートゥリーディー学派），法学派は四つの学派（ハナフィー法学派，マーリク法学派，シャーフィイー法学派，ハンバル学派）が優勢となった。シーア派でも，かつては武装蜂起してでもウンマの指導権（統治権）を握ろうとした諸派が盛衰したが，その後，今日に続く穏健な十二イマーム派が主流となった。同派を，神学ではイマーム学派，法学ではジャアファル法学派と呼ぶこともできる。合わせて，「お家〔ムハンマドの一族〕のイマームの学派」という呼び方もある。シーア派は，それ以外では，十二イマーム派よりもスンナ派に近いザイド学派が，今日のイエメンで勢力を有している。

　以上に述べた学派（法学では六つ，神学では四つ）で，今日の世界のムスリム人口のほぼ 99% を占めているといっても過言ではない。「イスラームには宗派が多い」というようなイメージが語られることがあるが，実際にはそうではない。仏教やキリスト教のプロテスタントが多くの派に分かれているのと比べても，数は少ない。しかし，イスラームは宗教と政治を結びつける長い伝統があるため，学派の指導者たちも政治とは無縁でいられず，宗教がしばしば紛争に結びついて見えるのも確かである。

　イスラームの思想的な傾向が数少ない神学派・法学派に収斂して以降，宗教としてのイスラームは長い安定期に入った。神学や法学で論じられることが数世紀の間に「出尽くした」と思われたことも，この安定性と結びついていた。ところが，世界政治における趨勢が 17-18 世紀を境目に，イスラーム圏の優勢から西洋列強の強勢へと転じると，イスラーム世界は再び動乱期に入ることになった。その地域の大半は 20 世紀初頭までに列強の植民地となり，かつてのイスラーム法の自立性も失われる状態となった。

　その後，20 世紀半ば過ぎまでに多くの国が独立闘争を経て，政治的独立を獲得し，国連に加盟することになったが，今度は，イスラーム社会は「近代」「近代化」「世俗化」「国民国家」などと格闘せざるをえなくなった。多くの国で，西洋法に範を取った近代法が導入され，イスラーム法は個人の宗教行為や家族法などに限定される事例も増えた。

第 6 章　法学・神学　　107

軍事や科学技術で遅れをとったイスラーム世界では，19世紀以降，大きな三つの流れが生じた。①イスラームという宗教を「後進性」の原因と見て，西洋を模倣する近代化を進める，②西洋と対抗してナショナリズムを鼓舞し，イスラームを民族的な文化伝統として大事にする，③イスラームの学知と実践を革新して，近代と適合するイスラームによってウンマの再生を図る，という三つである。3番目がいわゆる「イスラーム復興」の道で，解釈の革新によって現代的なイスラームを目指すという側面と，そのイスラームが現代的な科学技術・経済開発と適合するようにするという側面を持っている。

　問題は，「解釈の革新」がどこまで及ぶのか，という点である。長い間の法学の実践とは，クルアーンとスンナ（預言者慣行）を典拠としながら，それを現実の実態にどう適用するかについて法学者たちが思索を重ね，適合的な解釈を見出すことであった。ところが，イスラーム復興を目指す人々は，しばしば伝統的な法学派そのものが時代に適さないと考える。

　そのため，「クルアーンとスンナに戻って，根源から解釈し直そう」という理念も，18世紀以降に各地で主張されるようになった。その典型が，「サラフ（初期世代）に戻ろう」とするサラフィー主義である。法源に立ち戻って解釈し直す，という考え方は，現代に適応するという点からは大きな柔軟性を有している。ところが，これは10世紀以上にわたって蓄積された法学的思考を無視して，現代人がクルアーンとスンナを自分で理解できるという無謀さを含んでいる。その結果，実際問題として，「サラフィー主義の法学」は成立しなかった。サラフに戻ることを主張する法学者によって，解釈の内容が大きく違ってくるからである。

　神学においても，サラフィー主義は「思弁神学は外来の思想（ギリシア哲学）の影響を受けたもので，初期には存在しなかった」として，その学問的伝統を無視する立場を取ることが多い。残念ながら，イスラーム世界におけるギリシア思想の影響も，近代における西洋の影響もいまさらなかったことにするわけにはいかない。したがって，サラフの教えだけで事足りるという主張は，非現実的な側面を持っている。

　解釈の革新はむしろ，伝統的な法学派が自らを反省し，法学派の知的伝統を相互に参照するようになったことで，現実的に大きく進んだ。1950年代以降，そのような流れが現在まで続いている。ひるがえってみると，イスラーム法が始まった7世紀以降ずっと，ムスリムが各地に広がり新しい現実に直面するたびに，新事態に対して法学者が解釈を示して，次第に体系化がなされた。その原点に立ち返っていえば，法学とは「問題解決のための学問」であり，その趣旨を実践する

ことが現代においても求められている。

　一般信徒たちも，20世紀半ばまでナショナリズムや近代化に熱狂した後，次第にイスラーム的な価値観に回帰する傾向が各地で生まれた。そのようなイスラーム復興がなければ，法学者たちの活躍の場も再登場することはなかったであろう。19世紀までの法学者たちは職業としては，教師・導師，裁判官，ワクフ（寄進）財産の管理人などをしていたが，教育の世俗化・普通教育の普及，裁判制度の近代化，ワクフ制度の廃止など，近代国家造りの過程で職を失っていった。ところが，イスラーム復興によって一般信徒が法学者たちの教えを乞うようになると，再び彼らが働く職業マーケットが生まれたのであった。

✣ どこまで，時代の流れに沿うか

　現代におけるイスラーム法の革新という点で，先端医療の中から，臓器移植の問題と生殖補助医療を見てみたい。臓器移植については，それが実験的に先進国で進み始めた頃は，イスラーム世界の大勢は否定的であった。遺体を損傷してはいけないという原則が，その一つの根拠であった。また生体腎移植などについては，ドナーの生命にリスクが高すぎることから否定する見解が多かった。ところが，先進国での手術例が増加し，医療技術として安定性が高まると，イスラームの根本教義としての生命重視を援用して臓器移植を肯定する見解が強まった。ある国の事例では，ムフティー（法学裁定官）の主宰する委員会が1972年には腎臓移植をイスラームの原則に反すると判定したものが，1987年になって同じムフティーの委員会が合法と判断している。

　イスラーム世界全体では，国際的なイスラーム法学アカデミーが1986年10月にヨルダンの首都アンマンでの大会で，伝統的な死の定義である不可逆的な完全な心肺停止と並んで，「医学的専門家に確認された不可逆的な脳機能の完全停止」，つまり脳死が死の定義として認められた。これによって，臓器移植が前進することになった。翌年10月のイスラーム世界連盟法学アカデミーでも，同じような決定が出され，その後の基本的な流れを作った。

　興味深いのは，例えばサウジアラビアの医師たちがアンマン大会での決定の後，翌年には心臓移植手術を開始し，その後同国で移植手術が盛んになったことであろう。イスラーム法は国境を超えた法であり，アンマンでの法学的な決定がサウジアラビア国内のものでないにもかかわらず，医師たちはそれに基づいて手術を行なったのであった。

　臓器移植について先端的な医療が比較的すばやく受容されたのに対して，生殖

第6章　法学・神学　　109

補助医療では技術については先端的手法を認めつつも，医療対象については極めて伝統的な態度を取った。イスラーム法の法益として生命の保持と並んで「子孫の確保」があり，子孫を作る生殖行為（性行為）は結婚した夫婦のみに認められるという原則がある。法学者たちは，生殖補助医療において夫婦以外の（第三者の）精子・卵子を用いることは一切認められない，という見解を取ったのであった。ここにおいては，法学者たちは技術革新を受容する一方で，法の目的について非常に原則的な立場を貫いたのであった。

　先端医療の事例などを見ていくと，現代的な見解が出される法学の革新には，三つの特徴があることがわかる。第1は，伝統的な法学派に依拠しつつも，法学派の間の壁がかつてよりも低くなっていることである。新奇性の高い分野では，単一の法学派の学的伝統だけでは足りない。そのため，互いの見解を参照しながら，最適解を求めるようになっている。第2は，法学以外の分野の専門家の見解を積極的に取り入れていることである。法学以外の分野の専門家とは，先端医療であれば医学者・医師を指す。第3は，集団的イジュティハードの実践である。イジュティハードは「解釈の営為」を指すが，伝統的には資格のある法学者が単独で（他人に影響されずに）行なうのが原則であった。ところが，現代的な諸問題は極めて複雑であるため，有資格者といえども合議を行なってこそ最適解を見つけうるという考え方が確立された。イスラーム法学アカデミーのアンマン大会での決定も，集団的イジュティハードの実践例であった。

　最後に神学についても触れておこう。実は，伝統的な神学派は，12-15世紀頃に確立した学説が今日まで続いており，想像以上の安定性を保っている。おそらく，それを聞くと「前近代の神学が今でも支配的なのか！」という驚きを呼ぶであろうし，「宗教改革はイスラームには起こらないのか」という疑問も生じるかもしれない。その理由として，イスラームにおける神学が「諸学の王」とならずに，聖典の教えを思弁的に整理する役割に自己抑制していたことが大きい。そのため，近代的思想，特に近代科学と決定的な対立を起こさなかったといえる。

　ヨーロッパのキリスト教と比べてみると，その違いがわかりやすいかもしれない。例えば，カトリック教会は「天動説」などの科学に関する知見をも教義体系に組み込んでいたため，近代科学と摩擦を起こした際に科学に対して敗北し，自らの近代化を図らなければならなかった。ところが，イスラームでは8世紀のイスラーム科学の成立以降，ずっと神学については神学者の見解，科学については科学者の見解を採用するという分業が行なわれていた。そのため，天動説から地動説への移行も天文学の問題としてのみ起こり，信仰箇条には何の影響もなかっ

た。今日のムスリム天文学者の中にもイスラーム的な宇宙論（コスモロジー）を語る人がいるが，彼らは神学の基本教義を守りながら，天文的な知識を自由に用いて論じている。このあたりについては，まだ研究があまりなされていないが，近現代の科学がもたらす宇宙観・人間観などを広義の神学とするならば，興味深いテーマがいろいろとありそうである。

■読書案内

井筒俊彦『イスラーム神学における信の構造──イーマーンとイスラームの意味論的分析』鎌田繁監訳，仁子寿晴・橋爪烈訳，慶應義塾大学出版会，2017年。原著（英語）の初版は1965年と古いが，日本人の世界的なイスラーム研究者による名著が優れた訳ではじめて邦訳された。今日でも，非常に価値は高い。

菊地達也編『図説　イスラム教の歴史』河出書房新社，2017年。宗教思想を中心に，イスラームの歴史を描いた入門的な一冊。図版も多く，神学などを中心にした紹介書としては読みやすく，イメージがわきやすい。

小杉泰『イスラーム　文明と国家の形成』京都大学学術出版会，2011年。イスラームの形成期（7-10世紀）に，新しい宗教の誕生，国家の形成と変容，文明の成立と発展，イスラーム諸学の体系化，法学派の形成などがいかに展開されたかを丁寧に論じている。

佐藤次高編『イスラームの歴史〈1〉　イスラームの創始と展開』山川出版社，2010年／小杉泰編『イスラームの歴史〈2〉　イスラームの拡大と変容』同前。宗教・政治史とともに，法学・神学の諸問題も扱われている。年表等の付録が有用。

ハシャン・アンマール「イスラーム成立期における社会・経済変容とリバー禁止の史的展開」『イスラーム世界研究』11巻，2018年，225-255頁。クルアーンにおけるリバー（利子）禁止を，ムハンマド時代の社会・経済の変化と結びつけて議論している。初期イスラーム社会の形成と法規定の整備のされ方がよくわかる。

第6章　法学・神学　111

コラム 6

南アジアのイスラーム：人々をつなぐ場としての廟

　多くの人が，「インド」と聞いて真っ先に思い浮かべるのは，カレーかタージ・マハルではないだろうか。タージ・マハルは，ムガル帝国第5代皇帝シャー・ジャハーンの妃であるムムターズの墓廟である。ムムターズが亡くなった際，悲しみに暮れたシャー・ジャハーン帝は，莫大な資金を投じて，大理石や貴石を用いて，イスラーム建築様式に則った廟を建立した。1983年にはユネスコ世界遺産（文化遺産）に認定され，インド随一の観光地として世界中から人を集める場所になっている。また，宗教を問わず，インドの新婚夫婦のハネムーン先にも選ばれている。しかし，一般的にはインドはヒンドゥー教の国としてのイメージが強く，タージ・マハルがイスラーム建築であること，またそれが墓廟であることはあまり知られていない。

　現在南アジアには，イスラーム教徒（以下，ムスリム）が約3億人居住している。特にインドにおけるムスリム人口は，2011年の人口統計によると約1億7000万人にのぼっており，インド国内において，ヒンドゥー教徒（人口約9億6000万人）に次ぐ集団である。また，2050年には世界最大のムスリム居住地域になるという報告もある。インドの風景や文化は，ヒンドゥーとムスリムの共存関係の中で育まれてきた。

　一方で，ムスリムとヒンドゥーの間での対立や抗争も歴史的に存在してきた。特に現在に至る深刻な対立は，英領期に行なわれたイギリスによる分割統治に起因している。英国植民地政府は，現地社会の宗教やカーストなどを伝統化させ，本質化させることで，各宗教や集団に固有のルールや機能を，植民地支配に利用してきた。そのため，英国植民地統治期以降も，たびたびお互いの利権やアイデンティティをめぐって，暴力を伴った激しい対立が起き，1947年8月16日にインドとパキスタンは，分離独立の道を歩むことになる。この分離独立時にできたヒンドゥーとムスリムの間の大きな溝は，現在に至るまでインド社会に大きな陰を落としている。

　1995年に公開されたインド映画「BOMBAY（邦題：ボンベイ）」では，ヒンドゥーの男性とムスリムの女性が，宗教の違いによって結婚を反対され，大都市ボンベイ（現在はムンバイーに改称）に駆け落ちし，二人の間に生まれた双子にヒンドゥーとムスリムの名前をそれぞれ与え，幸せな生活を送っていたものの，1993年にボンベイで実際に起きた宗教間暴動に巻き込まれ，家族が引き裂かれていく様子が描き出された。この映画の制作をめぐっては，多くの妨害行為や，ヒンドゥー至上主義団体からの内容の修正を求める激しい要求が起き，これを拒否した監督のマニラトナムの家には，爆弾が投げ込まれる事態にまで発展してしまった。また，映画の公開にこぎ着けたものの，内容が過激であるという理由で，インドの一部の州では上映が禁止された。2010年にインドで公開された「My Name Is Khan（邦題：マイネーム・イズ・ハーン）」では，主

役にインド映画界のスーパースターである，シャー・ルク・カーンが起用され，2001年9月11日に起きたアメリカ同時多発テロ事件を題材に，ムスリムへの差別や偏見が描き出された。この映画は，9.11以降に世界に渦巻いた，ムスリムというだけで「暴力的である」という偏見を改めることを促すものであり，信じる宗教が異なっても，同じ人間であるというメッセージが込められたが，ヒンドゥー至上主義団体による反発や，上映予定の映画館への爆破予告も出されたことから，「ボンベイ」の制作公開の際に起きた一連の事件を，インドの人々に思い出させることになった。このように，インドでは現在に至るまで，ヒンドゥーとムスリムによる宗派間対立の緊張に満ちており，ムンバイーのタクシー運転手は「モディ（現インド首相であり，ヒンドゥー至上主義や反イスラームとしても知られている）は経済のことは良くやっているけれども，ムスリムである自分にとっては，今のインドに住むのはとても怖い」と不安げに筆者に語った。

　しかし，日常的にはヒンドゥーとムスリムは共に暮らしており，ムンバイーの下町において，ヒンドゥーが経営する雑貨店などでムスリムが買い物をする姿や，街中にいくつも存在するイスラーム聖者廟に参詣するヒンドゥーの姿も見受けられる。ヒンドゥーの学生が，試験前や就職活動中に，街の聖者廟で熱心に祈る姿も見られる。筆者はインドにおける大衆芸能と芸能者の生活世界の研究を行なっているが，彼らが居住する常設劇場には，イスラーム聖者廟とヒンドゥー神の祠が横に並んで存在しており，毎朝芸能者たちは聖者廟とヒンドゥー神の祠の掃除を行ない，その日の舞台の成功や，日常的な祈りを捧げている。彼らは「どちらも良い神だから」と言って，宗教が異なることに対して気にすることはない。政治家達による利権争いの一方で，生活世界に根ざした聖者廟や，タージ・マハル廟は，ムスリム以外の人々をも集め，その人が置かれている状況への苦悩を吐露したり，願を掛けたり，愛を語りあう場所として，人々の中に存在している。

（飯田玲子）

第7章

スーフィズム・タリーカ・聖者信仰
――イスラームの内面的理解を深める思想と実践

1　はじめに

　大学生に「宗教とはどのようなものですか」と質問すると，「信仰」などのキーワードを用いて説明する人が多い。読者の中にも「信じること」などの心の動きによって宗教を語る人は多いのではないだろうか。そのような点から見ると，イスラームは法律などの外面的な規律が重視されている宗教という印象を受けるかもしれない。しかし，イスラームにも心によって神を理解しようとする内面的な探求が時代を超えて存在してきた。

　外面的−内面的という対比概念はイスラームにも存在する。イスラーム法などの外面的な法制度を理解する動きをザーヒル，秘められた神の含意などを心で理解しようとする探求をバーティンと呼んで区別している。この二つは対立するというよりも，イスラーム法などを補うために，内面的な探求が必要とされているとも理解できる。この秘められた神の教えを理解するための精神的な思想や実践はスーフィズム，そのための修行に打ち込んだ人たちのことはスーフィーと呼ばれている。

　スーフィーの語源については諸説あるが，修行を行なった者が質素な羊毛（アラビア語でスーフ）を着ていたことにちなんでいるというのが通説である。その語にラテン語の主義・原理を意味するイズムを付してスーフィズムと呼ばれていることからもわかるように，実はヨーロッパの研究者によって研究上便宜的に作られた用語である。アラビア語では「スーフィーであること」を意味するタサウ

114

ウフとも呼ばれており，日本ではスーフィズムを「イスラーム神秘主義」と訳す
場合もある。神秘主義とは自己の内面において絶対者を直接的に体験する立場の
ことを示すが，スーフィズムにおいてはその立場は多様な実態の中の一側面にす
ぎない。例えば，スーフィズムは社会生活を営むうえでの日常倫理や道徳といっ
た側面も担い，伝統的なイスラーム学ではスーフィーたちの著書が倫理学として
学ばれた。また，スーフィズムが一般民衆の間で実践されるようになるにつれ，
イスラームの教えを具体的に説いて，実践に導く側面も担った。このように，神
秘主義的な要素が強く働くこともあれば，倫理的側面や民衆教導の役割を担うこ
ともあり，一口にスーフィズムといっても時代や地域によって多様な実態がある。

　そこで本章では，スーフィズムおよびそれと密接な関わりを持つスーフィー教
団，聖者信仰などを通じ，イスラームの内面的探求の多様性について考えてゆき
たい。まずはスーフィズムの歴史を簡単に見ていこう。

2　スーフィズムの発生と発展

　先ほど宗教における心や信仰の問題について触れたように，スーフィズムもイ
スラーム諸学の学者たちが 9 世紀半ばから内面的な思想に関心を持つようになっ
たことが始まりといわれている。8 世紀にはアッバース朝として広大な領域を支
配したムスリム国家は，物質的な繁栄を手にした一方で，一部の知識人の中には
信仰心が薄れていることに危機感を募らせ，禁欲的な生活を志す者たちが現われ
た。その頃までに発展してきたのがクルアーン諸学，ハディース学，法学などの
外面（ザーヒル）的諸学であったのに対し，内面（バーティン）を磨くべきであ
るとする思想が現われたのである。彼らは，人間はシャリーア（イスラーム法）
によって規律を守るだけではなく，内面的な修行（タリーカ）によって，神の真
理（ハキーカ）へと至ることができると考え，修行を通して神の真理に至る思想
体系を確立させていった。

　例えば，彼ら知識人の一部は肉体に宿る霊魂について考え，いかに修行によっ
て利己的な霊魂を浄化し，神との合一を成すかという霊魂論を発達させた。また，
それに至るための修行の段階と，それによって変化する霊魂を論じた修行論も発
達させた。このような修行論では，修行を行なうことで利己的な霊魂は浄化され，
神の光に包まれる状態を経て，最終的に自意識が神の中に消滅してゆく境地に至
るという。このような神と自己が合一に至る神秘的な体験をファナーという。

　12 世紀頃にはスーフィズムはより理論的な発展を遂げ，神の存在が現実の世

第 7 章　スーフィズム・タリーカ・聖者信仰　　115

図7-1 ワッザーニーヤ教団の聖者の子孫の集いにおける『ダラーイル＝アル・ハイラート』朗誦　モロッコ，スフルー州アイン・シュガーグにおいて2015年6月13日山口匠撮影。同書は15世紀のスーフィーの聖者が編纂した預言者の賞讃詩集であり，今なおモロッコをはじめイスラーム世界で広く読まれている。

界において出現する存在論的な探求が行なわれ，神秘主義哲学を成熟させた。例えば13世紀にシリアのダマスカスを中心に活躍したイブン・アラビーは，あらゆるものはすべてを超越した唯一の根本原理の顕現から成り立っているという存在一性論を説いた。彼の著作はイスラーム世界で広く読まれ，後のムスリムにも多大な思想的影響を及ぼし，近年でも多くの参詣者がダマスカスにある彼の墓廟を訪れている。神秘主義哲学が成熟するのと同じ頃，神秘的体験を詩にしたためてうたわれることも盛んになった。その代表は13世紀に活躍したペルシア四大詩人にも数えられるルーミーであろう。彼は約2万6000句からなる神秘主義詩『精神的マスナヴィー』をはじめ数々の著作を残しただけでなく，その死後にはメヴレヴィー教団が形成され，彼の著作やその教えは近年においても息づいている（図7-1）。

このような知的エリートたちによる理論的な発展を背景に，12-13世紀頃にはスーフィーとしての修行を志す者が急増し，17世紀にかけてスーフィズムは民衆のムスリムに広く浸透していくこととなった。この浸透とともに大きな発展を遂げたのがスーフィー教団である。

3　スーフィー教団（タリーカ）

スーフィズムが民衆のムスリムたちに広く浸透したことで，優れた指導者のもとには多くの弟子が集まるようになった。師の教えや修行方法は，弟子へと継承されてゆくこととなり，修行の手法や理論が体系化されるようになる。このように体系化された流派はタリーカと呼ばれ，いわゆるスーフィー教団が形成されていった。タリーカとはもともとアラビア語で「道」を意味し，そこから神の真理へと至る道，またその修行方法のことを示す。またその同じ道を進み修行を行なう集団や流派のことも示す言葉である。

師が亡くなった後も，その教えは後継者たちによって引き継がれたため，その教義や修行方法は通時代的な性格を帯びることになった。このような師弟関係によるつながりは，スィルスィラ（アラビア語で「鎖」の意）と呼ばれ，このつながりをさかのぼると，高名な教団の祖，さらには預言者ムハンマドやムハンマドの教友にまでつながる系譜とされた。この系譜は，必ずしも史実が反映されたものではない場合もあるが，自分は預言者の知と体験を受け継いでいるという帰属意識は，教団員にとっては重要な意味を持った。

図7-2 イブラーヒーム・ニヤースをモチーフとしたグッズ　セネガル・カオラック州において2016年9月14日末野孝典撮影。ティジャーニー教団を西アフリカ全域に浸透させた聖者イブラーヒーム・ニヤースは今でも崇敬の対象となっており，モスクの前の露店では彼をモチーフとしたグッズが多数売買されている。

　また，師に仕え修行を達成した弟子たちの多くはイスラーム世界各地に赴き，その土地で自らが師となり教団の教えを広めていった。のれん分けのように，イスラーム世界全域に浸透した枝教団のタリーカは，通域的な性格を帯びることとなる。中世以降のイスラーム世界の拡大や，ムスリム商人の交易網の発達などの影響を受け，特定のタリーカは中東からインド，東南アジア，中国沿岸部，アフリカへと浸透していった。例えば，中央アジアで生まれたナクシュバンディー教団やイラクで発展したカーディリー教団は，東アジアから東ヨーロッパまで広く人気を集め，北アフリカで発達したシャーズィリー教団は，その後いくつもの枝教団を伴いながら，サハラ以南アフリカに広く浸透していった（図7-2）。

　ただし，世界各地で同じ教団名を掲げつつも，実際には組織的なつながりがない場合や，地域によって修行方法が全く異なっている場合も多い。また一方で，地域固有のスーフィー教団も多く存在したし，一人のスーフィーが複数の異なる教団に属して複数の師を持つこともあった。このように，通時的・通域的につながるスーフィー教団であるが，比較的ゆるいつながりによってイスラーム世界各地に普及していった。

　いずれの教団においても，修行は地域に設立された修道場を拠点として行なわれた。修道場は後述する隠遁用の小部屋や，集団生活を送るための設備，モスク，

第7章　スーフィズム・タリーカ・聖者信仰　　117

聖者廟などが一体となった，地域住民のための複合的な施設であった。スーフィズムの修行以外にもクルアーン教育や預言者生誕祭などの宗教的な儀礼が行なわれることもあった。またスーフィー教団は地域の教団員から寄進を受けることで，地域経済にも大きな影響を及ぼすことがあり，一部のスーフィー教団は特定の職業組織と結びつき，修道場を中心に経済活動を積極的に行なった。例えば，19世紀末からセネガルで栄えたムリッド教団は，落花生栽培を主とする労働共同体をセネガル各地に形成したことで急速に発展した。現在では都市部でも様々な労働に従事する数百万の信徒を抱え，社会的・経済的基盤を拡大している。このように，スーフィー教団は地域の社会的・経済的な役割を担う集団であったため，政治の支持母体や圧力団体ともなり，その地域の政治に強い影響を及ぼす場合もあった。

4　スーフィーたちの修行法

　ではこれらのスーフィー教団では，どのような修行が行なわれていたのであろうか。具体的な修行方法の一端を，いくつかの事例とともに見てみよう。

　代表的な修行の一つは，神の名を含む章句を唱えるズィクルと呼ばれるものである。ズィクルの語意はアラビア語で「話」や「思い出す」という意味であり，日本の仏教における念仏や唱名にあたるといってもよいかもしれない。「アッラー（神）」，「アッラーのほかに神はなし」，「アッラーは偉大なり」などの幾度も繰り返しができる章句が用いられた。ズィクルは多くの教団において，修行の中心的な役割を担った。ただし，唱える章句の内容や，声を出して唱えるか心の中で唱えるか，唱えるスピード，呼吸法，身体の使い方などは，教団によって異なった。例えば，多くの教団ではズィクルは声に出して行なわれていたが，1200年頃に中央アジアに興った先述のナクシュバンディー教団は，声に出さない沈黙のズィクルを重視した（図7-3）。

　一方で，クルアーンや神秘詩を聞くことも修行とされ，それらはアラビア語で「聞くこと」を意味するサマーゥと呼ばれた（第8章も参照）。サマーゥは歌や音楽と結びつき，一部の教団ではそれらに合わせて身体を動かす舞踊も発達した。例えば先述のメヴレヴィー教団は，詩や音楽を愛した開祖である神秘主義詩人ルーミーの影響を受け，音楽に合わせて集団で旋回舞踊を行なう修行が確立された。

　また時には，外界との関わりを断ち隠遁するハルワと呼ばれる修行も行なわれ

た。この修行は預言者ムハンマドがヒラー山の洞窟に籠り、瞑想している際に神の啓示を受けたことにちなんでいる。スーフィーたちの場合、人里離れた場所や、修道場につくられた専用の小部屋で40日間にわたり最小限の食事と睡眠をとりながら、ひたすら瞑想やズィクルの修行をすることにより、神との合一体験であるファナーの境地へと至ったのだ。

図7-3 ナクシュバンディー系のズィクル　トルコ・イスタンブールにおいて2017年1月29日二ツ山達朗撮影。30名ほどのメンバーが車座になってズィクルを行なっている。筆者が訪問した際には、シリアからの難民も多数参加していた。

5　聖者信仰

　このような修行によって神秘的合一体験を成しえたスーフィーの中には、師と仰がれ教団のメンバーなどから崇敬の対象となる者も少なくなかった。それらの人物は、多数のムスリムから崇敬される特別な存在、いわゆる「聖者」として扱われた。聖者といっても、イスラームには聖俗の区別が明確にある訳ではない。クルアーンに登場するワリー（友などといった意味）、サフィー（親しき友の意味）、シャイフやピール（ともに師の意味）などの呼称でムスリムに認識されている様々な人物のことを、研究者が聖者という分析概念を用いて考察してきたのである。実際には、先述のようなタリーカの祖以外にも、預言者の子孫、預言者の教友なども聖者として崇められているし、他にもイスラーム史上の偉人や高名な学者なども聖者としての扱いを受けることがあった。
　このような様々な呼称で認識されている多様な人々のことを、聖者という一つの概念で研究者が分析する理由は、これらの人々に類似する特徴があるからである。それは神の恩恵によって、奇蹟を行なう事ができるという点である。普通の人間とは異なり神の恩恵が与えられた人物は、常識では考えられない奇蹟を起こすのである。例えば、病気を治す、未来を予知する、人の心を読む、動物に変身する、瞬間移動をする、砂漠で雨を降らしたり井戸の場所を探し当てたりする、といったような様々な奇蹟を行なった。また一部の教団では、修行の一部として

第7章　スーフィズム・タリーカ・聖者信仰　　119

刀を身体に刺したり、ガラスを飲み込んだりする奇行も、神の恩寵が示される奇蹟とみなされた。

このような奇蹟（あるいは奇行）は聖者伝によって、その人物の死後も後世に伝えられ、聖者としてのカリスマ性は保たれてゆくことになった。例えば筆者がフィールド調査を行なっていた村の聖者廟の一つには、7人のムスリムが洞窟に300年以上眠り続けた伝説がある。この期間にも成長を続けたムスリムの身体は巨人のようになり、その奇蹟を示すかのように4

図7-4　7人の眠り人の聖者廟　チュニジア・タタウィヌ県において2017年8月9日二ツ山達朗撮影。7人の眠り人についてはクルアーン「洞窟章」第22-26節に言及があり、チュニジア以外にもヨルダン、トルコ、アルジェリアなどイスラーム世界各地の洞窟で伝説が残っている。

-5メートルにわたる長い墓が残っている。現在でも地域の聖者の墓として参詣に訪れる者が多い（図7-4）。

一般のムスリムからすると、聖者は恩恵や奇蹟といった具体的な形で神の存在を示し、神とムスリムの間を媒介する者であり、その意味では日常的な場において預言者の性質を示す人物でもあった。民衆はこのような聖者を崇敬し、また聖者を通じて神の恩恵にあやかろうとした。聖者が生きているときであれば聖者に直接触れたりすることで、神の祝福が得られるとされた。

また聖者の死後でさえも、その墓や聖者が着ていた服、聖者が使用していた物、聖者にゆかりのある場所や樹木などの自然物に聖者の力は宿るとされた。ムスリムたちはそのような墓や聖遺物に触れたり、それらの周囲を巡回したりすることで、健康や多産を願い、神の恩恵にあやかろうとした。また歴史的に見れば、一般のムスリムにとってマッカやマディーナへ巡礼することは困難であったが、地域の聖者廟に参詣することは身近で日常的な宗教実践であった。現在のイスラーム世界においても、至るところに聖者廟が存在し、女性や子どもをも含めた地域住民による参詣が頻繁に行なわれている。また都市部の高名な聖者廟になれば、イスラーム世界の各地から参詣者が訪れ、旅行代理店などによって参詣のためのツアーが企画されることもある（図7-5、7-6）。

さらに高名な聖者の誕生日には、マウリドと呼ばれる聖者の生誕祭が開催され、教団員のみならず地域全体の祭りとして儀礼が行なわれてきた。聖者廟の周囲に

図7-5 スィーディー・マフレズ廟① チュニジア・チュニス中心部にて2017年8月9日二ツ山達朗撮影。スィーディー・マフレズは10世紀後半にウラマーとして活躍していたが、スーフィーでもあった。チュニスの守護聖者として崇敬を集め、現在でも参詣者が絶えない。

図7-6 スィーディー・マフレズ廟② 同左。聖者廟の井戸水には神の恩恵が宿り、飲むと結婚や多産が成就するとされている。このことから今でも女性による参詣者が絶えない。

図7-7 チシュティー教団のニザームッディーン・アウリヤー廟における聖者祭 インド・ニューデリーにて2016年7月24日松田和憲撮影。ニザームッディーン・アウリヤーの愛弟子であるアミール・フスロウの命日には聖者祭が行なわれ、廟には多くの人が訪れる。音楽や文学などにも多大な影響を与えた彼らの聖者祭では、音楽の演奏会も行なわれる。

図7-8 サイイダ・ザイナブモスク西 エジプト・カイロにて2017年11月23日近藤文哉撮影。サイイダ・ザイナブは預言者の孫に当たる女性で、エジプトで最も多くの参詣者を集める聖者廟の一つである。預言者のマウリドの際には土産物屋が数多く並び、菓子や子供向け玩具、宗教グッズなどが売られている。

は露店や出し物小屋が立ちならび、まさに日本の縁日のような雰囲気ともいえる。エジプトで最大規模とされるアフマド・バダウィーの聖誕祭になると、数十万人規模で1週間にわたり参詣者が集まるという（図7-7, 7-8）。

6　スーフィズム・タリーカ・聖者信仰複合現象の多様性

すでに述べてきたように、偉大なスーフィーたちに弟子たちが集うことでスー

フィー教団が形成され，そのスーフィーが聖者として崇敬されるという構図からは，スーフィズム・タリーカ・聖者信仰の三つの現象が密に関わりあっていることが理解できる。しかしながら，この三つの現象は必ず重なるとも限らず，個別にも存在してきた。聖者はスーフィー教団の祖である場合も多いが，スーフィズムやスーフィー教団とは関係のない聖者も数多く存在した。三つの現象は，必ずしも重なるとも限らない個別の概念ではあるが，重なり合う部分も多い複合現象と捉えると理解しやすい。

　スーフィズム・タリーカ・聖者信仰の複合現象を通して，イスラームの内面を担う思想や実践を見てきた。規律や制度などが厳格であると思われがちなイスラームであるが，神の真意を理解しようとする彼らの営みは，実に多様ではないだろうか。神との合一が成せると説く思想家，音学や舞踊によって修行を行なうスーフィー教団，奇怪な奇蹟などとともに崇敬される聖者，聖者ゆかりの聖遺物や自然物を通した宗教実践など，多様なイスラームの営みが理解できる。

　スーフィズム・タリーカ・聖者信仰複合現象は，このような多様な思想や実践とともに，知的エリートから民衆のムスリムまで幅広い支持を得てきた。またスーフィズムは分派ではなく，スンナ派でもシーア派でもこれらの思想や実践は浸透している。シーア派では，預言者の死後に初代指導者であるアリーの子孫たちを通してクルアーンの隠された意味が伝えられてゆくと主張したため，知の継承は秘教的であり，スーフィズムに近いともいえる。一方で，スンナ派においては，神学やスーフィズムが法学を補う内面（バーティン）の知として継承されてきた。神学が神や神の属性について議論するのに対し，スーフィズムでは神の存在やその教えを内面化するための探究とされてきた。

　ただし，このようなスーフィズムの思想や実践は，その時代の学者から批判されることもあった。例えば，9世紀末から10世紀初頭にバグダートで活躍したハッラージュは，神との合一を「我は神なり」との言葉で説いた。彼はイスラーム法学者ばかりか他のスーフィーたちからも断罪されることとなり，時の為政者から不信仰者宣言が発せられ，投獄，処刑されている。このような極端な例のみならず，神と人間との区別を克服し合一を目指すスーフィズムの思想は，法学者から見れば，危ういものと思われるのも当然かもしれない。また，一部のタリーカの修行に音楽や舞踊が用いられることや，聖者生誕祭における娯楽的な側面，聖者が起こす奇蹟や奇行などは，倫理面を重視する法学者から批判の的となることもあった。

　このような批判はあるものの，スーフィズムの内面的探究そのものや，聖者の

存在自体を批判した学者・知識人は少ない。また，法学者とスーフィーは常に対立関係にある訳ではなく，法学者でありながらスーフィーであった人物も多い。例えば，11世紀末にバグダートの名門大学で法学，神学，哲学などを教えた大学者ガザーリーという人物は，突如としてスーフィーの修行に旅立った。イスラーム法などの外面的規律のみならず，それを内面から支えるスーフィズムの重要性に気づき，イスラームを理解するためには法学や神学のみならず，スーフィズムによる探求が必要であると説いたのである。特に中世以降は，スーフィズムはイスラーム法を補うために内面を探求する学問として認められてきた。スーフィズムの思想や修行方法，聖者の存在は，イスラームの伝統的な知の体系において重要視されてきたのである。

7 近現代におけるスーフィズム

19世紀になると，中東地域をはじめとする多くのイスラーム諸国は西洋諸国の植民地支配下に置かれた。一部のスーフィー教団は植民地化の危機と改革の必要性を感じ，植民地主義への抵抗運動を行なった。例えば，アルジェリアではカーディリー教団がフランスとの独立闘争に大きな役割を果たしたし，リビアではサヌースィー教団がイタリアとの独立闘争を繰り広げた。また一部のスーフィー教団は近代国家の政策に組み込まれながら存続していくこととなった。エジプトにおいては，国家が特定の教団を通じて，教団の人事や財政，宗教活動などを管理，統制した。近代国家に相応しくないと判断された実践は制限されつつも，国家によって教団自体は保護されていくこととなった。

スーフィズムや聖者信仰の実践に関しては，西洋近代的な価値観が流入したことで，これまでとは異なる思想的背景から，批判や攻撃がなされることとなった。例えば，西洋諸国による近代的な教育を受けた世俗主義者たちは，聖者信仰や一部の修行が，前近代的で非科学的な迷信であると非難したのである。また一部のムスリムたちは，イスラーム諸国が西洋諸国によって植民地化され，衰退している現状に危機感を募らせ，その原因はイスラームの理解が正しくなされていないからであると考えた。例えば19世紀にイスラーム世界の各地をめぐり，イスラーム改革の必要性を説いたアフガーニーは，正しいイスラームとは理性的に原典解釈を行なうことであるとし，スーフィズムが隆盛する前のイスラームの初期世代（サラフ）を理想とした。この思想は一部の知識人たちに継承され，サラフ時代より後の解釈に盲目的に追随するべきでないと主張するサラフィー主義として発

展した。

　この思想はその後も影響力を持ち，現在でもスーフィズムや聖者信仰を批判する際の主な思想的背景となっている。中東をはじめとする多くの地域では，国内のサラフィー主義勢力が台頭すると，聖者廟などが攻撃の対象にもなることもあった。例えば2011年に起きた「アラブの春」の政変では，独裁政権が崩壊したことでサラフィー主義者が伸長し，チュニジアやエジプトなどでは聖者廟が次々と破壊される事件が起きた。

図7-9　スィーディー・ブー・サイード廟　チュニジア・チュニス郊外において2014年8月29日二ッ山達朗撮影。2011年の政変後にはチュニジア国内でも40か所以上の聖者廟がサラフィー主義者により破壊された。スィーディー・ブー・サイード廟も焼き討ちにあった聖者廟であるが，すぐに再建され廟への参詣は今も盛んである。

　ただし，これらの国々でも一般的には，サラフィー主義者らの暴力行為には批判的であるし，聖者廟の再建に積極的に携わっている市民団体も多く存在している。2013年にサラフィー主義者によって焼き討ちにあったチュニジアのスィーディー・ブー・サイード廟もすぐに再建され，近年は同地で「国際スーフィズム音楽祭」と呼ばれるイベントが開催されることとなった（図7-9）。

　近代以降，世俗主義者やサラフィー主義者の批判や攻撃にさらされながらも，スーフィズムは一部のムスリムからは支持を得て存続し，現代では新たな変容を遂げている。世界各地に広がる広域的なスーフィー教団については先に述べたとおりであるが，アメリカやヨーロッパ諸国における教団の動きも活発化している。欧米への移民が増えていることもその要因の一つかもしれないが，欧米でマイノリティとして暮らすムスリムが，精神世界に高い関心を寄せていることとも関係しているであろう。また現代においては，SNSなどのインターネット媒体が用いられるようになったことで，世界中の教団のメンバーがつながり，情報共有を行なう動きも出ている。

　8世紀に物質的な繁栄を手入れたイスラーム国家に疑問を抱く形で，内面的な信仰心に関心を寄せたことから始まったスーフィズムは，時代や地域に合わせる形で変容しながら，現在においても確かに息づいている実践である。近代以降，世俗主義者やイスラーム主義者からの批判の対象になることもあるが，スーフィ

ズムの思想は脈絡と受け継がれているし，タリーカにおける修行や聖者廟への参
詣は今日でもイスラーム世界の各地で行なわれている。これからも，クルアーン
に秘められた神の教えを深く理解したいと願うムスリムや，神との合一を志すム
スリムがいる限り，時代に合った思想や実践に変容しながらスーフィズムは存続
していくだろう。

8 スーフィズム・タリーカ・聖者信仰が今日においてもたらす意味

　冒頭で述べたように，われわれは宗教と聞いて心の問題を思い浮かべるが，そ
れとは異なりイスラームでは法など外面的規則（ザーヒル）が強く存在するのは
事実である。一方で，内面的探求（バーティン）がイスラームの歴史の中で重要
視され，かつ多様な形態を伴って実践されてきたことを，本章で紹介してきた。
興味深いのは，伝統的なムスリムは「法学派はどこに属し，スーフィー教団はど
こに属する」といったように，外面と内面の両側面によって，イスラームの理解
が深まると考えていることである。われわれの考える宗教とイスラームを比べた
際に，異なる点と共通する点があることは，われわれの宗教や世界観を考えるう
えでも興味深いのではないだろうか。

　本章で紹介してきた修行や聖者信仰の実践は，どこか馴染みのある宗教実践で
もある。隠された神の教えを探求する修行は，密教や禅宗などとも似ているし，
同じ章句を繰り返し唱えるズィクルは念仏のようでもあり，伝説とともに崇敬さ
れる聖者や聖遺物も日本各地の伝承と似ている点がある。われわれの宗教とイス
ラームとの間の異なる点とともに，これらの共通点から，宗教という人間に不可
欠な営みの理解を深めることができるかもしれない。

　日本のイスラーム研究者の中にも，このようなスーフィズム・タリーカ・聖者
信仰の魅力に惹かれた者が多くおり，この 100 年余りの間に数多くの研究がなさ
れてきた。今日の日本社会に住むわれわれにとって，これらの事象について理解
を深めることに，どのような意味があるかを，本章の最後に考えてみよう。

　まず過激なイスラーム主義に影響された暴力行為が頻繁に起きている現代にお
いてこそ，これらの事象を理解することは意義深いものとなろう。先にも述べた
ように，サラフィー主義をはじめとするイスラーム主義者は，スーフィズムや聖
者信仰を正しいイスラームではないと批判し，スーフィズムが隆盛する以前の時
代に立ち返ることを提唱している。しかしながらその視点は，イスラームの伝統

第 7 章　スーフィズム・タリーカ・聖者信仰　　125

的な知の体系の中で，スーフィズムや聖者信仰が神の教えを理解する手段として認められてきたという点を軽視している。思想研究や歴史的研究が明らかにしてきたように，法学者をはじめとするイスラーム知識人は，外面と内面の両側面が必要であると認めてきた。そのことは，スーフィズムを攻撃するサラフィー主義者らの論拠に正当性がある訳ではないことを理解させてくれる。

またスーフィズムについて理解を深めることは，われわれのイスラーム理解にとっても示唆深い。イスラームについての講義を受講している生徒に，「なぜこの授業を選択したのか？」と聞くと，「ニュースでよく見聞きしてイスラームに関心があった」と答える生徒が多い。そこで，日本で報道されているイスラーム関係のニュースを検索してみると，テロや過激派に関するものが実に多いことに気づく。イスラームに関心があることはありがたいことではあるが，そのような報道をきっかけに関心を持つため，「イスラーム過激派の動向について学びたい」という生徒も多い。

しかしながら，そのような行為や思想は近年の一部のムスリムに顕著に見られる特徴であり，実際には過激派による批判の対象となっているスーフィズムや聖者信仰とともにイスラームの実践は営まれてきたのである。多くのムスリムは，スーフィーの思想から影響を受け，タリーカで行なわれるズィクルに参加し，地域の聖者廟に参詣することで，クルアーンの理解を深めてきた。スーフィズム・タリーカ・聖者信仰について理解を深めることは，ムスリムがそれらの実践を通じてクルアーンを内在化してきたことを明らかにしているのである。

またイスラームと聞くと，規範が厳しく定められている，厳格な一神教である，偶像崇拝が禁止されている，などと考えられがちである。しかし，スーフィズム・タリーカ・聖者信仰についての知識を増やすことは，そのような先入観を再考させ，イスラームの理解をより深化させてくれる。また，神との合一を目指し，万物は神が顕現したものだと説くスーフィズムの思想からは，イスラームの汎神論的な側面が理解できる。聖者や聖者の遺物，それに関する自然物などが崇敬の対象になっている実践からは，イスラームにおいても多神教的な側面があることさえも垣間見せてくれる。このような思想や実践についての研究は，われわれのイスラーム理解をより深いものに導いてくれるであろう。

■読書案内
東長靖・今松泰『イスラーム神秘思想の輝き——愛と知の探求』〈イスラームを知る15〉山川出版社，2016 年。前半部分では主に神秘主義哲学や思想史について，後

半部分ではオスマン帝国から現代トルコに至るスーフィズムの変容について概説している。

高橋圭『スーフィー教団──民衆イスラームの伝統と再生』〈イスラームを知る16〉山川出版社，2014年。近代化の中でタリーカがどのように歴史的変遷を経てきたかについて，エジプトの事例から考察している。

東長靖『イスラームとスーフィズム──神秘主義・聖者信仰・道徳』名古屋大学出版会，2013年。スーフィズム・タリーカ・聖者信仰についての，エリートによる知的営為から民衆の実践を文献研究と現地調査の結果から考察し，新しい分析枠組みを提示している。

ティエリー・ザルコンヌ『スーフィー──イスラームの神秘主義者たち』東長靖監修，遠藤ゆかり訳，創元社，2011年。スーフィズムとタリーカについてイスラーム世界をくまなく網羅し，豊富な図版とともに具体的事例を用い視覚的にわかりやすくまとめられている。

赤堀雅幸編『民衆のイスラーム──スーフィー・聖者・精霊の世界』〈異文化理解講座7〉山川出版社，2008年。スーフィーや聖者信仰についての多様性を，様々な地域やトピックからわかりやすく説明している。

コラム7

中央アジアのイスラーム：ザンギオタと「レーニンおじいさん」

　ウズベキスタンの首都タシュケントの郊外にあるザンギオタ廟は，今日多くの人が訪れる一大参詣地として賑わう。ザンギオタ廟には，羊飼いとして生計を立てながら中央アジアにイスラームを広めた著名なスーフィー，ザンギオタが埋葬されている。しかし，この廟の賑わいは今日まで途切れることなく続いてきたわけではない。なぜならば，ウズベキスタンを含む中央アジア地域は，1991年までソヴィエト政権の支配下にあったからだ。

　科学的無神論を掲げたソヴィエト政権は，イスラームを社会主義建設の障壁として捉えた。そして，各地のモスク，宗教学院，聖者廟などのイスラーム関連施設の多くは閉鎖された。この結果，公の場で実践されるイスラームの信仰と慣行は，共産党のお墨つきを得たものに限られ，それ以外の信仰実践や宗教的知識は家庭や私塾などで細々と受け継がれるようになった。ザンギオタ廟も反イスラーム政策の波の中で，1930年に閉鎖されたという。

　ソ連末期のペレストロイカ（体制の建て直し）の一環で信教の自由が認められたことは，約70年にわたり制限を受けてきた中央アジアのイスラームに覚醒をもたらした。ウズベキスタンでは，他の用途で使われたり，放置され荒廃するままにあったりしたイスラーム関連施設の修復や新規建設が盛んに行なわれた。ザンギオタ廟も1989年に再開され，今日に至るまで修復や増築が繰り返されている。

　中央アジアのイスラーム復興現象は，社会主義に代わる新しい社会秩序としてのイスラームへの期待，民族文化としてのイスラームの再評価，国際的なイスラーム主義の影響など，様々な要素によってもたらされた。これに加え，ソ連期を通じて人々がイスラーム的慣習を継承してきたことも，今日の中央アジアにおけるイスラーム復興の源である。ザンギオタ廟の賑わいとザンギオタへの崇敬は，それを顕著に示している。

　ザンギオタ廟から南に約500キロ離れたところにある村で筆者は調査をしてきた。筆者がお世話になった家の主には，ソ連共産党の指導者ウラジミール・レーニンをもじった「レーニンおじいさん」という別名があった。1945年生まれの彼は，村では数少ない大学卒業者で，30年以上村の学校でウズベク語教師をしていた人である。彼は，イスラームに対して否定的な意見こそ言わなかったが，村のお年寄りが割合熱心に取り組む断食をすることはなかったし，義娘と筆者が邪視の話をしていると，「そんな話はやめるよ

ザンギオタ廟

うに」と遮るような人だった。周囲の人々は，彼をイスラーム的信仰実践には関心がない人物であると認識していた。

　調査村の主な生業は牧畜だった。多くの世帯では換金や食糧確保のために牛，羊，山羊を飼育していた。中でも牛は高値で売れるうえ，生乳からつくられる乳製品は日々の食卓に欠かせないので重宝されていた。春のある日，義娘は，はじめて子牛を生んだ乳牛の乳から作った生クリームを豊富に使い「ユプカ」というクレープに似た食べ物をつくった。彼女は筆者に向かい「今日はおじいさんが生クリームにお祈りをするから，おじいさんの部屋に行ってください」と言った。部屋では，レーニンおじいさんが生クリーム入りのユプカを前に，ザンギオタ廟の方向に向かい，クルアーンの一節を唱え祈りを捧げていた。祈りを捧げた後，筆者に向かい「今日は，はじめて子牛を生んだ乳牛の乳からはじめて生クリームができた日だ。だからタシュケントのザンギオタにお祈りをした」と言った。

　調査村周辺では，ザンギオタは乳牛の守護聖者として崇敬されてきたという。生クリームができたことを喜び，遠く離れた場所に眠る聖者に感謝の念を込め祈りを捧げたレーニンおじいさん。彼が祈る様子は，ソ連時代も聖者への崇敬の念とともに，春の訪れや収穫を喜び，感謝をしてきた人々の姿を彷彿とさせるものだった。中央アジアのイスラームは，ソ連時代を生きたレーニンおじいさんのような人によっても受け継がれ，今日に至るのだ。

（宗野ふもと）

コラム7　中央アジアのイスラーム：ザンギオタと「レーニンおじいさん」　　129

第8章

イスラームと芸術
──「音楽」という視点から

1　はじめに

　イスラームと芸術と聞いてまず思い浮かべることはなんだろうか。アラビア書道，あるいはモスクに代表される建築物だろうか。あるいは写本に見られる細密画だろうか。はたまた各地のムスリム社会で培われてきたアラブ古典音楽やペルシア古典音楽に示される伝統音楽であろうか。イスラームと芸術といっても人によって様々なイメージがあるように，ムスリム社会でも歴史的に様々な芸術が培われてきた。だが，絵画に代表される視覚芸術にしろ，音楽に代表される聴覚芸術にしろ，単純に支持を受けて培われてきたわけではなく，時にそれ自体について是非が問われてきた。

　ムスリム社会の音楽芸術を見てみよう。クルアーンに明文はないものの，イスラーム法学の立場からすれば歌舞音曲を楽しむ行為は一般的には忌避される傾向が強く，時には，禁止の対象とされてきた。例えば，革命直後のイランでは，歌舞音曲が禁止されるだけでなく，楽器そのものが否定され，楽器工房が破壊されるということすらあった。それどころかクルアーンの朗誦方法をめぐっても，技巧を凝らした朗誦法が流麗華美な芸術（音楽）とみなされ，忌避される現象も起きてきた。その一方でムスリムが多く住む国々を歩いてみると，時に豊かな音楽文化・実践を見ることができる。先に述べたような古典音楽はもちろんのこと，東南アジアのムスリム諸国では，ナシードと呼ばれる宗教歌謡が高い人気を誇り，コンサートのような集会も開かれる。また先に述べた革命後のイランでも，1980

130

年代後半から徐々に国家の方針が変化し，制限はありつつも一部の音楽は許容されるようになった。さらにアメリカの「ブラック・ムスリム」の間では，ラップというアフリカ系アメリカ人の文化に根差しながら，野卑な言葉を排除し，自らの信仰をリズムにのせ表現するイスラミック・ラップが実践されている。

　このように芸術の中で音楽一つをとっても，時にその否定も含みながらムスリムの間で時代や地域，また社会階層など複合的な要因が結びついて展開してきた。そこで本章では，ムスリムの信仰実践と音楽芸術がどのように結びついて形成されてきたのかを，トルコにおける音楽芸術の展開を中心にたどる。そこからイスラームにおける芸術の多元的展開を理解していきたい。

2　スーフィーの精神修行とトルコ古典音楽の形成

❖ メヴレヴィー教団とセマ

　すでに述べたようにムスリム社会において音楽をめぐっては，常にその是非が問われてきた。歴史をさかのぼってみれば，イスラームが誕生した 7 世紀半ばまでさかのぼることができる。そのためムスリム社会では，アラブ周辺地域の人々や非ムスリムが音楽の担い手となった。彼らが奏でる国際的な音色がアラブの地で混淆し新たな音楽文化が誕生した。新たな音楽文化はウマイヤ朝（661 – 750 年）の宮廷音楽として発展した。アッバース朝期（750 – 1258 年）になると，ファーラービー，イブン・スィーナーなど，古代ギリシアの学問を吸収した哲学者たちによって音楽理論の研究が進められ，アラブ古典音楽が体系化された。さらに 11 世紀後半になると，ペルシアとの文化的な交流が深まり，両者の音楽様式も近似していった。そして，こうしたアラブ古典音楽・ペルシア古典音楽が，オスマン帝国下のトルコで独自の変化を伴いながらオスマン音楽として根づいていった。

　オスマン音楽として根づくまでの展開は，スーフィー教団，特にメヴレヴィー教団の存在なしには語れない（スーフィズムについては，第 7 章参照）。スーフィー教団にはそれぞれ独自の修行法があり，その中には，イスラーム法との関係でその是非が問われることがあるものの，歌舞音曲を伴った修行サマーウがある。サマーウはアラビア語で「聞くこと」を意味する言葉であるが，こちらよりも今日ではトルコ語のセマ（sema）という語のほうが一般的だろう。セマという言葉は，UNESCO の無形文化遺産にも指定されているトルコ共和国のメヴレヴィー教団の行なう儀礼の名前として知られているからだ。セマは基本的に，音楽に合わせて旋回動作を行ない，神との合一を図り無我の境地に至ることを目的とした

第 8 章　イスラームと芸術　　131

修行法である。

　メヴレヴィー教団は，13世紀頃メヴラーナ・ジェラーレッディン・ルーミーを名祖として成立した（名祖については本書103頁を参照）。ルーミーは「ペルシア文学最大の神秘主義詩人」と言われるように，ペルシア語による神秘詩も多く残した。教団は，オスマン帝国の歴代スルターンの庇護を受け，帝国の主要都市各地にテッケ（修道場）を設けながら発展していった。そこでは音楽を伴奏に修行者たちがひたすら旋回を続ける修行が行なわれてきた。

　メヴレヴィー教団のセマの際に奏でられる音はアイニー・シェリフと呼ばれる。そこでは，ネイと呼ばれる細く長い葦笛や，卵を半分に割った形の共鳴胴から弦が張られた棹が伸びる撥弦楽器ウード，同じく撥弦楽器で台形箱型の共鳴胴に79本の弦が張られ，それをピックで弾いて演奏するツィター属のカーヌーン，ヴァイオリンを丸く小さくした共鳴胴の下部分を演奏家の膝に立てて演奏する擦弦楽器ケメンチェ，片面に皮が張られた小さい2組の太鼓である膜鳴楽器のクドゥムや，やはり片面に皮が張られタンバリンに似た大きな枠型の太鼓のデフ，金属でできておりシンバルのような音かたちの体鳴楽器ジルなど様々な楽器を用いて奏でられる。この音楽は原則として一つの旋律のみでモノフォニーに奏でられる。儀礼で奏でられる音は，特に歌詞や旋律とセマの動作が関連しているわけではなく，セマの開始や終わりを告げる合図の役割を果たす。

✤ セマの内容

　儀礼はまず，礼拝をしたのち，シェイフと呼ばれる導師によって祈祷が唱えられる。その後，ナートと呼ばれる名祖ルーミーの詩に拍をつけずに音程のみをつけた讃歌が独唱される。ナートのあとにはタクシムと呼ばれる即興部に移行し，スルタン・ヴェレド・デヴリと呼ばれる修行者たちがセマをする場所を3周歩く行為に伴う器楽曲，イルク・ペシュレヴが演奏される。

　次にセマが始まる。セマは円筒状の帽子をかぶり白いスカート状の修道服を着た修行者がシェイフを中心に，スカートを大きく広げながら左足を軸にして旋回する。修行者は天体を象徴し，右手の平を天に向け神からの愛を受け取り，左手を地に向けその愛を大地に届ける。また，修行者は最初白い修行服の上に黒い外套を羽織っているが，これは死を意味し，それを脱ぐことによって死から再生することを意味する。さらに長い帽子は墓石を表わしている。

　修行者は，セマを通して四つの段階を経て恍惚状態となり神との合一を図ろうとする。その間，音楽は途切れることなく流れている。音楽は四つのセラーム（楽

章）からなり，上記楽器群による演奏のみの場合と歌が伴われる場合もある。歌詞は主にルーミーの詩が用いられている。それぞれのセラームによってテンポ（速さ）は異なる。リズムもセラームによって異なり，テンポよく進むこともあれば，決められた拍が無く自由なリズムで進むこともある。修行僧たちは互いにお辞儀をし，アッラーへ祈念する。その過程が終わるとひざまずき外套を脱ぐ。

その後立ち上がりゆっくりと歩き始め，太陽を象徴するシェイフの周りを回り始める。そして修行者たちは，第1のセマで懐疑心から解放され神の唯一性を信じることを表明し，次のセマで神の唯一性を確信し，第3のセマによって自我をなくすことで霊知を獲得し，第4のセマで神と合一する。演奏場所の一角でクルアーンが読まれ，セマは終了する。その後祈祷，クルアーン10章62節の朗誦，祈祷と続き，神を意味する「フー」を全員で唱える。このように最後にアッラー（神）のみを信じ讃えることを皆で確認して儀礼は終了する。

オスマン宮廷の庇護を受けていたため，修行に音を用いたメヴレヴィー教団は，宮廷の「音楽院」と呼ばれるほどにまでオスマン宮廷音楽に影響を与え，トルコ古典音楽を創造していった。そのためトルコ古典音楽の作曲家には，教団の長を意味するデデという称号を持つ者が多かった。しかしオスマン帝国の崩壊，1925年のトルコ共和国による世俗化政策の一環として，スーフィー教団は閉鎖された。しかし教団が培った音文化は消滅することはなかった。元教団員が街中の喫茶店でネイを教えていたという報告もあり，着実にトルコの人々の間に根づいていった。また現在では修行場は博物館として公開されており，毎週教団の儀礼が観光客向けに公演されている。さらにユネスコの無形文化遺産に登録された影響もあり，世界各地で公演も行なわれている。

3 儀礼と芸能（舞踊）

❖ アレヴィーのセマー

メヴレヴィー教団の旋回修行だけでなく，トルコにはスーフィー教団の影響を強く受け音楽や旋回する身体動作を伴う儀礼を実践する人々がほかにもいる。アレヴィーの人々である。アレヴィーとは，文字通りには第4代正統カリフでシーア派初代イマームのアリーを信奉する人々という意味で，イスラームから強い影響を受けながらも独自の信仰体系を持つ人々である。彼らもメヴレヴィー教団とは異なる形式の旋回を伴うセマー（Semah，セマーフとも）儀礼を行なっており，彼らの儀礼もまた2010年にはユネスコの無形文化遺産の登録リストに数えられ

第8章 イスラームと芸術　　133

た。

　アレヴィーの信仰は，スーフィー教団の一つベクタシー教団の思想の影響を強く受けつつも教団という組織形態ではなく，特定の村落コミュニティで代々受け継がれてきた。アレヴィー＝ベクタシーとも呼ばれる彼らは，トルコ民族がイスラームを信仰するようになる前に影響を受けていたといわれるシャーマニズムの文化も維持している。トルコ国内各地に居住していたが，1950年代以降，都市化の影響で都市に多く居住している。そして1960年代になると，移住先の都市において，政教分離をうたっている政府に対応し，公には相互扶助や交流を目的としたアレヴィー文化協会を設立した。毎週末に儀礼やセマー教室，アレヴィーにとって非常に重要な楽器である撥弦楽器バーラマの教室を開催している協会もあり，アレヴィー文化の保持もその重要な目的となっている。

　彼らが行なうセマーは，何も知らない外部の者からすれば一見「ダンス・舞踊」と見紛う身体動作を行なう。ここで気をつけなければならないのは，担い手であるアレヴィーはそうは認識していないということである。あくまでも信仰行為として行なうのであり，「神への愛の表われ」として実践している。それは彼らがセマーを行なうことを決して「踊る」とは言わず「回る」と言うことからもわかる。このようなことは，多くの宗教に関連した身体動作（芸能）に見られることだろう。

　セマーが実践される儀礼は，コミュニティの成員すべての男女が参加し一緒に行なう。かつてはイスラームの神聖な日とされる「金曜日」の前日となる木曜日の夜から金曜日にかけて行なわれていた。日が暮れる頃から男女一緒に一つの部屋の中で音楽を用いた儀礼を行なっていた彼らは，周辺のスンナ派のムスリムからは異端として見られることも多かった。

　儀礼の構成は地域によって多少異なるが，原則的にアレヴィーにとって重要な12人のイマームを意味する数字である12からなる要素とその担い手，および多くの参加者で構成される。セマー実践（神への愛），音楽の演奏（聖者の詩），帯で掃く（場を清める），聖水を参加者にふりまく（参加者を清める）などの12の要素から構成されるこの儀礼を行なうことによって，コミュニティは正しい道へと導かれる。儀礼はデデと呼ばれる長老を中心に行なわれるが，12の要素の担当者の一人である音楽家による音楽（および詩）に導かれて進行していく。つまり，儀礼全体を通じて常に音楽が流れているのである。セマーは儀礼の中で参加者の気持ちが最高潮になる最後に行なわれる。以前は年齢の高い者から回り始め，徐々に若い者が参加し回り始める，という形でセマーが行なわれた。しかし近年

134

では，回りたい者は誰でも，もしくは決められたセマーチュ（セマーの担い手）がおり，彼らが回るのみになっている。特にそれは都市部に顕著であるが，様々な理由からセマーを実践できる者は少なくなっているためである。

　セマーの動作を見てみると，地域によって異なるものの，歩くことを基本としている。東部地方のセマーではメヴレヴィー教団のセマと同様に旋回（自転）しながら円の上を移動するという高度な動作も含まれている。メヴレヴィー教団と異なるのは，旋回動作を行なうのが女性のみということである。このアレヴィーのセマーでは，男性は女性を守るように両手を広げて左右交互に上下に動かし，女性の後をリズムにのってステップを踏みながら移動していく。これは，ライオンがシカを守ったというアレヴィーの有名な伝説を意味しているという。また同じく東部の「鶴のセマー」と呼ばれるセマーは，歩きながらリズムに合わせ上半身を揺らし，両腕を広げ肘から曲げて左右片方ずつ胸の前に持ってくる。手は親指先，人差し指先を付け，他の指も閉じる。この腕から先の形は，シャーマンの使者とされている鶴の首から上の姿を表現しているという。

　アレヴィーは，セマーを回らない者でも，その場に共に居ることでセマー（神からの愛）を共有する（回る）ことができると信じている。これは，近年トルコ社会の変化，それに伴うアレヴィー社会の変化によって増加したセマーを実践できなくなったアレヴィーたちが作り上げた言説であるかもしれない。

❖「舞踊化」するセマー

　前述のようにアレヴィーのセマーは男女一緒に行なわれるが，決して接触することはない。しかし，現在都市のアレヴィー文化協会のセマー教室で実践されているセマーの中には，男女の接触（握手）が見られる場合もある。他者に「見せる」ことを意識してプロによる振り付けが行なわれているためである。セマー教室は都市に住む 15 歳くらいからの若者に対してアレヴィー文化の象徴であるセマーを教授する目的で毎週末開催されている。また近年では教室参加者によってセマー・グループが結成され，様々なイベントでセマーが観客に披露されるようになった。振り付けされたセマーは非常に洗練されたものとなっており，訓練を要する超絶技巧的なものもある。そのため，観客からはそれまで儀礼の中では当然見られなかった「拍手」という評価も行なわれるようになった。さらにそれらは，映像媒体に記録され，VCD や DVD，テレビ番組，またインターネットなどにのせ不特定多数の人々の元へ届けられている。しかしその結果，「神への愛の表われ」ではなく「娯楽」という意味を含んだ身体動作としての「舞踊」とも捉

えられつつある。

　アレヴィーのセマーの音楽は，基本的にはサズと呼ばれる撥弦楽器，特にサズの中でも中くらいのサイズのバーラマで奏でられる。バーラマは卵を縦半分に割った形をした共鳴胴に長いネックがついた7弦（6弦）3コースの楽器である。バーラマは，それ自体彼らが崇敬するアリーを象徴した神聖な楽器とされ，床に直に置くことは原則として許されない。多くの場合，壁にバーラマ掛けがあり，使用していないときはそこに掛けられている。指の爪でかき鳴らす奏法もあるが，基本的にはピックを用いてかき鳴らす。ザキルと呼ばれるバーラマを演奏する人物は，コミュニティ内外の様々な情報を歌詞にのせて人々に伝えていくという社会的な機能を有しており12の奉仕の担当者の中でも特に重要であるが，近年では担い手の不足によりコミュニティの長老が兼任することも多い。

　バーラマによる伴奏に，アレヴィーの信奉する聖者や詩人の詩を詠う。セマーの伴奏音楽に特別な名称があるわけではなく，地方名や信仰上の重要な事柄の名称のあとにセマーという名称をつける。聖者やイマームの名が歌詞に出てくると，儀礼参加者は皆それぞれに口に指を当て尊敬の意を表わす。また，歌詞とセマーの動作が関連していることも多い。例えば先述のように東部地方の「鶴のセマー」では，歌詞にも鶴が頻出し，アレヴィーのシンボルともなっている鶴の首から上の姿を腕で表現する動作がセマーの中で行なわれる。

　このように，儀礼の中で豊かな芸術文化を育み，それが宗教的なコンテクストを離れて新たな展開を見せる芸能はアレヴィーやメヴレヴィー教団に限ったことではなく，多くの地域で見られる。次の民謡もそのような例の一つといえるだろう。

4　受け継がれる伝統
——民謡文化とオルタナティヴ音楽——

　トルコ古典音楽の発展とは裏腹に，オスマン帝国の勢いは17世紀後半から徐々に衰退し，20世紀初頭にはついに終焉を迎えた。1923年に新たに誕生したトルコ共和国は，オスマン帝国時代と政治経済的には様々な違いがある一方で，広大な地域を支配し様々な文化を融合していったオスマン帝国の文化的遺産を引き継いだ。それは音楽も例外ではなく，豊かな音楽文化を引き継いだ。前述のようにトルコ古典音楽は，メヴレヴィー教団の修行で使われていた音楽に強い影響を受けていた。それに対し民俗音楽は，前述のベクタシー教団の影響を強く受けたアレヴィーが重要な担い手となっている。

❖ 民俗音楽の伝統とアーシュク

トルコの民衆の音楽として代表的なものには，トゥルキュと呼ばれる民謡がある。その歴史はトルコ民族がイスラーム化する以前，中央アジアにいた頃にまでさかのぼることができるといわれている。かつてはアーシュク（オザン）と呼ばれる吟遊詩人が村々を渡り歩き，古くから伝えられている物語詩や時世に合わせ自ら創作した詩を音楽（民謡）にのせて伝えていった。彼らの多くは，前述の撥弦楽器サズを用いてそれらの民謡を弾き語った。彼らの90パーセント以上が前述のアレヴィーであったといわれている。彼らはアレヴィーのコミュニティ内では，ザキルと呼ばれ，毎週行なわれる儀礼の中ではセマーの伴奏音楽や儀礼の過程において必要な聖者の詩を歌い演奏した。そしてコミュニティを一歩出ると，アーシュクとして宗教色の薄い内容の歌詞，英雄の叙事詩や恋物語，創作詩などを行く先々で人々に歌って聴かせたという。のちにアーシュクの歌う歌詞には風刺的な内容のものが多くなり，民衆の感情を時世に合わせて歌いあげたり，情報伝達の担い手としても活躍するようになった。彼らは，音楽の存在を忌避する傾向にあるイスラーム世界において，音楽を職業とする珍しい存在でもあった。

数いるアーシュクの中でも，アーシュク・ヴェイセル・シャトゥルオゥル（1894 −1973年）は共和国最大の吟遊詩人といわれ，特に有名で，近年でも人々から愛されている。盲目の吟遊詩人であった彼の詩はトルコ共和国建国時に新生トルコ文化を創出するために重要だと考えられ，「国語と国家統一に対する貢献」を行なったとまで言われた。その功績から国から給与を支給されていた。また近年も活躍している民謡の担い手では，サバハト・アッキラズ（1955年−）が知られており，ヨーロッパをはじめとした世界各地でコンサートを行なっている。彼女の弟は民謡を中心とした音楽CD制作会社を経営しており，姉の活躍を裏から支えてきた。

民謡というと古臭い印象を持つかもしれないが，トルコでは日本よりも民謡が人々の生活の中になじんでいる。かつては歌手の多さと比例して民謡専門のカセット・CD制作会社も多く存在した。CDショップの民謡コーナーの広さも日本の比にならないほどであった。近年ではCD，そしてそれらを扱うCDショップの需要が減っているものの，代わりにインターネットを介して民謡は楽しまれている。

トルコ民謡は大きく二つのリズムに分けることができる。「砕かれた旋律」を意味するクルク・ハヴァと「長い旋律」を意味するウズン・ハヴァがある。前者

は一定の短い決められたリズムを比較的狭い音域で繰り返すのが特徴で，特に2拍子と3拍子を組み合わせ繰り返すリズムが有名である。それとは対照的に後者は，こぶしをきかせて自由に音を長く伸ばし，広い音域の中で一つの音節に対していくつかの音を用いることによって装飾的な旋律になるのが特徴である。民謡の詩型や旋律型の特徴は地方で多少異なり，例えば，アーシュク・ヴェイセルの出身地アナトリア（小アジア）中部の民謡では，一つの音節に対し一つの音で朗唱し，旋律は高音から次第に低音に移動し，繰り返しのフレーズが多い。またアレヴィーの多く居住する中東部の民謡では，歌詞は口語体で歌われ，リズムは短型を繰り返し軽く活発な印象を与える。

　かつて村々を渡り歩いたアーシュクは，村のコーヒーハウスで弾き語りしていた。コーヒーハウスは情報交換のため，特に男性にとって重要な社交の場で，各地に一つは存在した。彼らは即興で歌うことが多いため，歌詞の蓄えがなくなると次の場所に移動し，新しい歌詞に使えるようなトピックを収集し自らの能力を高めるようにして新たな場所で活動をしていた。しかしラジオ，テレビ番組，カセット・CD，その後のインターネットの普及，民謡酒場の増加といった社会環境の変化から民謡は「商品」と化し，アーシュクの存在は民謡歌手に取って代わられるようになった。近年イスタンブールの街中などでは夜中まで営業している民謡酒場が多くある。そこでは民謡歌手の卵たちが，各地の民謡のリクエストにも答えられるよう勉強し，サズ奏者の伴奏とともに多くの民謡を客に披露する。客たちも歌手の歌う民謡に合わせて口ずさむだけでなく，それを伴奏に民俗舞踊を踊るなど，その日の仕事の疲れを吹き飛ばすかのように賑やかに過ごす。

　アーシュクは民謡歌手に取って代わられたものの，芸名に「アーシュク」という名を冠する民謡歌手は多く存在している。それは現在でも彼らが過去の音楽芸能の伝統を引き継いでいることを表わしているともいえるだろう。このような新たな民謡の担い手である民謡歌手が，それまでの伝統的な民謡をロックやポップ調に編曲するなどして，現代に好まれるような新たな民謡文化を作り上げている。

✣ メルジャン・デデ

　現代で伝統的な音楽文化を引き継いだ音楽を提供するのは，民謡歌手だけではない。例えば，トルコのイスタンブールを拠点に活躍し，神秘家たちが奏でた音楽の影響を強く受けた音楽家としてメルジャン・デデがいる。作曲家，DJでもある彼は，トルコ古典音楽，そしてメヴレヴィー教団の音楽で用いられる葦笛のネイの演奏家でもある。しかし彼の音楽はネイが醸し出す伝統音楽の調ではなく

エレクトリックなサウンドで，その特異な風貌からも多くの若者を惹きつけてきた。

　デデという名称やネイを演奏していることからもわかるように，彼はイスラーム神秘主義を非常に意識している。批評家からは賛否あるものの，彼のつくる音楽には一貫してあたかも神秘的な精神が流れているかのような独特の雰囲気がある。そして音楽に加えて，彼のライブステージでは，一人の女性がメヴレヴィー教団のセマの演舞を行ない，観客は音楽のみならず彼女がセマに陶酔する姿に圧倒される。メルジャン・デデはトルコ国内に限らず，日本での公演を含め世界各地でライブ活動を行なってきた。しかしその活動の場はクラブなどのライブハウスであり，野外フェスなどを除いて大きなコンサート・ホールなどでのパフォーマンスは非常に稀である。それゆえ，国境を越えてライブ活動はしているものの，トルコ国内で彼の音楽を聴くものは一部の人に限られるという意外な側面もある。

5　ターキッシュ・ポップ

❖ トルコにおけるポピュラー音楽の発展

　中東をはじめとしたムスリムが暮らす社会でも，アメリカを中心とした西洋のポップスやロック，ヒップホップやパンクといったポピュラー音楽が広がりを見せてきた。トルコでも，ターキッシュ・ポップというジャンルが確立している。

　ターキッシュ・ポップは西洋のロックンロールの輸入が始まった 1950 年代頃より見られ，トルコ経済が民主化していく時代背景とも重なりを持つ。それまでのトルコにおける音楽が「伝統」音楽にしばられていたことを考えると，明らかにポップ（大衆）による画期的な音楽の誕生であった。トルコは建国時に政教分離を掲げ世俗化が図られたため，時代や社会の変化とともに西欧諸国からやってくる伝統的なイスラームとは異なる思想を受け入れやすい土壌ができていたといってもよいだろう。こうして先に述べたメルジャン・デデなどの現在世界的に知られるアーティストが活躍する土台が作られてきた。1960 年代には，世界の音楽動向を見ていた，トルコで最大の新聞社であるヒュリエットが音楽コンテストを主催し，その時代のトルコ・ポップ形成に大きな役割を果たした。そこでは，トルコ語で書かれたオリジナル曲，または伝統的な曲を新たにアレンジしギターやピアノ，ドラムなどの西洋楽器を加え演奏することが参加条件とされた。

　ターキッシュ・ポップを発展させた人物として知られる歌手に，1970 年代に活躍した女性歌手セゼン・アクスとアジダ・ペッカンが挙げられる。セゼン・ア

第 8 章　イスラームと芸術　　139

クスは「ポップの女王」として長い間君臨し，歌手のみならず作曲家，プロデューサーとしても活躍した。さらにトルコのポップ音楽を語るうえで欠かせないのが，タルカンだろう。彼はアクスのプロデュースを受け，トルコのみならず，ヨーロッパ，アメリカ，中南米，日本でもアルバムを発表してツアーをし，また様々なジャンルの音楽に挑戦し続け多くのファンを獲得している。彼の足跡をたどればトルコのポップ音楽の歴史をたどることができるといっても過言ではないだろう。

　タルカンは 1972 年，当時の西ドイツ生まれで，両親はドイツ移民第 1 世代に当たり，1989 年にトルコに戻っている。高校で音楽を学び始めた彼は，イスタンブールの音楽大学への入学を希望していたが経済的に厳しく，音楽アカデミー（専門学校）へ入学した。下積み生活からドイツへ戻ろうかと悩んでいた時期に，レコード会社の社長と出会い，1992 年に彼の歌手としての人生がスタートした。ファーストアルバムのサウンドが欧米の音楽も聴く若者にフィットし大ヒットとなった。その後前述のセゼン・アクスも彼に曲を提供し，ここで彼はその PV の中で上半身裸というまだ保守的なトルコの音楽産業では例を見ない演出を行ない，物議をかもした。アメリカでの生活で英語を身につけ人脈を広げ，世界に活躍の幅を広げることとなる。フランスのレコード会社と契約を結び全ヨーロッパでアルバムを発売し，ヨーロッパ主要国のチャートでトップに立った。

　有名になるにつれて自身の意思で自由に活動することが難しくなり，いくつものレコード会社や業界の人物との確執なども生まれたが，音楽活動だけでなくその行動の一つ一つが話題となり，さらに彼を有名にさせた。大手企業のイメージキャラクターに抜擢され，ボディーガードなしでは外出もままならない存在になった。東欧，中東，ラテンアメリカでのコンサートをはじめ，インドの映画産業からも楽曲提供のオファーがあり，2000 年代には文字通り世界中で曲を聴かれる歌手となった。そのような彼は，2016 年にトルコの歌手があこがれる音楽ジャンルの一つで古典芸術声楽を歌謡化したサナートに挑戦した。サナートを歌うためには古典音楽の旋法やリズムなどを理解していないと困難で，それが歌えるということはトルコ音楽の伝承者としても認められることになるからだ。こうして次々と新しいことを成し遂げていく彼の人気はまだ衰えていない。

　また，ポップと併走するように独自に発展したのがロックである。1960 年代にビートルズやローリング・ストーンズなどが世界中で人気を博すようになると，トルコでも「アナドル（小アジア）・ロック」と呼ばれる音楽が誕生する。音楽的にはトルコ民謡とロックが融合した形のもので，バルシュ・マンチョ，エルキン・コライなど多くの人気歌手が活躍したが，1970 年代にトルコの政治が不安

定になると，歌手の中には反政府的とレッテルを貼られたことにより活動の場所を国外へ移したり，音楽の方向性を転向してしまう歌手が現われ，その勢いは衰えてしまった。しかし，国民的歌手となったバルシュ・マンチョの人気は長いこと続き，マンチョが1999年56歳で亡くなったときには大勢の国民が悲しんだ。また彼は大の親日家で日本での公演も行なっている。

❖「トルコ風」のポピュラー音楽

　前述のように彼らトルコのポップ，ロックの音楽は，同時代の西欧のポップやロックンロールなどの影響を強く受けながらも，サズやカーヌーン，ダルブッカなどの楽器も用いたり，旋律をトルコ民謡から取り入れたりと，「トルコ風」を忘れてはいない。しかし，テレビ局の数が増加した1990年代以降から，衛星放送を通じて欧米の流行を時間差なしに直接目に耳にすることができるようになると，トルコ人による「トルコ風」を排除した様々なポップが聴かれるようになった。それは，CDというメディアが発展し普及した90年代後半に最盛期を迎えた。衛星放送の音楽チャンネルでは，ムスリムが多数を占める国であることを忘れさせるような，肩を出したセクシーな衣装を着て「トルコ風」を排除した曲を歌う女性歌手やロックバンドを数多く見ることができる。

　そのようなアイドル化したポップに対し，トルコでは前述のメルジャン・デデをはじめとしたエレクトロニック音楽やヒップホップ，レゲエ，オルタナティヴ・ロックなどのインディーズ音楽が非常に盛んである。ほとんどのポップ歌手がトルコ国内での活動に限られているのに対し，インディーズ音楽では日本や西欧諸国をはじめとした海外でも活躍するアーティストが多い。それは，西欧諸国において聴き慣れたサウンドにサズやネイなどの楽器やリズムを用いた「トルコ風」な要素を加えるという独自の曲調が，耳の肥えた海外の聴衆たちにとって非常に魅力的に聴こえたからだろう。

　近年有名なミュージシャンとしては，前述のトルコの民俗楽器サズ（バーラマ）を携え，トルコ民謡をロック調に演奏するババズーラ，やはりトルコ民謡をクラブジャズ風にアレンジするオリエンタル・エクスプレッションズなどが挙げられ，さらに次々と新しいミュージシャンが誕生している。

　このようにポップ音楽の世界を見ると，いかに音楽，そしてそれを創造する人間が異なる文化や思想を受け入れることができるかをわかりやすく知ることができるといえるだろう。

6 ムスリム社会に現われた新たなポピュラー音楽

✣ イスラミック・ポップス

そのような西洋音楽と伝統音楽が融合した新たなポピュラー音楽は，音楽そのものに対して忌避する傾向もあるムスリム社会において否定的な見方や文化的侵略といった捉え方がされる一方で，トルコ以外の多くの地域でも聴くことができる。近年，彼らの中にはワールドミュージック市場といったムスリムや特定のエスニック集団に限らない音楽市場に参入し，活躍するものも少なくない。その一方，近年ではムスリムの音楽市場というものも形成され，そこに参入する音楽家も現われた。こうしたムスリム音楽市場を形成する大きな転換点となったのは，ムスリムの信条を歌詞としたイスラミック・ポップスを創造する音楽家の登場であり，その代表は，間違いなくサーミー・ユースフであろう。

サーミー・ユースフは，2003年に初アルバムをリリースした，イラン出身で英国育ちのムスリムの歌手，作詞作曲家，音楽プロデューサーである。曲調としては，主に打楽器を中心としたアラブ音楽の楽器や旋律，またリズムを用いながらも現代のポップス調に仕上げる傾向がある。彼の歌詞には，イスラームに関するものが多く，アッラーや預言者ムハンマドなどの語彙が頻出し，またイスラーム史を題材としたものも少なくない。

アラビア語，英語，トルコ語はもちろんヒンディー語など様々な言語で歌い，ヨーロッパだけでなく中東や東南アジアのムスリム諸国でコンサートを多数行なってきた。またデンマークのムスリムとキリスト教徒からなる宗教間対話音楽グループであるアウトランディッシュや上述したトルコの歌姫セゼン・アクスなどとも楽曲のコラボレーションをしてきた。さらに世界で起きている紛争の被害を受ける子どものための曲を発表し，自身のHPでの無料ダウンロードの機会を提供したほか，国連の親善大使として活動してきた。自らの立場を世界平和のために用いている彼の今後の活動の展開がさらに期待される。

また欧米や日本のロックやポップのミュージシャンに注目され世界的に知られるようになり，その音楽的特徴を変化させている人々もいる。イスラーム神秘主義の影響下で独自の信仰を保持してきたグナワの人々である。彼らは北アフリカ，マグレブ諸国に居住しており，西アフリカ地域からマグレブ諸国に連れてこられた奴隷の末裔であるといわれている。先に述べたアレヴィー同様音楽を用いた儀礼リラを行ない，それを通じてジン（精霊）を呼び様々な癒しを施す。その音楽

は，アラブ音楽のこぶしのきいたものとは異なり，カルカベと呼ばれる金属製の
カスタネットによるアフリカ音楽に特徴的な激しいポリリズムをベースに，弦楽
器ゲンブリが旋律を演奏する。歌詞はアッラーや聖者を讃える内容が中心となっ
ている。マーレムと呼ばれるリーダーがゲンブリを演奏し，カルカベを演奏する
楽隊と呼応しあいながら激しいリズムを織り成す。そうするうちに参加者たちは
そのリズムに飲み込まれてトランス状態に陥る。

　アフリカ音楽に近いリズムや旋律の親しみやすさから，西欧を中心とした海外
のポップやジャズのアーティストから共演を望まれ，最近では新たなグナワ音楽
ができあがってきている。1998年からはグナワ・フェスティバルと呼ばれる大
規模な集会がモロッコのエッサウィラで開催されており，世界中からジャズや
ポップのミュージシャンが集まりグナワの楽隊と共演をはたす。ほかにもいくつ
かの会場で近隣地域の伝統音楽やポップ・ミュージックなども演奏され，フェス
ティバルは文字通り音楽との出会いの場となっている。その一方，儀礼リラも所々
で行なわれており，フェスティバル開催期間中エッサウィラの街は様々な文化が
うごめきあう混沌とした空間になる。

✤ 広がるムスリム音楽

　大規模なムスリムの音楽フェスティバルとしては，アメリカ・シカゴにある社
会互助組織のムスリム協会が主催する音楽フェスティバルも知られるようになっ
ている。毎年テーマを設け，国内外から著名なアーティストや知識人を招待しパ
フォーマンスや講演を行なう。ここでもイスラミック・ラップや各地のムスリム
が担う民族音楽など，大都市シカゴの中に音によるムスリム空間が浮かび上がる。

　さらに東南アジアでは，ナシードと呼ばれるアッラーの賛美や，イスラーム
における同胞愛などの歌詞を含む宗教歌謡が，ポップ・ミュージックとして流行し
ている。マレーシアでは，第2次世界大戦前にクルアーンの朗誦の合間に教師と
学生が歌ったことがナシードの始まりとされている。イスラームの教えを広める
ものとして学校でも歌われるようになり，1960年代頃には国や州主催のクルアー
ン朗誦大会でも歌われるようになった。当時マレーシアのナシードはアラビア語
かマレー語のみで歌われ，男性のみか女性のみの歌手で歌い，男女混合のグルー
プは禁止，フレームドラム以外の楽器の使用の禁止など，いくつかの禁止事項も
あった。1970年代以降にはイスラーム復興運動などの社会的気運と相まって，
ナシードは非商業的でありながらも著名な歌手によって公演が行なわれるなど新
しい展開を見せ，90年代には商業的なポップ・ナシードが誕生する。

第8章　イスラームと芸術　　143

ポップ・ナシードは，レコード会社がプロデュースし，世界のポップ・ミュージックの流行を取り入れ，様々なメディアを用いて国内外の多くのムスリムに発信している。その頃には，フレームドラム以外の楽器が使用され，女性が男性と一緒にステージに立つなど，当初の禁止事項はなくなっていた。また，ある政党が有権者からの支持を得るためにポップ・ナシードを利用するようにもなった。

ポップ・ナシードは，マレーシア的な要素を取り入れながらも，イスラームのテーマを歌詞に含め，アラビア語を使用したり歌い方に中東の音楽スタイルも取り入れたりすることによって，それを演奏する者，聴く者が世界中のムスリム社会の一員であることを認識させる。ただし，そのような新しい形態は常に議論の対象となり，商業化への批判も多くあるが，演奏家たちはイスラームのメッセージがあり，それが多くの人々へ広まるからよいのだ，と主張している。ポップ・ナシードは，世界的なポップ・ミュージックの流行と自身のイスラームへの信仰心との間にうまく折り合いをつけるものとして，特に若者の心をつかみ，新しい形のムスリムを創造することとなった。

以上のように，トルコ以外のムスリムの居住地域においても，世界的にポップ・ミュージックの流行を取り入れた様々な新しいスタイルの音楽が誕生している。

7　おわりに

上記した以外にもイスラーム世界には軍隊に伴った音楽（トルコの軍楽メフテルハーネ）など，世界の音楽文化に強い影響を与えた多様な音楽が花開いている。イスラームにおける「音楽」には様々な捉え方があるにせよ，多くは「快楽，娯楽」としての音楽への忌避であった。しかし見てきたように，そこでは時代を経るにつれて様々に発展するメディアの影響を受けながら，空間的にも離れた異なる音楽を吸収し新たな音楽スタイルを生み出している。このようなことからも，他の地域同様イスラーム世界でもここで述べたような限られた「音楽」のみならず人々の様々な音楽的行為が息づいていたことが想像できるだろう。

音楽という言語では言い表わせない感情を他者に伝達することができ，また，時間的にも空間的にも移動が容易な芸術行為によってムスリムは自分たちの存在を誇示してきたといっても過言ではないだろう。キリスト教のように偶像を崇拝することが禁じられたイスラーム社会において，絵画や書道など音楽以外の芸術は独自の発展を遂げてきた。緻密に計算され抽象的に表現するその方法は，音楽の楽曲構造にも共通するものがある。しかし音楽は先に述べた特徴からより柔軟

な展開を見せ，容易に他の宗教の人々もアクセスできるコミュニケーション方法
となっている。表現としてだけではなく，コミュニケーション・ツールとしての
芸術を考えたとき，音楽はその是非が常に問われてきたものの，イスラームにお
いても欠かすことのできないものとされてきたことがわかるだろう。

■読書案内

新井裕子『イスラムと音楽——イスラムは音楽を忌避しているのか』スタイルノート，
　　2015年。イスラームと音楽の関係について幅広い文献をもとに検討し明らかにし
　　ている。

西尾哲夫・水野信男編『中東世界の音楽文化——うまれかわる伝統』スタイルノート，
　　2016年。中東地域の音楽文化の現在の生きた姿が伝統というキーワードで描き出
　　された論文集。

関口義人『トルコ音楽の700年——オスマン帝国からイスタンブールの21世紀へ』
　　DU BOOKS，2016年。トルコの音楽文化を歴史的に幅広いジャンルにわたって紹
　　介している。

中町信孝『「アラブの春」と音楽——若者たちの愛国とプロテスト』DU BOOKS，2016
　　年。近現代のエジプトのポピュラー音楽が社会史的な視点から整理されるとともに，
　　「アラブの春」以降の近年の変化について詳細な分析が行なわれている。

第8章　イスラームと芸術　　145

コラム8

イスラームの視覚芸術：ムハンマドの肖像を描くこと

　2005年，デンマークの日刊紙ユランズ・ポステン紙に掲載されたムハンマド風刺漫画が世界を大きく揺るがすことになった。事の発端は，あるジャーナリストが預言者ムハンマドの児童向け伝記の挿絵として，イラストレーターに預言者ムハンマドの肖像画を依頼したことに始まる。彼の依頼に対し，3名のイラストレーターはムスリムの反発を予期し断わったが，匿名でという条件で引き受けるものが現われた。この一連の話がある新聞で報道された。そしてデンマーク社会における言論の自由とともに，ムスリムによる自己検閲をめぐる議論へと発展していった。そしてユランズ・ポステン紙が，ムスリム社会の自己検閲をめぐる問題を提起しようと，12の「ムハンマドの顔」と題した風刺画を掲載したのだ。この事態に対し，デンマーク国内はもとより，世界各地のムスリム・コミュニティで抗議行動が発生し，外交問題や流血沙汰にまで発展していった。

　風刺漫画掲載問題の背景には，風刺漫画そのものの十分な「悪意」に加え，デンマーク社会のムスリム移民問題という政治・社会的問題があったことは改めていうまでもない。改めてこの事件について触れることの重要性は，この事件をきっかけムスリムに波及した預言者ムハンマドの肖像画を描くことの問題性の変化にある。

　絵画の制作者に対する最後の審判における懲罰について述べた預言者ムハンマドの言行録や預言者ムハンマド没後から数世紀にわたる肖像画の不在を共同体の慣行とする考えは，肖像画作成の否定的論拠となり得てきた。この立場に立てば，風刺されること以前に肖像画が描かれること事態が問題なのである。他方，ペルシア系やトルコ系諸王朝の下で編纂された書物に，預言者ムハンマドを描いた細密画が存在してきたように，後代に付加された慣行であるものの，預言者ムハンマドの肖像を描く伝統も一定の歴史がある。風刺漫画掲載事件では後者の立場からも抗議が行なわれ，イランでは風刺漫画に示された「悪意」への抗議が行なわれた。

　抗議行動は次第に落ち着きを見せた。だが，驚くべきことに，ムハンマド風刺漫画は，後者の立場の人々に大きな変化を与えた。彼らの間でも預言者ムハンマドの肖像画を描くことが，忌避されるようになったのだ。それが最も顕著であったのが，2008年に完成したイランの首都テヘラン市の壁画であった。壁画は15世紀の『ミウラージュ・ナーマ』の挿絵をモチーフに描かれた。同書は，預言者ムハンマドが天馬ブラークに乗り天界を旅する奇跡を描いた作品である。壁画のモチーフとなった細密画には，預言者ムハンマドの肖像画が描かれ，コンペで選ばれた壁画の発案者の当初の計画でも肖像画は描かれていた。ところが，実際に壁画が描かれる過程で，肖像画の部分は白く塗りつぶされたのだ。

　この壁画の一連の騒動は，預言者ムハンマドの肖像画を描かないことが，「正しき」

イスラームの立場とされたことを示していた。と同時に、ユランズ・ポステン紙がムスリム社会の自己検閲を揶揄した行為が、彼らの揶揄する行為を幇助してしまったという皮肉めいた結果を生み出した。

近年でもイランの市場にある装飾品店に行けば、預言者ムハンマドの肖像画が描かれ、反対面にシーア派初代イマーム、アリーの肖像画が描かれた金や銀でできたペンダントトップやコインを目にすることができる。だが、「公式」には肖像画が否定される中で、今後もペンダントトップなどに描かれた預言者の肖像画を目にし続けられるのだろうか。

（黒田賢治）

テヘランのバーザールで売られる黄金のペンダントトトップ 本を胸に抱き、天を指さす人物が預言者ムハンマド

第9章

イスラーム金融

　われわれが銀行に行ってお金を借りたり預けたりするとき，そこには必ず「利子」というものが存在する。5% の利子で 100 万円の自動車ローンを組めば，借りた 100 万円に加えて 5 万円の利子を銀行に返さないといけない。あるいは，年利 1% の定期預金に申し込んで 100 万円を預ければ，1 年後に 1 万円の利子を受け取ることができる。

　しかし，今，このようなわれわれの経済の常識である「利子」がない金融システムが，イスラーム世界を席巻している。それがイスラーム金融である。本章では，このイスラームの教えに基づいて作られた無利子の金融システムが，どのような思想に基づいていかに機能しているかを紹介する。そして，このイスラーム金融がこれからのグローバル経済にどういったインパクトをもたらしえるのかについても考えたい。

1　急成長するイスラーム金融

❖ イスラーム世界から欧米，日本へ

　イスラーム金融は，現在，50 を超える国，600 以上の金融機関でサービスが提供されている。その資産総額は 150 兆円に達している。中でも，中東から南アジア，東南アジアにかけてのイスラーム諸国では，大きな市場シェアを獲得しているところも見られる。

　図 9-1 は，イスラーム金融主要国の国内市場シェアを表わしたものである。この図からは，サウジアラビア，クウェート，バハレーン，カタル，UAE といっ

148

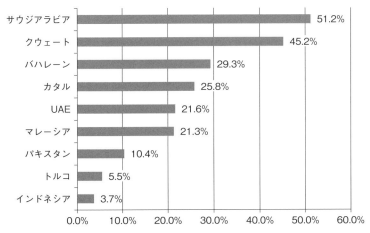

図9-1 主要国のイスラーム金融の国内市場シェア　EY *World Islamic Banking Competitiveness Report 2016*, p. 12 より筆者作成。

た中東湾岸諸国でイスラーム金融が大きなプレゼンスを有していることがわかる。また，東南アジアのマレーシアでも市場シェアが2割を超えている。これらの国々では，街中を歩けばイスラーム銀行の看板が自然と目に入ってくるほどその存在は日常化しており，中東湾岸地域とマレーシアは，世界のイスラーム金融の二大拠点と呼ばれている（図9-2, 9-3）。

図9-2　イスラーム銀行が集まっているUAEのドバイのポートサイード地区　筆者撮影。

他方，南アジアのパキスタンや中東のトルコ，東南アジアのインドネシアは，イスラーム金融の後発参入組であり，上記の国々と比べると市場規模は小さい。しかし，巨大なムスリム人口を抱えるこれらの国々のイスラーム金融は近年著しい成長を見せており，今後の発展がますます期待されている。

イスラーム金融のサービスは，イスラーム諸国だけで提供されているわけではない。**図9-4**（151頁）はイスラーム金融の世界的な広がりを示したものである。この地図からは，イスラーム金融が欧米諸国やサハラ以南のアフリカといったイスラーム世界の外にも広く浸透していることがわかる。例えば，イギリスは，イ

第9章　イスラーム金融　　149

図9-3 マレーシア・クアラルンプール中央駅のコンコースにあるイスラーム銀行　筆者撮影。

スラーム金融を積極的に受け入れており、その首都ロンドンに本店を置くいくつもの巨大銀行（HSBCやスタンダード・チャータードなど、図9-5）がイスラーム金融市場に参入している。アメリカ、フランス、ドイツなど国際金融センターを抱える国々も、イギリスの後を追うようにイスラーム金融に取り組み始めている。したがって、イスラーム金融は、単なるイスラーム世界のムスリムのためだけのものではなく、グローバル経済の一翼を担う存在なのである。

　日本の金融機関の中にも、東南アジアや中東でイスラーム金融を手がけるところが現われ始めている。また、銀行法の施行規則が2008年12月に改正され、国内でのイスラーム金融サービスの提供が制度的に可能になっており、われわれもイスラーム金融と無縁ではなくなりつつある。

❖イスラーム金融の発展史

　このように急成長するイスラーム金融の歴史は、1975年に作られた一つのイ

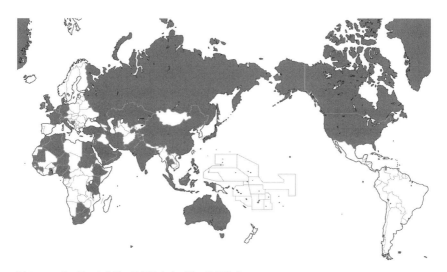

図9-4 イスラーム金融の世界的な広がり　筆者作成。

図9-5　HSBCとスタンダード・チャータードが提供する独自のイスラーム金融サービス　筆者撮影。

第9章　イスラーム金融

図9-6 マレーシアの大手銀行のカウンター 手前がイスラミック・ウインドウ、奥が従来型金融サービスの窓口になっている。筆者撮影。

スラーム銀行から始まった。第4次中東戦争（1973年）をきっかけに起きた石油危機によって、中東湾岸の産油国には膨大なオイルマネーが流入してきた。産油国の一つであるUAEのドバイには、そうしたお金を自分たちの信仰に沿った形で使いたいと考えた信心深い商人たちが集まっていた。様々な試行錯誤の末、彼らは世界初のイスラーム銀行であるドバイ・イスラーム銀行を作ったのである（**図9-2**の奥に見える建物がドバイ・イスラーム銀行の本店である）。

イスラーム銀行の設立以前にドバイにあったのは、植民地時代に営業を開始した欧米の銀行だけであった。敬虔なムスリムの中には、こうした銀行は自らの信仰に合っていないとして、利用を避ける人々も多くいた。彼らは、銀行を使わず家の中に財産を保管しておく、いわゆるタンス預金をしていたのである。ドバイ・イスラーム銀行が営業を始めると、そうしたムスリムたちが銀行にこぞって押し寄せ、われ先にとタンス預金を預け始めたり、必要なお金を借り出したりして、ドバイ・イスラーム銀行は大いに繁盛したのであった。

ドバイ・イスラーム銀行の成功を聞いた隣国のムスリムたちも、自分の国でイスラーム銀行を作れないか模索を始め、1970年代には中東諸国でイスラーム銀行の設立が相次いだ。1980年代に入ると、その設立ブームが南アジアや東南アジアに伝播し、両地域で初のイスラーム銀行が営業を開始している。

1990年代には、当時のマレーシア首相のマハティールが、イスラームの教えに即した経済発展を提唱し、政府の強力なイニシアティブによってイスラーム金融の振興策が採られた。その結果、マレーシアのほとんどの銀行にイスラミック・ウインドウというイスラーム金融専門の支店が設けられ、顧客は自らの嗜好に合わせてイスラーム金融か従来型金融を選べるようになった（**図9-6**）。また、マレーシアは、新しいイスラーム金融商品の開発にも積極的で、イスラームの教えを守りながらもより使い勝手のよい金融手法を次々と作り出して、イスラーム金融の成長を牽引した。

2000年代に入ると、原油価格が再び高騰し、中東湾岸の産油国に再び膨大な

オイルマネーが流れ込んだ。このお金を活用したイスラーム金融は，さらに成長を加速させていった。2007年に起きた世界金融危機では，アメリカをはじめとする欧米の多くの金融機関が倒産したり巨額の損失を出したりして人々に不安を与えたが，イスラーム金融が受けたダメージはそれほど大きくなかった。そのため，この金融危機をきっかけとしてイスラーム世界の外からもイスラーム金融への熱い視線が送られるようになった。欧米や日本の銀行がイスラーム金融に参入するようになったのは，単にムスリムの顧客を獲得したいという営業上の理由だけではなく，今のグローバル資本主義の弊害を克服するよりよい金融システムを作り出す潜在力を，イスラーム金融に見出したからでもあった。

2　イスラーム金融を支える経済思想

❖ 独自の経済思想

イスラーム金融がわれわれの知っている金融システムと異なっているのは，その取り組みがイスラーム独自の経済思想に支えられているからである。聖典クルアーンには，ムスリムの望ましい経済生活についての言及が随所に見られる。

例えば，クルアーン第2章第275節には「アッラーは商売をお許しになり（後略）」とあり，この世で商売をしてお金を稼ぐことがイスラームでは認められていることがわかる。一般に，宗教は禁欲的で金儲けとは正反対のものであるというイメージをわれわれは持ちがちである。そのため，イスラーム金融と聞いて，なぜ宗教が金融ビジネスに乗り出しているのか，そんなことが許されていいのか，と疑問に思う人も少なくない。しかし，イスラームでは，お金を稼ぐことも信仰の一部なのであり，あの世で救われるために必要なことなのである。

他方，イスラームは，この世でのどんな商売も許しているわけではない。クルアーンでは，ある特定の商売を堅く禁じている。その代表例が利子（アラビア語で「リバー」という）を含む金貸しである。クルアーン第2章第275節には，「利子を食らう者は，悪魔に取り憑かれた者がようやく起き上がるようにしか起き上がることができない。（中略）アッラーは，利子を禁じた」とあり，利子を含む金貸しを禁じ，そういった商売をすると大変な厄災が降りかかることが極めて直接的に述べられている。

それでは，なぜイスラームでは利子を禁止しているのだろうか。言い換えれば，商売でお金を稼ぐことが推奨されているイスラームにおいて，普通の商取引からの稼ぎと金貸しで利子を取って得られる稼ぎとを分けるものは何なのだろうか。

❖ なぜ利子が禁じられるのか

利子禁止の理由は，公平性，所有権，等価交換の三つの観点から説明ができる。一つめの公平性については，利子を取る金貸しの場合，大きな不公平が生じることが考えられる。例えば，何かのビジネスをするためにお金を借りた場合，そのビジネスが成功して儲けが出れば，返済日までに利子を付けて返すことは容易である。しかし，万が一，ビジネスが失敗してお金を返せなくなってしまった場合，払わなければならない利子は日を追うごとに増えていく。かたや増えていく借金に追われながらコツコツと働いて返済する借り手がいる一方で，何の労することもなく座して金貸しの対価を受け取る貸し手がいる。イスラームではこうした不公平を認めておらず，これが利子禁止の第1の理由である。

二つめの所有権については，イスラームでは，この世の万物はこの世界を創造したアッラーが所有していると考える。そのため，人間が財産の所有を正当化するためには，アッラーの所有物を自ら使うことが求められる。これはお金も同じであり，お金を何らかの商売に使うからこそ，そこから得られる富の所有を正当化できるのである。他方，金貸し行為は，自分の財産の使用を他人に委ねることであり，そうしたやり方で生まれる富，つまり利子の所有をイスラームでは認めていないのである。

三つめの等価交換については，イスラームでは，あらゆる取引において等しい価値のあるものを交換すべきだと考える。賃労働では，働いて作り出した財やサービスの価値に見合う賃金を受け取らなければならないし，商品の取引では，財やサービスの価値に相当するお金を支払う必要がある。もちろん，財やサービスの価値は主観的な部分もあるので，売り手と買い手の双方が納得し取引に合意することで等価交換が担保される。これに対して，利子を取るお金の貸し借りでは，お金の額面価値が増えないにもかかわらず，借り手がお金を余分に払わなければならず，これがイスラームの等価交換の原則に反しているため，利子が禁止されるのである。

利子の禁止は，クルアーンで何度も繰り返し言及されており，イスラームの教えの中でいかに重要なものであるかがわかる。まさに，この利子の禁止に，イスラーム独自の経済思想のエッセンスが凝縮されているのである。

ところで，イスラームの教えでは「～をしてはならない」という禁止事項がしばしば見られる。この利子の禁止もその一つである。一般に，禁止事項は人間の自由な活動に対する制約であるとネガティブに捉えられることが多い。しかし，

154

イスラームが様々な禁止事項を設けているのは，単に人間の活動を頭ごなしに制限するものではなく，それに代わる他の手段を人間が取れば，よりよい生活を送ることができるというポジティブな理由によっている。利子の禁止についても，単にそれが禁じられているから自由にお金の貸し借りができない，というネガティブな制約なのではなく，他の手段でお金の貸し借りをすることで，自分もイスラーム的に正しいお金儲けができるだけでなく，他の人々も幸せになれるという含意がその背後にあるのである。イスラーム金融は，まさにそうしたイスラーム的に正しく儲けることのできるお金の貸し借りの仕組みとして，多くのムスリムに期待され登場してきたのである。

3　イスラーム金融の仕組み

❖ 無利子金融システムの模索

　利子を認めないイスラームの教えに沿ってお金の貸し借りをするための最も簡単な方法は，無利子で貸し借りをすることである。実際，そうした方法は，西暦7世紀の預言者ムハンマドの時代から，貧しい人や困窮者を対象に行なわれてきた。しかし，イスラームの教えに沿ったお金の貸し借りをより大きな規模で広範に行なおうとするならば，ある程度の儲けが出る仕組みでなければビジネスとして成立しない。もちろん，その儲けとは，従来型金融とは違って利子以外の方法で生み出す必要があることはいうまでもない。

　イスラームの教えへの適合性を担保しながら金融サービスから儲けを生み出すことのできる金融システムを作り出すのは可能なのか。イスラーム金融のパイオニアたちは，20世紀半ばから長い時間をかけて実現可能な方法を模索した。そこでは，イスラームの教えへの適合性を判断するイスラーム法学者と，金融の実務に長けたバンカーが協働して新しい金融システムを作り出していった。両者はそれぞれの立場から活発な議論を行なった。例えば，バンカーがある金融手法を提案したことに対して，イスラーム法学者がイスラームの教えへの適合性の観点から待ったをかけたり，逆に，イスラーム法学者が満を持して提案した手法に対して，実際の顧客の需要には合致していないとしてバンカーが却下したりした。

　現在でも，こうした協働作業の伝統はイスラーム金融に息づいている。イスラーム銀行には，イスラーム法学者によって構成されるシャリーア（イスラーム法）諮問委員会と呼ばれるものが必ず置かれており，銀行の経営や実際に使われている金融手法がイスラームの教えにかなったものであるかをチェックする役割を果

図9-7 イスラーム法学者とバンカーの協働の一シーン　サウジアラビアのジェッダでは，毎年1回，大手イスラーム銀行グループの主催で世界の著名なイスラーム法学者とバンカーが一堂に会するシンポジウムが開催されている。そこでは最新のイスラーム金融のトピックについて夜を徹して議論が行なわれる。写真は2010年のシンポジウムの様子。筆者撮影。

たしている（**図9-7**）。今でも，新しい金融商品の開発に当たって，イスラームの教えへの適合性と商品の使い勝手のよさをめぐって法学者とバンカーの間で大論争になることもしばしばである。

こうした試行錯誤と議論を経て作り出されたのが，現在実際に使われているイスラーム金融手法である。以下では，1970年代のイスラーム銀行の登場時から使われ続けている代表的な二つの手法を紹介する。

❖ イスラーム型事業融資

　一つめは，事業融資のための金融手法である。例えば，何らかのビジネスを始めたいが，手元にお金の余裕がない企業があったとする。従来型金融の仕組みでは，銀行が預金者から集めたお金をこの企業に貸し出して，企業は期日までに決められた利子を付けて返済する。そして，銀行は自らの儲けの一部を利子として預金者に還元するのが普通である。

　これに対して，イスラーム金融では次のような仕組みで企業への貸し出しが行なわれる（**図9-8**）。まず，イスラーム銀行は預金者からお金を集める。その際，銀行は，自らが手にする儲けのうちどれだけの割合（例えば，3割）を預金者に還元するのかを預金者に説明し，預金者の合意を得る。次に，イスラーム銀行は集めたお金を企業に貸し出す。そこでも，銀行は，企業がそのお金を使って行なったビジネスからの儲けのうちどれだけの割合（例えば，5割）を受け取るかを企業と話し合って決める。その後，企業のビジネスが行なわれて返済期限になると，企業は，借りたお金に加えて，儲けの中からあらかじめ銀行と約束していた割合（上記の例だと5割）のお金を銀行に渡す。そして，銀行は，受け取った企業の儲けの中から預金者と約束していた割合（上記の例だと3割）を預金者に還元する。このように利子を使わずに銀行と預金者が金貸しから儲けを手にすることのできる仕組みが成り立っている。

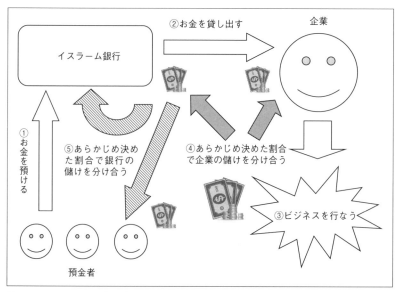

図9-8 イスラーム型事業融資の仕組み　筆者作成。

　この仕組みでは，企業が多くの儲けを出すほど，銀行や預金者が手に入れるお金も増える。例えば，企業が100万円の儲けを出して上記の例の割合でそれを分け合うことにしていた場合，銀行は50万円（100万円の5割），預金者は15万円（50万円の3割）を手に入れることになる。企業の儲けが倍になって200万円になれば，銀行は100万円，預金者は30万円を手に入れることができる。この企業の儲けが銀行と預金者の儲けと連動するところが，ビジネスからの儲けの多寡にかかわらず決められた利子だけを払えばよい従来型金融の仕組みと異なる点である。
　他方，企業が儲けを出せなかった場合は，銀行も預金者もお金を手に入れることができない。企業が儲けを出せずに，さらに借りたお金すらも使い切ってしまった場合はどうなるだろうか。その場合は，企業は銀行にお金を返す必要はないことになっている。さらに，銀行は預金者にもお金を返す必要もないのである。この点も，企業のビジネスの成否にかかわらず，借りたお金と利子を必ず返済しなければならない従来型金融と異なる点である。
　このようにイスラーム型事業融資では，貸し出しの対象となった企業のビジネスの成否が，銀行だけではなく預金者にも大きな影響を与える仕組み，つまり，儲けも損もみんなで分かち合う仕組みになっている。そして，この仕組みでは，銀行や預金者が自分たちのお金を増やしたり守ったりするために，企業のビジネ

第9章　イスラーム金融　　157

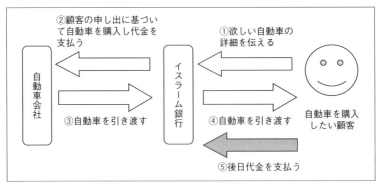

図9-9 イスラーム型自動車ローンの仕組み　筆者作成。

スに積極的に口を出すことが認められている。企業のビジネスがうまく行かなくなりそうなときは，銀行がより望ましい改善案をアドバイスしたり，預金者は銀行にもっと儲けが出そうな企業に貸し出すべきだと意見をしたりすることができるのである。したがって，この仕組みでは，企業と銀行，預金者があたかもビジネスの共同パートナーであるかのように見える。そして，銀行も預金者も企業とともに働くというこの点が，この仕組みから得られる儲けをイスラーム的に正当化できる根拠になっているのである。

❖ イスラーム型自動車ローン

　二つめの手法は，自動車など物品の購入のためのものである。ここでは，自動車を手に入れたいけれど手元にお金がない人のことを例として考える。従来型金融では，銀行に行って，ローンを組みお金を借りて，自分で自動車を購入し，返済期限になると決められた利子をつけてお金を返すのが普通である。

　これに対して，イスラーム金融では次のような仕組みになっている（図9-9）。まず，自動車が欲しい人（以下，顧客）はイスラーム銀行に行って，どんな自動車（例えば，4人乗りの白色の自動車）を購入したいかについて詳細を申し出る。申し出を聞いた銀行は，自ら自動車会社に問い合わせて，その自動車を購入して代金を支払う。その後，その自動車を顧客に売り渡す。代金は，半年後や1年後のように後払いとして，期限までに顧客は銀行に支払うことになっている。

　この取引から得られる銀行の儲けは，銀行が自動車会社から自動車を仕入れたときに支払った価格と顧客に販売したときの価格の差額である。例えば，100万円で自動車を仕入れ，110万円で顧客に販売したときの銀行の儲けは10万円と

なる。この10万円が銀行の儲けとしてイスラーム的に正当化される根拠は、自動車を仕入れるときに、イスラーム銀行が様々な工夫や手間をかけたり、自動車会社と交渉をしたりすることに対する対価である。

　例えば、自動車購入の申し出が複数の顧客から同時にあったときには、それらをまとめて一つの自動車会社（あるいは自動車ディーラー）から購入することで、1台当たりの購入費用を割り引いてもらったり、オプションとしていろいろな装備（カーナビなど）をつけてもらったりすることで、顧客が単独で自動車を購入するときにはないサービスや特典を期待でき、そうした交渉や手間に対する報酬が顧客への販売価格に転嫁される。あるいは、顧客からの申し出に対して、より顧客の嗜好に近いほかの選択肢（例えば、より性能がよくて安価な自動車）を提示して、顧客の満足度を高めた対価とも考えることができる。

　こうした積極的な働きをするイスラーム銀行は、利益を求めて惜しみない営業努力をする商人の姿と重なる。実際、筆者がこの仕組みを日本の商社マンに説明をすると、「うちの会社みたいだ」と言われることが多い。金貸しの機能を果たしながらも、あたかも総合商社のようにビジネスを展開するイスラーム銀行は、まさに利子の禁止の背後にあるイスラーム独自の経済思想を体現している存在であるともいえる。

❖ 現代に再興したイスラーム商取引の伝統

　以上二つの金融手法は、必ずしもすべてイスラーム金融のために新たに考案されたものではない。いずれの手法も近代以前のイスラーム世界で用いられていた商取引の手法を金貸しの手法として再構築したものなのである。イスラーム型事業融資の手法は、近代以前のイスラーム世界の手法では、遠隔地交易で使われていた。そこでは、資金に余裕のある在地の商人が、航海技術に長け異国の市場に精通した商人にお金を託して香辛料や砂糖を仕入れてもらい、市場での売却益を二人で分け合っていた。

　他方、イスラーム型自動車ローンは、イスラーム世界の各地の大都市にできた市場や年に一度、様々な国からムスリムが集まって大巡礼が行なわれるマッカなどで、遠来の万物を売買する方法として使われていた。そこでは、まさにいかに魅力的な商品を仕入れて持ち寄るかという商人の営業努力が問われていたのであった。

　こうした近代以前のイスラーム世界の商取引手法を再構築して作られた現代のイスラーム金融システムは、従来型金融が持っているあらゆる機能をイスラーム

的に代替することに成功した。現在，イスラーム金融がグローバル経済の一翼を担う存在にまでなることができたのも，単なる物珍しさなのではなく，一つの完成された金融システムとして従来型金融と互角に競うことができるようになったからなのである。

4　イスラーム金融の新たな挑戦

✛ 資本主義の超克を目指して

　グローバル経済における地位を確立したイスラーム金融は，今，新たなステージに向かいつつある。それは，資本主義が抱える様々な問題に対処しうる次世代の新たな経済パラダイムを世界に提起しようとする動きである。

　現代のグローバル経済は，近代に入ってヨーロッパが作り出した資本主義の仕組みに基づいて動いている。誰もが市場で自由に売買ができ，商才に長けた者がより多くの富を手にすることのできる仕組みは，歴史上類を見ない経済成長を実現し，われわれも含めた多くの人々が豊かさを手にした。その意味では，資本主義は人類史上，最も成功した経済システムであるといえる。しかし，その陰で，貧困や低開発に苦しむ人々が地球上にいまだ多く存在していることも事実である。しかも，資本主義が壮大なマネーゲームに堕してしまった現在，持てる者と持たざる者の格差は明らかに大きくなっている。イスラーム世界の大部分は，ヨーロッパの植民地を経験しており，いまだにその後遺症として貧困や経済格差の問題が解消されずにいる。

　20世紀半ばからイスラーム金融を志した人々は，単に自らの信仰に基づいた金融システムを作り出すことを目指しただけではなく，そうした資本主義の弊害をイスラーム金融によって克服し，皆が豊かに暮らすことのできる社会を作り上げることにも大きな関心を寄せていた。イスラーム銀行が業務を開始した頃は，まずは圧倒的な優位を誇る従来型金融との競争を生き抜き，地歩を固めることに専念していたため，そうした当初の大志に大きな関心が払われることはなかった。しかし，イスラーム金融が一定の成功を収め，確実に現代世界に根を下ろした今，その大志を実行に移すときが来たと多くのムスリムが考え，実際の行動に出始めている。

✛ 現代に再生したワクフ

　ここでは，その先進的な取り組みとして，イスラーム金融を活用した伝統的イ

スラーム福祉制度の再生を紹介したい。近代以前のイスラーム世界には，経済格差や貧困の解消を目的とした様々な福祉制度が見られた。代表的な制度として，ワクフと呼ばれる独自の財産寄進制度がある。ワクフとは，お金に余裕のある人が自らの財産を投じて病院や学校，救貧院，モスクといった公共施設を建設する。同時に，市場や商業施設も作り，そこでの賃料を公共施設の運営に充てる。市場が栄えて賃料が多く入ってくるほど，公共施設の運営は充実するという儲けと社会福祉が絶妙に両立する仕組みとして，近代以前のイスラーム世界では都市の社会インフラ整備に大きな役割を果たしていた。

近代に入って，ヨーロッパの制度がイスラーム世界にも浸透してくるとワクフは廃れていった。社会福祉の役割は国家が担うことになったが，多くの国では独裁体制が敷かれ，お世辞にも国家主導の充実した社会福祉が整備されたとはいえない状況が続いている。こうした状況を打開するために，近年，国家に頼らない新たな社会福祉の仕組みとしてワクフ制度の再生に期待が集まっている。

近代以前のワクフは，すでに述べたようにお金に余裕のある人がその居住する地域で多額の私財を投じることが一般的であった。しかし，それではワクフ物件が作られる場所に地域的な偏りが出てきたり，豊かな人が財産を寄進してくれるか否かという個別の事情に依存せざるをえなかったりしてしまう。そこで注目されたのが，イスラーム型事業融資の手法の活用である。そこでは，次のような画期的な仕組みが考案され，いくつかの国（シンガポール，マレーシア，UAEなど）では実行に移されている（図9-10，9-11）。

まず，ワクフ物件の建設に賛同してくれた人々から少額の寄付を募る。そして，同時に，イスラーム銀行にもお金を預けてもらう。イスラーム銀行は，その寄付と預金を使ってワクフ物件（公共施設と商業施設のセット）を作る（あるいは，第三者にそれを委ねる）。近代以前のワクフと同じように商業施設の儲けから公共施設の運営を賄うが，物件の建設はイスラーム型事業融資からのお金によっても作られているため，儲けの一部はイスラーム銀行と預金者に還元をすることになる。この点が近代以前のワクフとは異なる点である。

❖ イスラーム発の新たな経済パラダイムの可能性

こうしたイスラーム型事業融資の仕組みをワクフと結びつけることの利点は二つある。一つは，お金を出している預金者や銀行が自らの儲けを確保するために，ワクフ物件の運営に積極的に関与する点である。近代以前のワクフは，財産の寄進という一方的なお金の流れのみであり，寄進後のワクフ物件の運営を効率的に

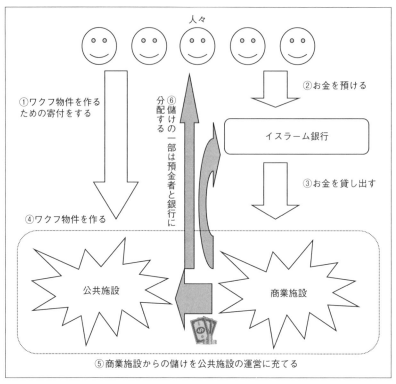

図9-10 イスラーム金融を活用した新しいワクフ制度　筆者作成。

図9-11　イスラーム金融を活用した新しいワクフ物件建設の例　シンガポール，モスクの隣に商業コンプレックスが建設されている。筆者撮影。

行ない，より多くの儲けを出さなければならないというインセンティブはなかった。これに対して，現代のワクフでは，お金の出し手の関与によって，効率的な運営を否が応でも強いられることになる。それによって，より多くの儲けが出る可能性が高まり，預金者や銀行の儲けが増えるだけでなく，結果として，公共施設の運営に回るお金も増えることになるのである。

　一般に，人助けは自らの富（あるいは富を得る機会）を投げ出して行なうのが普通であり，儲けと人助けは対立するものとして考えられている。しかし，この仕組みでは，誰もが損することなく人助けをすることが可能になっており（しかも，お金を出した人が儲かるほど社会福祉も充実する），これまでの儲けと人助けの二項対立の常識を覆す画期的なアイデアが提起されているのである。

　利点の二つめは，ワクフ物件への寄進は，ムスリムの宗教行為であるが，イスラーム銀行への預金はムスリム・非ムスリムを問わず誰でも行なえるという点である。それによって，ワクフによる社会福祉事業に賛同した人ならば誰でも（当然，われわれでも）それに参画できるようになるのである。今やサイバーネットワークで世界は一つにつながっており，お金の世界でもネットを使ったボーダレスなクラウドファンディングが活発に行なわれている。こうしたものを活用すれば，遠く離れた中東のワクフ事業にも日本から容易に参画できるのである。

　こうしたムスリム・非ムスリムの障壁がなくなることは，経済格差や貧困問題といった資本主義の弊害を，イスラーム世界だけでなく地球社会全体で解決するための新たな手段として，このイスラーム金融とワクフを組み合わせた仕組みを活用できる可能性があることを示唆している。さらに，儲けと人助けの両立というこれまでの資本主義にはなかった画期的アイデアがそこには内包されており，次世代の新たな経済パラダイムとしてわれわれにとっても多いに参考になるだろう。

　中世のイスラーム科学の発展が，現在の近代科学技術の礎になっていることは，よく知られた事実である。われわれは決して今の科学技術のことをイスラーム的なものとして語ることはないが，それは，イスラームの知的遺産が決してムスリムだけのものではなく，人類共通の普遍的遺産であるからである。資本主義の弊害を乗り越えたよりよい未来を切り開くために，もう一度イスラームの知的遺産を振り返ってはどうかと，イスラーム金融の新たな挑戦が今，われわれに呼びかけようとしている。

第9章　イスラーム金融　163

■読書案内

小杉泰・長岡慎介『イスラーム銀行——金融と国際経済』〈イスラームを知る 12〉山
　川出版社，2010 年。イスラーム金融の入門書。本章ではあまり触れることのでき
　なかったイスラーム金融が登場した思想的背景，1970 年代にイスラーム銀行が業
　務を開始するまでの知的営為についても触れられている。

長岡慎介『お金ってなんだろう？——あなたと考えたいこれからの経済』〈中学生の
　質問箱〉平凡社，2017 年。「お金」をキーワードとして資本主義の仕組みと問題点
　を明らかにし，そうした問題を克服するオルタナティブとしてのイスラーム経済の
　役割と可能性について考えたもの。「中学生の質問箱」シリーズの 1 冊だが，経済
　を専門としない学部生にも有用。

長岡慎介『現代イスラーム金融論』名古屋大学出版会，2011 年。イスラーム金融の
　研究書。特に，金融商品をめぐる法学者とバンカーの論争の分析を通して，イスラー
　ム金融の独自性とは何かを探究したもの。

加藤博『イスラム世界の経済史』〈ネットワークの社会科学シリーズ〉NTT 出版，2005
　年。近代以前のイスラーム世界の経済システムの特徴と独自性を市場，制度，法と
　いった普遍的分析枠組みを用いて考察したもの。現代のイスラーム金融の歴史的意
　義を考えるうえでも役に立つ。

コラム 9

イスラーム法と近代法

19世紀まで欧米で発展した西洋法は，近代以降，近代法として欧米以外の国々にも浸透した。近代法は，大きく分けて，明文化された法律によって法的な判断を行なう大陸法と，判例や慣習をもとに法的な判断を行なう英米法の2種類がある。通常，日本の法律は，大陸法を継受し，法典などといった形式で成文化されている規定に合わせて法的判断を行なう。一方で，イスラーム法は，法的な判断を普遍的な法原理であるシャリーアに基づいて行なうため近代法とは異質な存在として位置づけられる（イスラーム法の詳細については第6章を参照）。

こうした異なる体系の近代法とイスラーム法は，近代以降ムスリムが多数を占めるイスラーム諸国においては棲み分けがなされてきた。20世紀初頭からイスラーム諸国においては，西欧諸国の植民地支配や保護地として司法改革が進められる中で，近代法が採用され浸透した。一方で，伝統的なイスラーム法が適用される範囲は，一般的には家族法などムスリムの身分関係や軽犯罪法に限られていった。ただし法的判断を下す際に選択される法として，国内法で法的判断が困難な場合は，理論的にはイスラーム法を参照することもあった。ところが，近年こうした近代法とイスラーム法の棲み分け関係から，両者の邂逅という新たな現象が生まれてきた。イスラーム金融が登場したためである。

一般的に，イスラーム金融の法的枠組は従来型の金融とは異なる。例えば，イスラーム金融機関の設立から運営に関わる法制度を従来の金融とは区別するため，新たな法制度が確立する国もある。またイスラーム法との適合性を判断する専門機関であるシャリーア諮問委員会を設置することがイスラーム金融機関では義務づけられている。さらにはイスラーム金融機関の規制監督に関して従来型の金融と区別するガイドラインを発行する国もある。ただし，近代法とも適合性を必要とするため，イスラーム金融はイスラーム法と近代法の両方と適合性を有する必要性があり，通常はイスラーム法の適用範囲外である商法にもイスラーム法が適用される。つまり，イスラーム金融の登場によって，イスラーム法の適用される範囲が実質的に拡大したということだ。両方の法と適合性を有する必要性があり，通常はイスラーム法の適用よりも近代法が優先される。

ところが，イスラーム金融によってイスラーム法の適用される範囲が拡大し，イスラーム法と近代法が共存したことで，イスラーム金融をめぐる民事紛争が複雑な位置づけに置かれてしまうという弊害も生まれた。様々な要因でイスラーム金融取引に関わる問題が生じ，紛争に発展した場合，その解決方法については，具体的な方策が提示されていないのだ。そのため，イスラーム金融機関が当事者となる民事紛争を従来型の金融と同じ制度下で処理してしまっている。従来型金融とは区別した法制度を整備しているのに

もかかわらず，民事紛争に発展すると近代法だけで法的判断が下されるのである。通常
の裁判所ではイスラーム法と金融の双方を解する法曹家がほとんどいないため，イス
ラーム金融の核となるシャリーアが遵守されない危険性が生じる問題を引き起こしてい
る。

　イスラーム法と近代法は，20世紀以降は特定の分野に棲み分けしていたが，イスラー
ム金融が登場したことで双方が交わりあうこととなった。だが，このめぐり合わせによっ
て，民事紛争においてイスラーム法との適合性の問題が生じてしまう結果を招いている
のだ。　　　　　　　　　　　　　　　　　　　　　　　　　　　　　　　（川村　藍）

第10章

ハラールな飲食品とハラール認証

1 はじめに

　イスラーム法によって許されていることをハラールといい，逆に禁じられていることをハラームという。ムスリムが食べることを許された食べ物が，ハラール食品である。ハラールであることを第三者がチェックして証明を付した「ハラール認証」なるものもある。近年の報道等の影響で，「ムスリムはハラール認証のあるものしか食べられない」と誤解をする人がいる。しかし，ハラール認証などというものは，預言者ムハンマドの時代からごく近年に至るまで，存在しなかった。認証の誕生とその背景については後述することにして，まずはハラール／ハラームの区別の基本について説明しよう。

2 食をめぐるハラールとハラーム

❖ 食の禁忌とハラールの基礎

　生活の中で直面する様々な物事がハラールかどうかという判断は，本来，神の御言葉をよりどころとして，一人一人の信徒が自ら判断を下すべきものである。全ムスリムの9割を占めるといわれているスンナ派では，聖典クルアーンと，預言者ムハンマドの言行を記したハディースが最も重要な参照源となる。

　自分で判断することが難しいと感じるときは，もちろん，身近な人の意見を聞いたり，専門家の指示を仰いだりすることもできる。事案について完璧に一致す

る内容の章句がクルアーンの中に見つからないときには，ハディースに述べられた慣行（スンナ），イスラーム共同体の共有する常識や合意（イジュマー），類推（キヤース），過去の解釈例などが参照される。これらに基づいてイスラーム法学者が公に出す見解をファトワーと呼ぶ。しかし，たとえ高位の法学者のファトワーであっても，強制力があるわけではない。ファトワーに従って行動するか否かは，ムスリム個人が決定することができるのだ。

　では禁じられたものとは具体的に何だろうか。食べ物については，クルアーンに以下のような章句がある。

　　宣言せよ，「わしに啓示されたもの（『コーラン』）の中には，死肉，流れ出た血，豚の肉――これは全くの穢れもの――それにアッラー以外の（邪神）に捧げられた不浄物，これらを除いては何を食べても禁忌ということにはなっていない。そればかりか，（たといこれらの不浄物でも），別に自分で食気を起したとか，ただやたらに規則に叛きたくてするのではなしに，やむを得ず（食ってしまった）場合には，神様は（大目に見て下さる）。よくお赦しになる情深いお方だから。」（「家畜の章」146［147］）（井筒俊彦訳『コーラン（上）』岩波文庫）

　　汝らが食べてはならぬものは，死獣の肉，血，豚肉，それからアッラーならぬ（邪神）に捧げられたもの，絞め殺された動物，打ち殺された動物，墜落死した動物，角で突き殺された動物，また他の猛獣の喰らったもの――（この種のものでも）汝らが自ら手を下して最後の止めをさしたもの（まだ生命があるうちに間に合って，自分で正式に殺したもの）はよろしい――それに偶像神の石壇で屠られたもの。それからまた賭矢を使って（肉を）分配することも許されぬ（後略）。（「食卓の章」4［3］）（同前）

　「死獣の肉」または「死肉」と呼ばれているのは，自然に死んだり，事故で死んだり，正しくない方法で殺されたりした動物の肉のことである。牛や羊や鶏のように許された種類の動物であっても，屠畜の方法が正しくないと死肉になってしまう。イスラーム法に則って，神への祈りを唱え，鋭い物体で喉を切るか突くかして放血させて屠畜する方法をザビーハ（ハラール屠畜）といい，ムスリムが正しくこの処理をした動物の肉をハラール肉と呼ぶ。流れ出た血はハラームだが，肉や肝臓などにとどまっている血はハラールである。内臓や皮や脂肪も食べても

よい。

　死肉，血，豚肉，邪神への捧げものという四つのものへの禁止は，微妙に表現を変えながら，クルアーンの中に何度も繰り返し現われる。それゆえ，イスラームにおいて最も重要な食の禁忌は，動物の血肉に関わるものであるといえる。

　ただし，以下の章句に見るように，たとえ豚や死肉であっても，知らずに誤って食べてしまったり，ほかに食べるものがなくやむを得ず食べたりした場合は，罪にはならない。

　　　これ，信徒の者よ。我ら（アッラー自称）が特に汝らのために備えてやった
　　　おいしい物を沢山食べるがよいぞ。（中略）
　　　アッラーが汝らに禁じ給うた食物といえば，死肉，血，豚の肉，それから（屠
　　　る時に）アッラー以外の名が唱えられたもの（異神に捧げられたもの）のみ。
　　　それとても，自分から食い気を起したり，わざと（神命に）そむこうとの心
　　　からではなくて，やむなく（食べた）場合には，別に罪になりはせぬ。（「牝
　　　牛の章」167［172］〜168［173］）（同前）

　動物性の食材であっても，水に生きるものとイナゴは死肉の例外とされている。つまり，水揚げされて自然に死んだ魚もハラールだし，異教徒が処理したイナゴもハラールである。

　野菜・果物・穀物のような植物性の食材も，卵やミルクも，水や塩のような無機物もハラールである。ハラールな食材のみを使って加工・調理した飲食物なら，毒や酩酊性がなく，ハラームなものや汚物に触れて穢れたりしていなければ，ハラールである。

　ただし，上記の章句以外にも，クルアーンやハディースを読み込んでいくと，個別に禁じられたものがある。飼い慣らされたロバ，牙のある動物（肉食獣），かぎづめのある鳥（猛禽類），酩酊性や中毒性のあるものなどである。カエルやミツバチを殺すことも禁じられており，食べることも禁じられていると考えられる。

　食のハラールとハラームの原理は単純なので，加工度の低い食材や単純な料理についてのハラール性は，基本さえわかれば一般人でも自分で判別することができる。

第10章　ハラールな飲食品とハラール認証　　169

✤ アルコールの禁忌

　イスラームが飲酒を禁じていることは有名である。しかし，前節で述べた食の禁忌がマッカ時代にすでに啓示されているのに対し，酒の禁忌はマディーナへの聖遷以降にしか現われない。またその語調も，食の禁忌に対する厳しさとは差があるように感じられる。

　　　酒と賭け矢について，みんながおまえに質問して来ることであろう。答えよ，これら二つは大変な罪悪ではあるが，また人間に利益になる点もある。だが罪の方が得になることよりも大きい，と。（後略）（「牝牛の章」216［219］）（同前）

　　　これ，汝ら，信徒の者よ，酒と賭け矢と偶像神と占い矢とはいずれも厭うべきこと，シャイターンの業。心して避けよ。（後略）（「食卓の章」92［90］）（同前）

　酒の禁忌は時とともに厳しくなっていき，預言者ムハンマドは，飲酒だけでなく，酒の製造，供給，運送，販売，購買をする人々も非難したと伝えられる。後述するハラール認証制度においては，アルコール飲料に由来するアルコールを一滴でも加えてしまうと，その飲食物はハラール認証を取得することができない。

　しかし，スンナ派の四大法学派の一つハナフィー法学派の学祖であるアブー・ハニーファは，ブドウとナツメヤシから作った酒でなければ，酔わない程度に飲んでもよいとしたと伝えられている。酒については，いまだにいろいろな解釈や実践があるのが実情である。例えばインドネシアでは国産のビールがあり，飲酒をするムスリムの姿は，ごく一般的とはいえないが，それほど珍しいものでもない。酔っ払わなければよいのだと考える人もいる。また，ワインやラム酒，紹興酒，日本酒，みりんなどを風味づけにごく少量使い，加熱などによってアルコールがほとんど飛んでしまったような菓子や料理については，問題ないと考える人も少なくない。

✤ ハラールとハラームのはざま

　時には，ハラールなのかハラームなのかはっきりとわからないものもある。疑わしい物事をシュブハ（あるいはマシュブーフ）と呼ぶ。シュブハなものは，避けたほうがよいとされる。この考えを推し進めると，ハラールかどうか疑わしい

飲食物をすべて遠ざけるという態度につながる。

　一方，イスラームには，あまりしつこく詮索しすぎてはならないという教えや，極端な行ないを戒める教えもある。こちらの考えを推し進めると，明確に禁じられているものだけを避け，それ以外のものはあまり気にしないで消費するという態度につながる。

　「（預言者は）よいものを許し，悪いものを禁じた」という章句から，人体に有害なものはハラームであるとされる。一般的な通念で食用とされず，人々が嫌悪感を抱くような害獣や虫等もまたハラームとされる。ネズミ・ヘビ・サソリ・ゴキブリなどはこのカテゴリーに入る。しかし，豚肉と違って明示的に対象物が名指しされているわけではなく，人が何に嫌悪感を抱くかは文化によって異なるため，解釈には幅が出てくる。日本ではノネズミやコウモリはハラームになるだろうが，もともとこれらを常食にしてきた文化の人々はハラールと解釈するだろう。逆に，日本では当たり前の食べ物であるタコやイカも，これに嫌悪感を抱く文化的背景を持つ人々は，ハラールではないと判断するだろう。

　宗派や法学派によっても解釈が異なる。先に「水の世界に生きるもの」は死肉の例外であって，異教徒がとった魚でもハラールとなると述べたが，宗派や法学派によって解釈の差が大きいのがこの「水の世界に生きるもの」である。シーア派やスンナ派のハナフィー法学派においては，ウロコのある魚（とエビ）のみがハラールであるという解釈が主流である。一方，同じスンナ派でもシャーフィイー法学派では，ウロコがあろうがなかろうが魚はハラールであるし，イカ・タコ・貝など水棲生物も基本的にハラールであると解釈している。

3　グローバル化と食のハラール性

❖ハラール屠畜証明

　グローバル化や近代化が進むにつれて，飲食物の流通の範囲も広がり，また食品加工も複雑化して，シュブハすなわち疑わしいものの範囲が広がってきた。そして，それに伴って，ハラールに関する証明や認証の制度が整ってきた。

　最も代表的なものが食肉である。ムスリムが多数派である地域においては，一般に流通する食肉は，原則としてハラールである。身近な家族や隣人のムスリムが自らの手で屠畜した動物の肉のハラール性は，証明書などなくても疑いようもない。しかし，グローバル化した現代社会では，世界の裏側から運ばれてくる輸入肉が店頭に並ぶ。屠畜の現場を自らチェックするすべはなく，誰がどのように

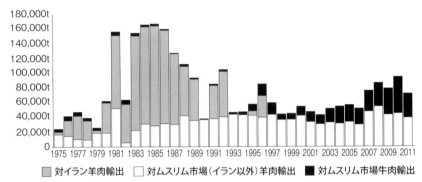

図10-1 ムスリム市場に対するニュージーランドのハラール羊肉と牛肉の輸出　ガニ氏講演内容より。元データはMustafa Farouk, "Advances in the industrial production of halal and kosher red meat," *Meat Science* 95, 2013, p. 814.

屠畜したのか，食肉を見ただけではわからない。そこで，ハラールな屠畜の証として，第三者による証明書を付けて流通させるという制度が生まれたのである。オーストラリアやニュージーランド，ブラジル等肉輸出を主要産業とする国々では，中東や東南アジアのムスリム地域の高まる食肉需要に応えて，早くからハラールな屠畜方法への対応が進んだ。

　ニュージーランド・イスラム組織連盟（FIANZ）の代表アンワル・ウル・ガニ氏の講演に基づいて，ニュージーランドにおけるハラールな屠畜方法への対応の流れを見てみよう。1970年代初頭に輸入品目の割当制限によってニュージーランドから英国への食肉の輸出が制限されたため，中東での販路開拓が模索された。1975年にはじめてイランへ冷凍肉が輸出され，80年代中頃まではイランが重要な輸出先となった。その後イランへの輸出は急減したものの，その他の湾岸諸国や，マレーシア・インドネシアへの輸出が少しずつ増え，ハラール肉ビジネスは安定した産業となっている（図10-1参照）。

　ニュージーランド・イスラム組織連盟（FIANZ）という団体は，ニュージーランドのムスリムをまとめる全国的な上位団体である。1982年にはサウジアラビアへ輸出するハラール屠畜の証明をすることを承認され，1984年にはクウェート当局やニュージーランド貿易省，精肉生産者協会との交渉によって，ニュージーランドから湾岸諸国へのハラール肉の証明を発行する唯一の機関とされた。

　ニュージーランド国内でハラール屠畜証明を発行する機関はFIANZのほかにも複数あり，製造業者からは不透明性やコストの増加に対する不満があった。そこで，FIANZ代表を議長とする専門家委員会が政府主導で招集され，輸出先国

の要件を調査し，国内の関連諸団体との協議の末に，ハラール肉輸出に関する公示が 2010 年に出された。ハラール証明や監査は，第一次産業省が承認する「認定ハラール機関（AHOs）」によって行なわれるものとされ，認定ハラール機関は ISO17020（監査機関を運用するための一般的要件）を取得すべきとされた。ハラール証明の要件も定められ，屠畜場はハラールな種の動物のみを扱うこと，屠畜は熟練のムスリムの屠畜人によって行なわれるべきこと，屠畜の方法の詳細，製品の生産にはリスクマネジメントシステムを整え，規格外品を適切に処分すること，生産現場にハラールチェッカーやスーパーバイザーを配置することなどが定められている。

❖ スタニング

ここでスタニング（気絶処理）について触れておこう。世界的に見て，現在，一般的な屠畜のプロセスでは，通常，前処理としてスタニングを施す。打額法，電撃法，麻酔法など様々な方法で家畜・家禽を気絶させてから屠畜・屠禽を行なうのである。これには，アニマル・ウェルフェアの側面と，屠畜人の安全や作業効率のためという技術的な側面がある。

多くのムスリム社会では，動物が屠畜前に死んでしまい死肉になる恐れから，気絶処理は好ましいこととはされていない。そのため，欧米の観点からは，ハラール屠畜は残酷な屠畜方法であるという誤解がある。だが，本来，イスラーム法は動物に無用な苦痛を与えることを禁じている。気絶処理そのものによっても動物は苦痛を感じるし，気絶処理なしのハラール屠畜では，動物は急激な失血によって意識を失い，神の加護により苦痛が和らげられるので，一般的な屠畜法よりも苦しまないと考えるムスリムもいる。

しかし，気絶処理をしないことに対しては，動物愛護団体からの抗議も根強い。先進諸国ではすでに気絶処理が法的に義務づけられている場合も多く，また実質的にも大量の食肉を安全に低コストで生産するためには気絶処理が有効である。そこで，動物を殺すことなく気絶させる技術や器具の研究開発が進んだ。ハラール認証規格を見ても，気絶処理を認めているものが多い。

前述のガニ氏によれば，ニュージーランドの場合，輸出先国の一つマレーシアの規格 MS1500 が参照され，2010 年の時点では，許容されるスタニング方法は頭部への電気的スタニングとされ，成牛の場合打撃によるスタニングも許容されていた。

第 10 章　ハラールな飲食品とハラール認証　　173

❖ ハラール認証制度の誕生

　グローバル化や近代化により，疑わしいものの範囲が広がったことの影響は，食肉の次に，加工食品において著しく現われた。よく見知った信頼できる生産者がハラールな原材料を使って作った家内工業製品のようなものであれば，第三者によるハラール認証など必要ない。しかし，現代の加工食品は，どこで誰が作っているかもわからず，原材料には添加物や香料など由来の明らかでないものがたくさん入っている。思いがけないものに豚由来原料が入っていたり，原材料に全く豚が含まれていなくても，加工の工程で助材や道具に含まれていた豚由来物質によって汚染されてしまったりする事例もある。

　疑わしいものは避けるべきという原則を厳しく解釈すると，現代社会では避けるべきものだらけで，何も食べられなくなってしまう。特に，東南アジア諸国では多民族・多宗教が共存している。隣人や店主や企業主が非ムスリムで，豚肉やアルコールを普通に消費している状況も珍しくない。ハラームな品による混入や汚染の危険性も高い。

　また，豚は非常に有用で，豚に由来する様々な物質が日常生活に潜んでいる。ソーセージやポークエキスなど材料として明示されるものもあるが，乳化剤や発酵改良剤，Ｌシステイン，コラーゲンなど加工度の高いものになると，一般消費者にはもはや確認のしようがない。

　そこでムスリム消費者が安心して商品を消費できるように生まれたのが，ハラール認証制度である。生産の現場を専門家がチェックをし，確かにハラールだというお墨付きをつけて送り出してくれれば，現場を知らない消費者も安心して食べられるというわけである。

4　インドネシアに見るハラール認証の発展と諸問題

　ハラール認証制度も国によって異なり，また時代に応じて大きく変遷してきている。ここではインドネシアを例にとって，ここ 20 年の認証制度の発展の経緯を見てみよう。

❖ 認証制度の始まりとその法的基盤

　乳製品に豚由来成分が含まれていたことが社会問題になり，インドネシア・ウラマー評議会（MUI）は，1989 年に食品・医薬品・化粧品検査機関（LPPOM）を設置し，製品のハラール性の検査および認証を始めた。1996 年には国法が定

められ，生産者または輸入業者が飲食物製品のハラール性を訴求する場合，ラベルに明示することが義務づけられた。1999 年の政令では，商用目的で容器包装飲食品を生産または輸入し，そのハラール性を訴求する者は，声明の正しさに責任を持ち，ラベルにハラールと明記するか，証明を添付する義務があるとしている。

❖ アジノモト事件とその影響

2000 年末のアジノモト・インドネシア事件では，ハラール認証を受けていた味の素がハラームだったとされ，大問題になった。アジノモトは糖蜜を発酵させて分離精製して製造する。発酵用の菌の培養に使っていた培地を動物性のものから植物性のものに変更したところ，それが豚由来の酵素を触媒として作られたものだったということが指摘されたのである。触媒とは化学反応を促進するために用いるもので，それ自身は製品の中に残らず，原材料としても表示義務はない。もちろん，最終製品としてのアジノモトにもその原材料にも豚は全く含まれていないし，そのことは検査でも証明された。しかし，豚は重度の不浄とされているため，触れたものがすべて不浄に汚染されてしまうと解釈されたのである。

当時の大統領をはじめ，この解釈に異論を唱えるイスラーム知識人もいた。しかし，MUI の結論は変わらず，製品はすべて回収・廃棄された。アジノモト・インドネシア社は迅速な対応で，いち早く生産販売の再開にこぎつけ，消費者の信頼を取り戻したが，この事件は，消費者にとってもメーカーや認証関係者にとっても苦い経験となった。

消費者の多くは，生かじりの浅い理解で，製品に豚が入っていたと受け取った。ちょうどその直後に，中国からの輸入食品の残留農薬問題や，常温で売買を行なうローカル市場でホルマリン漬けのブロイラー肉が売られていた事件が起こり，豚由来成分による汚染問題は，食品安全の問題とないまぜになって，大量流通品に対する不安や不信につながった。

このような事件を防ぐため，食品を供給する企業や認証を行なう団体は，原材料だけでなく，その調達先までさかのぼって生産に関与するあらゆる物質をチェックしなければ，製品をハラールであるといえなくなった。培地，触媒，イオン交換膜，骨炭，清掃用のブラシ，機械の潤滑油など，原材料名には現われてこないが汚染源になりうるものは，多岐にわたる。

第 10 章　ハラールな飲食品とハラール認証　　175

❖ 汚染を予防する生産システムとしてのハラール保証体制

　試験技術が発達し，豚由来物質が混入しているかどうかは比較的簡単に暴くことができるようになった。しかし，市場に出回る商品すべてをチェックすることはできない。また，触媒や機械の潤滑油など原材料でないものとの接触汚染による不浄は，成分試験ではわからない。そのため，混入や汚染を予防するための体制づくりが重要視されるようになった。現在，一般的に食品製造の世界では，管理体制を整えることによって製品の品質や安全性を確保する手法が発達している。それらは，HACCP（ハサップ）やISO9001，ISO22000といった規格に見ることができる。そこで，ハラール認証においても，こういった食品衛生管理の手法を応用して，ハラーム品による汚染を予防するようになった。

　MUIは，2008年に「ハラール保証体制の一般的ガイドライン」を公開した。さらに2012年には，HAS23000シリーズとして，ハラール証明の要件，食材，屠畜場という3種類の明文規格を発表し，冊子の頒布を始めた。ハラール保証体制（HAS）とは，企業が構築するハラール製品の生産体制のことである。各工程の責任者を含むハラール管理チームを編成し，汚染の可能性のある重要管理点をすべて洗い出し，予防策を定めて管理方法をマニュアル化する。取引先や消費者にハラール製品の生産について周知するとともに，トレーサビリティを確保し，万一規格外の商品が出てしまった場合の回収・廃棄の手続きも設定する。HAS23000シリーズはその後範囲を広げ，現在では，レストラン，ケータリング，運送，医薬品等の規格やマニュアル作成のガイドライン等が発表されている。

❖ ハラール認証取得の義務化へ

　これらのハラール認証は，取得が義務となる最小規格ではなく，取得することによって他と差別化をする優良規格であった。つまり認証の取得は任意であった。しかし，ハラールを標榜する肉団子に猪肉が混ぜられていたことが発覚したり，人気のレストランチェーンに非ハラール疑惑が寄せられたりといった事件が起こるにつれて，次第に，ハラール性を訴求する場合には認証取得を義務づけたほうがよいという声が高まってきた。

　そこで，2014年に新法「ハラール製品保証法」が承認され，2019年に発効することとなった。この新法の下では，領域内で搬入・流通・売買される製品はすべて，ハラームと明示されたハラーム品を例外として，ハラール認証状を取得することが義務づけられる。これまでは，ハラールであることを主張したい商品のみがハラール表記を義務づけられ，さらにその一部が任意で認証を取得していた。

つまり，直接の原材料が常識的にハラールと判断できるようなものであれば，認証をとらずハラールと表記することもあったし，同じく常識の範囲で消費者がハラールと判断できるものには特に表記をせずに売ることも多かった。そこから一変して，国内に流通するあらゆる製品がハラールかハラームかに二分され，ハラールなものすべてが認証取得を義務づけられるのである。これは実施がたいへん困難なものであり，行く末が注目されている。なお，新法のもとでは，監査機関からの報告に基づいて認証の可否を決定するのは以前と同じく MUI であるが，その決定に基づいて認証状を発行するのは宗教省のもとに新設された「ハラール製品保証実施機関」となり，ハラール認証は国家によって統制されることになる。

5 ハラール・ビジネス・ブームと国際化時代の認証

❖ ムスリム市場の拡大

　2011 年，米国のピュー研究所がムスリム人口についてのレポートを発表した。人口増加率が，非ムスリムの年 0.7％ に対してムスリムは年 1.5％ と 2 倍であり，2010 年に 16 億人だったムスリム人口が，2030 年には世界人口の 4 分の 1 を超え 22 億人に達するだろうと予測した。地域や国ごとのムスリム人口の動態予測も行なっている。ピュー研究所の見解は，ムスリム市場の重要性・将来性を示すものとして，ハラール・ビジネス・ブームを勢いづけた。富裕層の多い中東に加え，東南アジア・南アジア・北アフリカ等では人口増加や経済発展が著しく，購買力が強まりつつあり，また他の宗教の信徒と比べて年齢層が若いことから新規な商品に適応しやすいことが予想できる。

　現在，ハラール認証制度の先進地域であるマレーシア，インドネシア，タイ，シンガポールといった東南アジア諸国の認証機関は，規準を内外に明確に示すため，認証規格を明文化し，冊子の状態にして公開している。これらの規格では，原材料だけでなく，輸送や倉庫も含めてハラール性を確保したうえで認証を付与することを理想としている。必ずしもすべてが理想通りにチェックできているわけではないが，条件は次第に厳しくなっているといえる。また，これらの国々では，認証を取得した商品の容器包装に，各認証機関のハラールロゴを印刷して市販することが一般的になっている。

　こういったハラール認証規格は，先述の通り近代的な衛生管理の手法を下敷きにしている。そこで，ハラール認証品は，ハラールであるだけでなく，非ムスリムの消費者にとっても安心・安全なよい商品であるとして，ビジネスを広く盛り

第 10 章　ハラールな飲食品とハラール認証　　177

上げようという機運が生まれた。そのキーワードとして，アラビア語に由来する「ハラーラン・トイイバン（ハラーラン・タイイバン）」という言葉がしばしば用いられる。ハラールでありかつ良いものであるという意味である。

❖ 世界のハラール・ビジネスを牽引してきたマレーシア

ハラール認証を活用したビジネスの牽引役となったのが，マレーシアである。マレーシアを世界的なハラール製品の生産や流通のハブにしようというグローバル・ハラール・ハブ政策を掲げ，いち早く明文化したハラール規格を公開し，ハラール・ビジネス関連機関を国家が統制することで，非ムスリムがトップを務める企業のハラール・ビジネス参入を促し，諸外国からの投資を招いている。

科学技術革新省が策定するマレーシア産業規格（通称 MS）では，2000 年にハラール食品の製造・準備・取扱い・保管に関するガイドライン MS1500 を制定した。これを 2004 年，2009 年と改訂しつつ，関連分野のハラール認証規格を次々と発表し，諸外国に大きな影響を与えてきた。今や MS のハラール規格は，管理体制，物流・保管，化粧品，パーソナルケア，医薬品，飲用水製造に用いる化学物質，動物の骨・皮・毛の利用，ムスリムフレンドリー接遇など多岐にわたる。

現在のマレーシアでは，ハラール認証も宗教団体ではなく，政府直轄のマレーシア・イスラーム開発局（JAKIM）にゆだねられている。また 2006 年設立のハラール産業開発公社（HDC）は，国内各地に設置された 20 か所を超えるハラール・パーク（ハラール専用の工業団地）へと企業を誘致している。

2004 年から毎年開催されているマレーシア・ハラール国際見本市（MIHAS）の主催者も，当初は一企業だったが，2008 年にはマレーシア貿易開発公社に変わった。主力商品は飲食品であるが，化粧品やトイレタリー，サプリメント，そして医薬品等でも急速に商品開発が進んでおり，金融，包装資材，加工機械，倉庫や輸送のサービスなどの分野でも商品が提案されている。また，MIHAS の時期に合わせて，認証機関の国際会議や，研究者を招いた国際カンファレンス等も開催され，圧倒的な存在感をもって世界のハラール・ビジネスを導いてきた。

2018 年現在も MIHAS は世界有数のハラール展示会ではあるが，マレーシア国内の事情もあって，MIHAS やその関連イベントの規模は 2016 年頃からは縮小傾向にある。また 2010 年代に入ってからは世界各地で類似のイベントが盛んに開かれるようになったため，マレーシアの存在感は相対的に弱まりつつある。

ハラール関連の展覧会や国際会議が開催されている場所は，インドネシア・トルコ・ドバイ・カザフスタン・パキスタンのようなムスリムが多数派を占める地

域だけでなく，タイ・フィリピン・ロシア・オーストラリア・オランダ・フランス・中国・台湾・韓国・日本などムスリムが少数派の地域にもおよぶ。ただしその主催者は多様で，継続性の有無にも差がある。

✤ 認証機関を国際的に権威づける制度や組織

　ハラール屠畜証明・ハラール認証の先進諸国では，アンブレラ機関（複数の認証機関を統率する上位機関）や政府によって，認証はある程度コントロールされている。しかし，それ以外の多くの国では，誰でも認証機関を名乗ることができるため，玉石混交の認証機関が並び立っている。そのほとんどは規格を公表しておらず，団体によって専門知識や監査技術に大きな格差がある。

　そこで認証機関の国際的な相互認定制度が生まれた。宗教的な専門家と食品製造等の専門家を擁し，十分な実力を持つ団体同士が認定しあい，互いが認証した品を，ハラール性が証明されたものとして受け入れるというものである。

　ただしこれは主に食肉やハラール製品の原材料の輸出入を念頭に置いた制度である。小売商品の輸出入に関しては，輸入国の団体が認定した団体のハラール認証を輸出国において製品が取得していたとしても，輸入国での流通が認められるとは限らない。インドネシアでは，ハラール品として正式に小売商品を流通させるには，現地認証機関の認証を得る必要がある。そのため，現地工場で生産するか，日本工場に現地機関の監査官を招き直接認証を得るか，あるいは相互認定を受けた認証機関の認証を得た中間製品を輸出し，現地の原材料と合わせて現地工場で最終製品を仕上げるというのが定石である。

　また，相互認定といっても，非イスラーム地域の認証機関にとっては，JAKIMやMUIなどマレーシアやインドネシアの認証機関から認定を受けることが権威づけになっているのが現状である。認定された団体の情報は，インターネットで公開されている。

　有力な認証団体が作る国際的な組織もある。分裂や名称変更などが重なってややこしいが，現在のところ，インドネシアに事務局を置く世界ハラール食品評議会（WHFC）と，トルコに事務局を置く世界ハラール評議会（WHC）が，その二大勢力である。

　中東は，イスラーム誕生の地でありイスラームの中心地である。しかし，あるいはだからこそ，非イスラームとの日常的な接触が経緯となって東南アジア諸国で発達したハラール認証制度のようなものはあまり発達しなかった。食品の輸入国として，食肉や肉加工品についてはハラール屠畜証明を要求してきたが，その

第10章　ハラールな飲食品とハラール認証　　179

他の食べ物については，実質的には，原材料としてハラームな物質を含まないことのみを求めてきた経緯がある。

　ハラールに関する中東発の主な規格として，二つのものがある。湾岸協力会議GCC（アラブ首長国連邦・バーレーン・サウジアラビア・オマーン・クウェート・カタール）の共通規格であるGSOと，イスラーム協力機構のイスラーム諸国のための標準・計量機関（OIC-SMIIC）のガイドラインである。中東発のモデルに特徴的なこととして，以下の三つのレベルを定めていることが挙げられる。

　　①食品の規格・ガイドライン
　　②ハラール認証機関の規格・ガイドライン
　　③ハラール認証機関を認定する認定機関の規格・ガイドライン

　OIC-SMIICは，2011年に上記三つのレベルに関するガイドラインを定めた。2014年から2015年にかけて，世界各地のハラールイベントに付随するフォーラムやシンポジウムにおいて，これを周知するためのセッションが相次いで持たれた。2015年以降，GCC加盟国によってつくられたGCC承認センター（GAC）や，アラブ首長国連邦の首長国国際承認センター（EIAC）が，承認機関としてハラール認証機関の承認活動を行なっている。承認された認証機関の情報は，GACや連邦基準化計測庁（ESMA）のウェブサイトで公表されている。

　非イスラーム諸国のハラール認証機関にとって，これらの承認を得ることは，JAKIMやMUIからの相互承認を得ることと同様，権威づけの一つの手段になりつつある。しかしこの制度が東南アジア発の相互承認制度に取って代わったわけではなく，状況は流動的である。

　貿易障壁をなくすため，企業側からは世界的な統一規格がながらく望まれてきた。しかし，そもそものハラール解釈が宗派や法学派によって微妙に異なること，そして，関連する機関同士の覇権争い，それぞれの国の国内事情や，国家間の競争，東南アジアと中東といった地域間のパワーバランスなど多くの要因が絡み合っているため，統一規格・統一制度の実現はなかなか難しいというのが現状である。

6 おわりに
——ムスリム消費者の実践と相互理解に向けて——

　ここまで，ハラール食品をめぐるビジネスと認証の発展を見てきた。しかし，冒頭にも述べたように，イスラームには，しつこい詮索や極端な行ないを戒める教えもある。また，ハラール／ハラームを決められるのは神だけであって，ハラームなものを勝手にハラールとすることも，逆にハラールなものを勝手に禁じることも許されていない。ところが，ハラール認証制度では，ハラール／ハラームの別を，人が作った認証機関が判断することになっている。このことそのものが神にたてつく行為であるという考え方もある。製造過程をはるか上流までさかのぼって，原材料に含まれないものまで細かくチェックするなどということは，極端すぎるのではないのかという疑問もありうる。

　繰り返しになるが，実際の飲食の場面では，一人一人の信徒が神の御言葉に従って，ハラールか否かを判断して食べるというのが基本の形である。ムスリム消費者の認識や実践は，認証規格で定められたものと一致しているとは限らない。ハラール認証はハラールのごく一部にすぎない。ムスリムにとっては，ハラール認証の有無に関係なく，ハラール性は必要なものである。ただし，原則は一つでも，実際の信徒のハラール解釈や実践には，非常に幅広く多様性がある。宗派・法学派や社会環境，基層的文化による違いもあれば，家庭環境，教育，社会関係，ライフサイクル，立場など個人の属性による違いもある。また，加工食品に含まれる物質の情報にアクセスできるかどうか，それを重要視するかどうかということも，大きな違いをもたらす。

　インドネシアでは2010年頃から，「豚由来の添加物」を表わすとされるE番号のリストが消費者の間に広まった。E番号とは，EUで用いられている添加物の表示形式で，添加物の種類ごとに固有の番号がある。リストは，そのうち50個の番号を取り上げて，豚由来成分を含むと決めつけたもので，情報源も明らかでなく，信憑性も薄いものであるが，SNSやブログ，口コミで広がっていった。情報は，口コミやメール，スマートフォンのメッセンジャーサービスなど個人的なコミュニケーションで他の人に伝わり，その先でブログやSNSによって特定多数・不特定多数に発信され，さらにそれを見た人が個人的に周囲に伝え，それがネットニュースでさらに公になるといった形で広まっていった。このリストの影響により，チョコレートアイスクリームやミルク入りインスタントコーヒーの

第10章　ハラールな飲食品とハラール認証　　181

メーカーが，ハラール認証を取っていたにもかかわらず，風評被害にあった。

　情報源は同じでも，消費者の情報の受け取りかたは多様である。身近な人から聞いたあやふやな情報で過剰反応をし，E番号表示のあるものはすべて怪しいと避ける人や，ハラール認証のない海外土産のチョコレートを断わる人もいれば，権威ある情報を求めて，食品加工のプロ・知識人・市民運動リーダーといった自称／他称の「専門家」に聞くという人もいる。一方で，認証がなくても，原材料表示を見て自分で判断する人もいる。「乳化剤（大豆レシチン）」と書いてあったら植物性なので食べる，原材料に添加物が入っていなければ食べる，豚とはっきりわかる材料が入っていなければ食べる，などという人は，ハラール認証で防止が求められているような交差汚染の問題は考えず，とにかく豚由来のものが原材料として使われているかどうかを重視し，自分で判断を下しているといえる。またレストランの店員や店主，食品メーカー関係者，土産をくれた人など，自分よりもその食べ物について詳しいと思われる人物が，ノンポークあるいはハラールだと言えば信じるという人もいる。

　日本では訪日外国人が急増し，ムスリム観光客の対応が急がれている。非ムスリム圏を訪れたムスリムが最も気にするのは，食肉の問題である。まずは豚が入っていないかということであり，次に食肉がハラール肉かということであるといってよいだろう。屠畜方法がわからない場合は，たとえ牛・羊・鶏のようなハラールな動物の肉でも避けるという人もいる。一方，豚でさえなければ食べるという人もいるし，キリスト教圏で屠られた肉や，ユダヤ教に則ったコシェル肉（コーシャー肉）なら，食べるという人もいる。これは，同じ一神教徒である啓典の民からもらった食べ物は，神の名を唱えて食べてよいという教えがハディースにあるからである。また，屠畜方法を鑑みて，キリスト教徒の肉は食べないが，コシェル肉なら食べるという場合もある。

　本章で述べたような諸問題について学ぶと，ムスリム対応を考えるとき，ついとにかく認証を取得したいと考えてしまうかもしれない。確かに，思いがけない汚染を防ぐには専門家によるアドバイスやチェックは欠かせない。しかし，認証取得は諸刃の剣である。認証やハラールロゴを求めるのは，今のところ主に東南アジア諸国の消費者である。ところが，彼らが期待する東南アジアレベルの認証を日本の環境下で取得するのは容易ではなく，コストも上がる。消費者は，値段が高くてもハラールロゴがあれば買うというほど単純ではない。認証取得後の新しい商品開発においても，自由度やスピードが犠牲になる。日本の環境に合わせたローカル基準で認証を実施する団体もあるが，認証を取得したことを大々的に

宣伝すると，期待と実態の乖離に，かえってクレームが増す可能性もある。

　筆者がお勧めするのは，しゃにむに認証取得を考えるのではなく，まずは身近なムスリム消費者と向き合い，とりあえず実質的にハラールの材料を使って，できるところまで努力することである。ここまではやったという情報を開示し，それで食べてよいと感じる人を対象に経験を積む。そして，トライ・アンド・エラーを繰り返しつつ，消費者とコミュニケーションをとり，嗜好やニーズにあった商品開発を進めていく。ムスリム対応を念頭に置いた商品でも，ムスリムに特化したものでなく，非ムスリムにも買ってもらえる普通の商品として開発・販売することで，コストを下げ，在庫管理を容易にする。身近にいる少数のムスリムと信頼関係を築き，情報を誠実に丁寧に伝えれば，口コミからいずれ評判が広まることが期待できる。口コミから不特定多数への情報伝達の連鎖は，よい情報にも当てはまるのである。

■読書案内

八木久美子『慈悲深き神の食卓――イスラムを食から見る』〈Pieria Books〉東京外国語大学出版会，2015年。宗教学者の立場から，食を通してエジプト，ヨーロッパ，東南アジアに生きる現代のイスラームの姿を描き，その深い意味を平易な文章で読み解いている。

阿良田麻里子編『文化を食べる文化を飲む――グローカル化する世界の食とビジネス』ドメス出版，2017年。文化人類学的手法を用いた食文化研究の書。第一部の1–4章では特にハラールを扱い，文化的背景の異なるムスリム消費者の実践と認識の多様性を描いている。

阿良田麻里子『食のハラール入門――今日からできるムスリム対応』〈栄養士テキストシリーズ〉講談社サイエンティフィク，2018年。ハラールの基礎をおさえたうえで，飲食店において，ハラール認証をとらずにムスリム対応をするための具体的方策を扱っている。

砂井紫里編『食のハラール――Halal Food in Various Cultural Contexts』〈早稲田大学アジア・ムスリム研究所リサーチペーパー・シリーズ vol. 3〉早稲田大学重点領域研究機構プロジェクト研究所早稲田大学アジア・ムスリム研究所，2014年。マレーシア・ウズベキスタン・中国等のハラールの実態を扱っている。オスマン帝国時代の発酵食／飲料を扱った論文は酒への厳しさと寛容両面を示し示唆に富む。

小川了編『躍動する小生産物』〈資源人類学第4巻〉弘文堂，2007年。第三部「グローバリゼーションか，対抗グローバリゼーションか――東南アジアを中心とする現代ハラール産業の立ち上げとその意義」でハラール産業を扱っている。

コラム 10

東南アジアのイスラーム

　マレーシアの国際空港で入国審査を待っている間，目以外の頭部を黒い布で隠すニ
カーブを被った後方の女性を見て，1歳の息子が「おばけ」と言った。筆者はひやひや
しながら，彼女が日本語を理解していないことを願った。審査待ちの行列を見渡すと，
黒いニカーブ姿の女性や単に頭髪をヒジャーブと呼ばれる布で隠した女性たちがたくさ
ん並んでいる。私たちはベトナムとタイを経由してマレーシアに入国しようとしている
ところであったが，空港の中は先の2か国とは様相がガラリと変わり，ムスリムらしき
人たちの姿が多くなっていた。

　東南アジアは，世界最大のムスリム人口の集中地域である。その数はおよそ2億3000
万人にのぼり，東南アジア内でも仏教徒とキリスト教徒の数を上回る。大部分はマレー
シア，インドネシア群島，フィリピン群島南部などの島嶼部に暮らしており，世界最大
のムスリム人口国であるインドネシアでは総人口の約87%，マレーシアでは約60%，
ブルネイでは約78% と，国内の多数派を占めている。同じ島嶼部でも，シンガポール
のムスリム人口は総人口の約14.3%，フィリピンでは約5% と少数派であるが，いずれ
も重要な少数派に位置づけられる。仏教徒が多数を占める大陸部の場合，タイとミャン
マーはいずれも約4.3%，カンボジアでは約1.9%，ベトナムでは約0.1% と，いずれも
5% 以下である。

　マレーシアを含むマレー半島やマラッカ海峡周辺は，歴史的に東南アジアのムスリム
の「中心」的な地域であり続けてきた。東南アジアにおけるイスラームの受容は13世
紀末にさかのぼり，地中海からインド洋，そして中国を結ぶ東西交易のルート上に中継
地などとして栄えたスマトラ島北部パサイの支配者によって行なわれた。15世紀には，
交易の要所であったマレー半島南部のマラッカの王がイスラームに改宗し，各地でイス
ラーム化が進んでいく。マラッカ海峡を起点とする交易ルートを通り，商業語として使
用されていたマレー語を通じてイスラームは各地に広がっていったのである。16世紀
末以降にはマッカ（メッカ）巡礼も盛んになり，帰還者が教義を広めるようになったス
マトラのアチェは「マッカの玄関口」と呼ばれた。また，イスラーム学の中心的な場所
としてマレー半島のパタニには多くの留学生が集まった。

　筆者は，東南アジアのムスリムにとってはいわゆる「周辺」に位置づけられるベトナ
ムのホーチミン市において，マレーシアやタイ南部のパタニでイスラームを学んだこと
を誇らし気に語る何人かのムスリムに出会ったことがある。そのうちの一人は市内の中
心部にあるモスクの礼拝導師であった。今日のベトナムの「ムスリム」にとっても，マ
レー半島は求心力の強い地域であるのは間違いなさそうだ。しかし，一辺倒というわけ
ではない。同国の「ムスリム」（ベトナム語では tín đồ Hồi giáo〔ホイザオの信徒〕）人

184

口9万人弱のうち，先述のようにマレーシアなどイスラーム諸国への留学を推奨するいわゆるスンナ派の集団に加え，バニないしチャム・バニと呼ばれるベトナム独自の「ムスリム」集団が存在し，後者のほうがやや多数を占めている。スンナ派もバニも含めて，ベトナムの「ムスリム」の大半は，チャム語を母語とする「チャム」というエスニック・グループに属す人々である。チャムは2世紀から19世紀までベトナム中部にあったチャンパ王国の末裔とされ，交易活動を通したムスリム商人との接触や17世紀の王の改宗などによって一部の住民がムスリムになったと見られている。しかし，17世紀末にチャンパが中国文明の影響を多大に受けたベトナム人の王朝の属国となったため，その後のイスラーム化は進まなかったようである。

チャム・バニの人々は，現在でもアラビア文字やこれに似た独自文字で書かれた写本を所有していたり，ラマダンに類似した慣行や儀礼を行なったりしており，かつてイスラームの影響を受けたことは明らかだ。しかし彼らはムスリムとは自称せず，その宗教をイスラームとは呼ばない。要するに，彼らは一般的な意味でのイスラームを紐帯とする宗教的なアイデンティティを共有しておらず，マレーシアなどのイスラーム社会との交流や関係性も構築していないのであるが，ベトナムでは公式統計上「ムスリム」に分類されている。

ベトナムの隣国カンボジアに居住するムスリムは約30万人と推計される。スンナ派的実践を重んじる多数派はチャムおよびマレー系のチュヴィエで構成されるが，前者が大半を占めるため，一般的にはチャムないしチャームと一括りに総称される。これとは別に，チャムだけで構成されるジャヘッドまたはイマーム・サンと呼ばれる少数派が存在する。後者はチャンパ王国から来たイマーム・サンを聖者として崇敬し，礼拝は金曜日にしか行なわず，呪術的な儀礼やイマーム・サンの聖誕祭としてのマウリドを盛大に行なうなど，独自の宗教実践を展開しており，多数派とは別の宗教コミュニティを形成している。彼らは「バニ」と自称することもあり，ベトナムのチャム・バニと同じグループであるという見解もある。しかし，自分たちの実践こそが正しいイスラームであるとし，自らをムスリムと認識している点で，ベトナムのチャム・バニとは大きく異なっている。

チャム・バニやイマーム・サンは，統計データとして公開されている東南アジアの「ムスリム」の地域的独自性を示す貴重な例といえよう。1970年代以降に世界規模で生じたイスラーム復興の影響は，彼らが暮らすベトナムとカンボジアには限定的にしか及ばなかったと思われる。その頃，両国ともインドシナ戦争や戦後の紛争などで情勢が不安定であり，ベトナムでは社会主義化による宗教統制が進められていたからである。そうした事情に加え，国内における絶対的な少数派としてあまり注目されることがなかったことによって，チャム・バニやイマーム・サンの独自性は今日まで保たれてきたのかもしれない。とはいえ，カンボジアでは1980年代，ベトナムでは2000年代に入り，中東を含むイスラーム諸国との交流が増えてきており，両者を取り巻く状況は大きく変わりつつある。

（吉本康子）

第11章

知と権力
──イスラームの専門家とは誰なのか？

1　はじめに

　ある事柄に関する「知識」を持つということは，その事柄に関する行動を規定する「力」を持つ。このことは，実は誰もが身近に経験していることだ。例えば，体に何らかの異変を感じたとしよう。病院に行き医師の診断を受け，たいていの場合，医師の指示にそのまま従うだろう。それは言い換えれば，医師が患者のとる行動を規定しているのである。われわれがそれに従うのは，医師が医学に関する知識の担い手だと認めているからであり，医師免許のようにそれを承認する制度が社会にあるからだ。

　もちろん知識は時に扱う内容や扱う対象に変化が生じる。それは知識そのものの変化にとどまらず，その知識が適用される対象に大きな影響も与える。先ほどの医師が担う医学の知識を例にすると，それまで病とはみなされなかった事象が，医学の領域で疾病として扱われるようになったとする。すると，その事象を持つ人は患者として扱われるようになり，治療を受ける対象になるのだ。使い古された例ではあるが，例えば，「ぼけ」は老化に伴う認知能力の著しい低下としてながらく扱われてきたが，今日では認知症という認知障害の一つの疾患として治療の対象となっている。

　このように知識というものは，その知識が担う領域を知識の内容に応じて伸縮させながら存在するとともに，その知識を承認する人々の行動を規定する力を持つ。それでは，本書が扱っているイスラームに関していえば，どうだろうか。誰

186

が知識を担い，どのような範囲をその対象とし，ムスリムの行動を規定している
のだろうか。本章では，イスラームにおける知と権力の関係，とりわけ現代にお
けるその展開について考えていきたい。

2　伝統的な知と権力

❖ 知識を担うウラマー

　伝統的なムスリム社会において，イスラームに関する知識の担い手はウラマー
と呼ばれる人々であった。ウラマーという言葉は複数形であり，単数形は「知る
者」を意味するアーリム，つまり学者である。彼らは，唯一神アッラーから預言
者ムハンマドに伝えられた知識を受け継ぎながら，約10世紀にわたって「イス
ラーム的」諸制度に基づいた社会において幅広い役割を担った。

　預言者ムハンマドは，神の言葉である啓示を預かる役割だけでなく，啓示に関
する知識の第一の担い手としての啓示の解説者，共同体の指導者といった様々な
役割を担った。預言者ムハンマドの没後，彼の権能や知識は分業化され，様々な
人々に引き継がれた。共同体の指導者としての役割は，ハリーファ（カリフ）な
どに引き継がれた。彼の啓示に関する知識は，ハディースと呼ばれる言行録とし
て次第に整理され，聖典クルアーンに次ぐ知的資源となった。また聖典クルアー
ンについても，正当な読み方が朗誦学として整理され，その意味についても解釈
学として整理された。知的資源の整理をもとに，第6章や第7章で見た法学や神
学，さらにはスーフィズムなどのイスラーム諸学が確立された。

　唯一神アッラーや預言者ムハンマドに由来するイスラーム諸学は，ウラマーに
よって担われた。彼らはその知識に基づいて宗教指導者や宗教権威として一般の
ムスリムの信仰生活を指導した。しかし学者というものは，学問を司る人全般を
指す言葉であって，暮らしを立てるための職業ではない。つまり学者であるだけ
では生きていけず，暮らしを立てるためには，何らかの生業を持つ必要があった。

　イスラーム法に依拠した複合的な社会・経済・政治・司法制度，いわゆる「イ
スラーム的」社会制度が8世紀半ばに起こったアッバース朝のもとで確立される
以前には，ウラマーは商人など様々な職業を生業としていた。「イスラーム的」
社会制度が確立していくと，カーディーと呼ばれる裁判官は，ウラマーのつく主
な職業の一つとなった。また10世紀以降，ニザーミーヤ学院に代表されるよう
に優秀な官吏教育を兼ね，マドラサと呼ばれるイスラーム諸学の教育施設が整備
されると，そこの教授職などもウラマーの主な職業の一つとなった。さらには宰

相の職など王朝の政治的な職に従事する者もいた。つまり「イスラーム的」社会
においては，ウラマーはイスラームに関する知識という資本をもとに立身出世す
ることも可能であった。

　王朝の職にウラマーが従事するというと，ウラマーは公人として役人や王朝お
抱えの「御用学者」になっていったという印象を持たれるかもしれない。それは
半分正しく，半分間違っている。というのも，第一義的には彼らは私人であり，
彼の知識も王朝に由来するわけではない。彼らの知識の源泉は，前述したように
唯一神アッラーや預言者ムハンマドに由来しているのだ。では，誰が彼らの知識
を支えているかというと，それはイスラーム共同体の成員，個々人のムスリムな
のだ。それゆえ民衆の支持を受けたウラマーは，時に王朝の権力に対抗しうる存
在にもなりえた。

　民衆の支持を受けたウラマーが時に王朝に対抗しうる存在にもなりえたのは，
イスラーム諸学に示された知の特徴も関係している。手短にいうと，知の特徴と
は形式的固定性と内容の柔軟性である。形式的固定性とは，例えばハディースの
伝達のように，知識が理念的には預言者ムハンマドの時代から一言一句間違える
ことなく伝えられてきたという特徴である。それはアッラーに由来する聖なる知
識を保存し，その知識を持つ者に権力が継承されていったことを意味する。他方，
内容の柔軟性とは，伝えられてきた知識をもとに社会の変化に応じて，解釈を行
なうことを指す。そのため民衆の支持を受けたウラマーが，時に王朝に対抗しう
る存在にもなりえたのだ。

❖ ウラマーの役割低下と専門職化

　ところで，ムスリム社会には，カトリックのような正統・異端を認定する教会
は存在してこなかった。実際に9世紀に一時的に行なわれていたのを除いては，
正統・異端を判定する公の異端審問も行なわれてこなかった。言い換えれば，何
が正しい教義や実践で，何が正しくないのかは，実践者であるムスリム当人に委
ねられることになる。もっともウラマー同士の合意をもって，ある程度，イスラー
ム的に何が正しいのかをめぐって社会の合意形成がなされていた。

　やがてムスリム社会に押し寄せた近代化の波により，こうしたイスラームの知
を担うウラマーという存在に大きな変化が生じた。18世紀以降，ムスリム社会
の多くは西洋諸国に政治的な優位性を失い，次第に西洋諸国に対して従属的な立
場へと押しやられた。こうした状況を，イスラームの理性と啓示の調和によって
克服しようとした改革運動も一部には試みられたが，大局的には，新たな西洋近

代の価値や制度を手本とした近代化がムスリム社会でも行なわれた。

近代化の試みとして、社会，政治，経済，司法のそれぞれの領域で西洋近代の諸制度に由来する新たな制度が導入された。前述したように，前近代のムスリム社会の諸制度はイスラームに依存しており，中でもウラマーは司法，教育の領域で独占的な担い手であった。近代化の結果，イスラームに依存していたそれぞれの領域は解体され，例えば司法の領域は判事や弁護士などの法律家が，教育の領域は師範学校や大学出身の教員が担うようになったように，新たな専門家に委ねられることになった。そして伝統的「イスラーム的」諸制度の解体と新たな近代的制度の導入は，次第にウラマーをイスラームという宗教の担い手，つまりは信念に関わる私的領域の専門家として制度的に矮小化させて行くことになった。

もちろん政治・社会的エリートとして代々ウラマーを輩出した有力家系が，単純に没落していくわけではなかった。それは明治維新後の日本でも，旧武士階級のエリート層が少なからず新たな社会政治構造の中でも重要な役割を担い続けていったことにも通じている。有力家系から，新たな近代教育を受けた知識エリートが輩出されたのである。しかしそれは伝統的なエリート層が，近代の新たな諸制度に適応していったということにすぎないともいえる。また20世紀半ばになるとエジプトやイランのように，土地の制度改革が行なわれ，地主階層で代々ウラマーを輩出したような有力家系が経済的基盤を失った。

こうした変化にあっても，ウラマー自体がムスリム社会から消滅したわけではなく，現在もムスリム社会において一般信徒を指導するうえで彼らは重要な役割を果たしている。しかし彼らは預言者ムハンマドから相続した知を脈々と変わらずに伝達してきたわけではなく，彼らの存在も近代化されてきた。それでは，彼らは何を学び今日に存在しているのだろうか。そこでまず，彼らを養成する教育の内容について目を向けてみたい。

3　現代のイスラーム教育

❖ 現代のイスラーム教育の現状

イスラーム教育とは，イスラームに関する事柄について教授することである。近年では，イスラーム教育についての偏見も多く，特に2001年にアメリカで起こった同時多発テロ事件以降，イスラーム教育はテロリストを養成する教育という誤解も多い。その背景にはパキスタンの難民キャンプのイスラーム教育施設で，アフガニスタンのイスラーム主義組織ターリバーンが育成され，またリクルー

図11-1 モスクに併設された寄宿学校（インド・ムンバイ市）

図11-2 クルアーン解釈の私講義に参加するウラマー（イラン・ゴム市）

ティング活動が行なわれてきた経緯もある。またイスラーム教育を通じてムスリムとしての同胞意識が強化されることで、パレスチナに対するシンパシーからイスラエルとそれを支援するアメリカに対する敵愾心が助長されるという見方もある。そのためパキスタンなどではイスラーム教育施設に対する監視の目が強化されるようになった。

しかし現代のムスリム社会では、イスラーム教育を受けているものは3-5％程度にしかすぎない。また、そのすべてがイスラーム主義に傾倒しているわけではなく、それらに傾倒するものが一部であることはいうまでもない。さらに歴史的にも現代的にも、イスラーム教育と一口に言っても、その教育の内容やレベルは幅広いということである。

初歩レベルの教育としては、アラビア語と地域言語の読み書きの手習いをするような「寺子屋」を想起させるクルアーン学校や、欧米諸国のムスリム移民2世向けにイスラーム文化センターで開講される母国語やイスラームの幼児教室が挙げられるだろう（図11-1）。他方、専門レベルの教育としては、スンナ派でいえばウラマー教育の最高学府であるエジプトのアズハル大学神学部、シーア派でいえばイラクのナジャフやイランのゴムのイスラーム法学者養成複合機関ハウザ・イルミーヤ（ペルシア語ではホウゼイェ・エルミーイェ）などで行なわれる教育が挙げられる（図11-2）。もちろんインドネシアの寄宿塾プサントレンのように、初歩レベルと専門レベルをつなぐ教育を施す教育機関もある。しかし大きく見れば、イスラーム教育は信仰に関わる初歩的なレベルの教育か、あるいはウラマーを養成するような専門教育のいずれかである。ここではウラマーを養成するため

の専門的な教育を，便宜的にウラマー教育と呼ぶことにしたい。

✤ 暗記と解釈

　ウラマー教育とはどのようなことを学ぶのだろうか。筆者の専門であるイランにおいて20世紀半ばに行なわれていた「伝統的」なシーア派のウラマー教育を例に見てみよう。シーア派のウラマー教育は，入門，標準課程，修了の三つの段階に分かれていた。このうち入門および標準課程の教育のポイントは，暗記であった。アラビア語文法学，論理学，法学，法源学などを段階的に学んでいくが，テキストや教えられた内容を暗記することがこのレベルでは求められる。例えばアラビア語文法学の授業を例にとってみよう。語学の教科書というと例文や文法の解説が載ったものを思い描くことだろう。しかし伝統的なウラマー教育では，13世紀のアラビア文法学者のイブン・マーリクが記した『千行詩』をひたすら覚えるのだ。『千行詩』とはその名のとおり，千行にわたって詩が続いているのだが，ひたすら覚えることでアラビア語の語の変化の規則を学ぶことができるという代物だ。こうしてただひたすらにテキストを暗記して，形式を身にしみこませていくのが入門および標準課程の教育なのだ。

　他方，修了課程の教育のポイントは，解釈である。講義はイスラーム法学に関して熟知した講師が執り行なう。講師は説教壇に座り，「○○の場合△△することは妥当である／ではない」といったようなイスラーム法の解釈が必要な状況を仮定し，その際にどのような行為をすることが妥当であるのか，あるいは妥当ではないかについて自身の解釈を披露する。自身の解釈の披露というのは，仮定する問題がどのような状況と判断できるのか，クルアーンやハディースのどの章句や文言に基づいて論を立てたのか，またハディースであればその真正性（伝承経路の確かさ／脆弱さなど）についてまで言及することである。一方講師の解釈に対して学生は，講師の解釈が依拠している論拠などに疑義を持つと，講師と自身の解釈との違いを議論しあう。

　このように20世紀半ばにおいても専門的な教育の基本は，暗記と解釈という二つの側面からなっていた。解釈は，その前段階として先人たちによって法学や法源学の分野で培われてきた議論をテキストとして暗記していることが前提とされていた。つまり暗記の過程を経ずしては解釈に至れないプロセスとなっていたのだ。ところが，20世紀後半から少しずつこうしたプロセスに変化が生じてきた。

❖ 知識を身体の一部にする

　おそらく筆者が，暗記がイスラーム教育の中心の一つだと述べた際に，詰め込み教育は良くないとか，思考力が損なわれているといった印象を持った読者も少なからずいたことだろう。日本の一般的な教育の場では，従来の詰め込み式を脱却して思考力のほうを重視するようになったからである。伝統的なアズハル大学の教育方法に対する近年の留学生の不満の一つも，詰め込み式の教育方法にあるといわれるように，イスラーム教育を受けるムスリムの考え方も，日本の一般的な教育観と近いといえる。詰め込み式の「伝統的」な教育方法には不満や効率の悪さが，学生たちから寄せられてきただけでなく，講師の側からも寄せられてきた。講師たちは教育方法について内省的に受け止め，合理化を試みた。そこで教育カリキュラムの開発が20世紀の半ばから徐々にシーア派，スンナ派を問わず進められてきた。その結果，要点だけを捉えた教科書や教授法が導入されてきた。もはやアラビア語文法学に関しても，『千行詩』をひたすら暗記したという学生は今や珍しく，開発された語学の教科書を通じて学ぶほうが多数派ではないだろうか。

　暗記の部分を簡略化してイスラームの知識を獲得するということは，方法としては合理的であろう。しかし暗記には，すでに述べたようにアッラーに由来する聖なる知識を保存し，その知識を持つものに権力が継承されていくというメカニズムがあった。つまり，合理的な知識の修得方法の導入は，知識に付与された権力を著しく貶めることになる。さらに重要な点は，現代のムスリム社会が，暗記という伝統的な知識の修得方法自体に疑義を差し挟むようになっているということである。つまり暗記だけでは，もはや知識と認められないという風潮が生まれているのだ。

4　知識を管理する

❖ 近代以前のイスラーム教育

　ウラマー教育をめぐる近代以降の変化は，教育内容や教授方法の変化だけではない。ウラマー教育が専門化し，それに対して国家が影響力を強めていったことも変化の一つである。国家によって西洋式の近代的な教育が導入される以前，教育といえばイスラーム教育にほかならず，ウラマーを養成していくことと他の教育をわける必要もなかった。つまり西洋式の近代教育が導入され，新たな社会制度に適合した個別の分野の専門家を創出していくのと同時に，ウラマーという専

門家を養成するより狭い教育分野としてウラマー教育が誕生したのだ。それはイスラームの知の伝統において革命的な変化であった。というのも、イスラームに関する知識を持つ者たちがウラマーと考えられていた時代から、ウラマー養成機関を卒業した者だけをウラマーと呼ぶ時代へと変化を遂げたからだ。

　近代にウラマー教育が専門化する以前においては、ウラマー教育機関への修学に関して年齢や学歴といった条件は定められていなかった。イスラームに関する学問を修めようと思うものは、個人の人生設計や財力に応じて、自分の師となる人物の門扉を叩いたのだ。ある者は幼少期に、ある者は隠遁の身となり学問を始めた。これはスンナ派、シーア派といった宗派の違いもなく歴史的なイスラーム教育に共通している。

　また自分の師となる人物を選んで訪ねるように、師と弟子という個人同士の関係が重要であったということも、歴史的なイスラーム教育に共通していた。10世紀以降、マドラサが教育機関として中心的な役割を果たしていったが、預言者ムハンマドからイスラームの知識を引き継いだのはマドラサという場ではなく、ウラマー個人であった。弟子が師から十分に学んだと判断されるまで、どれほどの期間を費やすのかも個人次第であった。師は弟子が十分に学んだと判断すると、個人の名においてイジャーザと呼ばれる免状を発行した。師により良き師を求めてイスラーム世界を旅し、複数の高名な師のイジャーザを手にし、新たな知識の担い手となるものも少なくなかった。こうした個人を中心とした知識のあり方に変化が及んだのも、専門教育としてのウラマー教育の近代化の結果である。

❖ 国家による教育の制度化

　近代において誕生した西洋式の近代教育とウラマーの専門教育という二つの教育システムは、現代においては併存、あるいは一つのシステムへと統合されてきた。いずれにせよ共通するのは、少なからず国家がウラマー教育に対して影響力を強めていったということだ。国家がウラマー教育に対する影響力を強化した動機の一つは、社会的な影響力を持つイスラームに関する知識を管理することであった。西洋的な近代制度によって中央集権的な国家を建設していくうえで、人々を動員する潜在的な力を持つウラマーは強力なライバルであったからだ。

　国家は主に二つの方法でウラマー教育に対して影響力を強めていった。一つは、ウラマー養成機関を大学として一般の高等教育機関と同じ位置づけにする方法である。もう一つは、国家が直接影響下に置く一般教育機関とは異なる特殊教育機関として存続しながらも、制度的に国家の強い影響力に置くという方法である。

前者の最たる例は，スンナ派の最高学府として名高いエジプトのアズハル学院の大学化である。後者は，近年のイランのウラマー養成機関の展開が顕著な例だ。

アズハル学院は，10世紀に建設されたアズハル・モスクに併設したイスラーム教育の場であり，周辺地域のムスリムだけでなく，19世紀末からは，インドネシアなどの東南アジアのムスリムを魅了するイスラーム世界の最高学府として発展してきた。この頃までのアズハル学院には，前近代におけるイスラーム教育と同様に入学時期や入学条件，また卒業要件などはなかった。しかしエジプト国家の近代化の波の中，19世紀後半から卒業履修要件が定められ，20世紀初頭には大学として改編された。そして伝統的なイスラーム諸学を学ぶ学部として，神学部，イスラーム法学部，アラビア語学部が整備された。

大学である以上，そこに入学するためには他の大学と同様に年齢など最低条件としての入学資格が求められることになる。さらには大学の卒業要件が整えられ，カリキュラムや単位の制度設計が行なわれた。こうした共通のカリキュラムの整備，また卒業認定といった方法は，近年のイランにおけるウラマー養成機関においても進められてきた。留学生のウラマー教育はすでに大学化されてきたものの，イランの多くのウラマー養成機関は政府の影響下にある一般教育機関とは異なり，特殊教育機関として独自の立場にある。しかし1980年代以降，徐々に組織化されるとともに，制度的なカリキュラム設計が国家側のウラマーによって進められてきた。

✤「知」の変質

制度的なカリキュラム設計に基づいてウラマーが養成されていくということは，イスラームの知の伝統における大きな変化であった。というのも，すでに述べたようにウラマーは職業ではなく，また認定機関も存在していたわけではなく，イスラームに関する知識を持つ者たちがウラマーとして社会的に承認されていたからだ。ウラマー養成機関を卒業した者だけをウラマーと考えるということは，いわばウラマーを職業／専門家集団にしたともいえることだ。20世紀前半に近代化を進める国家が国民に洋装着用を義務づけたイランでは，特別な専門集団として彼らだけに法衣とターバンという「伝統的」装束着用を許可した。同時に，計画は未完成に終わったが，国家によるウラマー認定制度の導入も試みられた。

ムスリム国家によるイスラームの知識を管理するという試みは，ウラマー教育を制度化させ，組織化させてきた。その方法として，ウラマーという知識の担い手たちの管理だけでなく，イスラームの知識を標準化させてきた。標準化とは，

194

様々なやり方や考え方をある一定の範囲にとどめていくことであり，その作用は広い社会的な合意を生み出す。

　読者の多くは，学校教育，特に地理・歴史といった教科を通じてイスラームについて学んできたことだろう。そこでイスラームでは，豚肉を食べることや飲酒が禁じられていると学んできたのではないだろうか。それらは確かにムスリム社会の長い歴史の中で禁止行為として議論されてきた。しかし授業を通じて，そうした長い歴史の議論を考えることなしに，単純に豚肉を食べないことや飲酒しないことこそが「正しい」ムスリムの振る舞いと考えてしまっていたのではないだろうか。

　こうした事態は，非ムスリムによるイスラーム理解に限ったことではない。公教育において宗教の授業でイスラームについて学んだムスリムにも共通している。例えば，エジプトやイランのムスリムは，宗教の授業を通じて，イスラームについて学ぶ。そこで学ぶ知識は，ムスリムの国民であれば共有されるイスラームに関する知識となるのだ。アブー・バクルとは誰で，12 人のイマームとは誰か，六信五行とは何で，宗教の根幹とは何かを教育を通じて獲得していくのだ。みんなが持つイスラームに対する知識が，一定の範囲に定まっていくのだ。

　もちろん，国家が主導するイスラームのあり方やウラマーによる伝統的な解釈では飽き足らず，自らイスラームについて考えようとするムスリムも多数存在する。またウラマーを「御用学者」や「伝統墨守」と批判しないまでも，時代に似つかわしくない古いものとし，ウラマーに代わる新たな「イスラーム知識人」を好む一般のムスリムもいる。「イスラーム知識人」とは，専門的なウラマー教育を完遂せずに，独自に聖典を読み，それを解釈し，人々に自分の考え方を語る知識人である。ウラマーに対する拒否傾向を持つムスリムや彼らが支持する「イスラーム知識人」の登場は，もう一つの教育の近代化の作用によるものにほかならない。

5　「イスラーム知識人」の登場

❖ 公教育の普及と情報化の影響

　ムスリム社会においても近代化の一環として公教育が普及し，これまでの時代にはない水準で識字率が高まった。識字率の高まりは同時に，聖典に一般のムスリムが自分たち自身でアクセスする潜在的な可能性を高めることになった。アラビア語を母語とする国々であれば，聖典クルアーンやハディースを自分自身で読

第 11 章　知と権力　　195

み，その「意味」を理解することができる（と思える）ようになった。またアラビア語を母語としなくとも，古典アラビア語の教材や解説書を利用するなどの努力で，自分自身でクルアーンやハディースを読み，その「意味」を理解することができるようになった。つまりウラマーだけでなく，一般のムスリムが文字として書き起こされた聖典クルアーンやハディース集の読者であり解釈者となったのだ。

識字能力によって「意味」を個人が解釈できるようになっただけでなく，膨大な聖典の中から特定の部分にアクセスすることも容易になった。1990年代以降，パーソナル・コンピューターが徐々に一般にも普及する中で，聖典はデータ化されるようになった。ハディースを例に挙げれば，複数のハディース集について伝承者はもとより語句の横断検索もできるようなデータベースが，電子媒体で販売されるようになった。ハディース学者でなくとも簡単にどのようなハディースが存在するのか，どのような伝承経路で伝えられたハディースなのかが，筆者のような専門教育を受けていない「素人」にも把握できるようになった。聖典の電子データ化という状況を見れば，暗記の重要性が低下してきたことは必然かもしれない。しかし識字能力の向上と聖典へのアクセス可能性がもたらしたものはそれだけではない。「イスラーム知識人」の登場を可能にさせ，イスラームの「思想の市場」に参入させたことである。

❖ 新しい知識人タイプとしての説教師

時代的な関係でいえば前後するが，エジプトのムスリム同胞団の創設者ハサン・バンナー（1906-1949年）はその最たる例である。バンナーの父親は地元の礼拝導師であり，マドラサの教員という伝統的なウラマーであったが，彼自身は西洋式の師範学校を出て，小学校の教師になった。つまり専門的なイスラーム教育を受けたわけではなかった。ところが，彼が社交の場である茶店でイスラームについて自分の考えを説くうちに，人々を魅了し，やがてはエジプトを超えてムスリムを魅了する宗教／社会運動組織を形成するように発展していったのだ。

専門的なウラマー教育を受けない「イスラーム知識人」の特徴の一つは，ウラマーとは異なる説教の方法である。法事の際の僧侶の法話やミサにおける神父や牧師の説教が別人ではあるもののどことなく似た雰囲気や話し方であるように思えたことはないだろうか。ウラマーも同じように，別人ではあるものの話の仕方や雰囲気があるだけでなく，論の展開の方法にも共通性がある。それは専門的な教育の過程で体得される特有の形式である。そして専門的な教育を受けていない

「イスラーム知識人」の話し方や説教の展開の仕方は，当然ながらウラマーと異なる。

もっとも，どちらの方法が聴衆を魅了するかは，好みによって異なる。例えば，米国のロサンゼルス郊外のモスクで調査中にゲストとして招かれた「イスラーム知識人」の説教師を例に挙げよう（図11-3）。その説教師は，大学で宗教学を学び，中東に留学していたものの，イスラームに関する知識はやはり独学であった。彼の話し方は，ケーブルテレビで活躍するプロテスタントの「テレビ伝道師」さながらの聴衆を煽りたてるような説教であった。普段モスクに通い，ウラマーの説教を聞き慣れている年配世代は，数時間にもわたり延々とまくし立てて続けられる説教の方法に辟易しているようであり，筆者も同様の思いであった。しかし若い世代の参加者からは人気が高く，モスクから100km以上離れた街から訪れる参加者もいた。

図11-3 イラン系モスクを訪れた人気説教師（アメリカ・ロサンゼルス州）

✣ 思想「市場」の出現

こうした「イスラーム知識人」の一形態として，専門的なウラマー教育を受けていない説教師が現れた背景には，社会階層の変動も影響している。経済的な発展によって現れた新興中間層の間で，「伝統的」な道徳観を持つ「退屈」で「時代遅れ」のウラマーに代わり，説教師たちがイスラーム的道徳を満たす役割として人気を集めるようになった。専門的な教育を受けず，また聴衆の支持を獲得することに力点を置いた「イスラーム知識人」は，単にウラマーと角逐する存在であるにとどまらない。彼らはイスラームの知的伝統にとって危うい存在だった。というのも，体系化され，何世代にもわたって紡がれてきた知識の作法をおざなりにし，需要と供給という「市場」の論理を全面に打ち出すことになるからだ。

例えば，説教で引用されるハディースを例にとってみよう。ハディースには伝えられた内容だけでなく，どのような場面で生じたものなのかという文脈，さらにはそれがどのような伝承経路を経て伝えられたのかということが重要である。ウラマーであれば，どのような場面でどのハディースを引用することが適切かは，

第11章 知と権力　　197

何世代にもわたって培われてきた教育の中でたたき込まれる。ところが「イスラーム知識人」にとってみれば，伝統的な作法など関係ない。たとえウラマーにとって不適切な場面であっても，不適切なハディースであっても，聴衆に人気のあるハディースを引用することで，支持を得ようとするのだ。もちろん聴衆も素人ばかりではないので，結果としてそれが知識の不十分さとして翻ることもある。

「イスラーム知識人」たちは，ウラマーの存在を否定するわけではない。しかし，両者は自分たちの興味・関心に合わせてイスラームを実践したい一般信徒の存在によって，結果として「イスラームの思想市場」でライバル関係となる。両者が市場におけるライバル関係であることは，新旧のイスラーム知識人たちが活躍する新たな場において顕著である。その場とは，テレビ衛星放送であり，インターネットである。国家が影響力を行使できるローカルなテレビ局の番組とは異なり，テレビ衛星放送やインターネットはコンテンツに対して直接国家の影響を受けにくく超国家的な活動ができる。また対象とする視聴者も特定の国家に居住するムスリムを対象としているわけではなく，言語的な共通性があればどこの国に居住していようが関係ない。そして「イスラーム知識人」として誰が人気や支持をうけているかは，視聴率・視聴回数として一目瞭然となるのである。

6　おわりに
——イスラームをめぐる知の専門家集団の未来——

近代のイスラーム社会の変化は，一方でウラマーをイスラームの知識を担う職業専門集団化させ，他方で公教育を通じた識字率の上昇などを背景に，幅広い社会階層にイスラームをめぐる知識へのアクセス可能性を与えた。後者の中から現われた新たな「イスラーム知識人」たちは，時にウラマーをしのぐ勢いと人気を誇っている。もはやウラマーがイスラームをめぐる知識を独占する存在でないことは明白であるが，彼らがもはや無用の長物となったということでもない。その一つは，ウラマーが専門職業化することで新しい社会上昇の機会を提供してきたということ，もう一つは，知識の参照としての役割である。

歴史的に見れば，一部の例外はあれども，ウラマーとなったのは大商人や大地主など上層階級の出身者が中心であった。というのも，豊かな経済力を背景に，子弟の教育に投資し，ウラマーとなり，ウラマーがその子弟に教育を施すという具合に階層が再生産されてきたのである。しかし現代におけるウラマー教育，特に奨学金制度が整えられたシーア派のウラマー教育の場合には，低所得層も教育

を受けることができるだけでなく，得られた知識を文化資本として階層上昇が可能な場合も少なくない。

　例えば，筆者の調査地の一つであるインドのムンバイ市のシーア派のイスラーム教育を見てみよう。同地のウラマー教育の寄宿制学校で教員として活動するものには，地方の低所得層の出身でありながら，寄宿制学校で学び，留学生選抜試験を経てイランへと留学を果たした経歴を持つものも少なくなかった。彼らのようなキャリアパスは再生産されており，無料の寄宿制学校として，ムンバイ市周辺はもとより，州を越境して入学し，彼らのように留学生選抜試験を経てイランへと留学するもの，あるいは教員個人のネットワークを利用しイラクのナジャフへ留学するもいる。それを支えるのは，地域住民の宗教税やイラン国家による助成である。必ずしもそうとはいいきれないものの，教育が一般的な近代国家における社会階層の変動に関わっていながらも国家による教育機会の保障が十分に行なわれない中で，ウラマー教育は社会階層を上昇するための，誰にでも門戸が開かれた方法なのだ。

　また現代のウラマーが担う知識の参照点としての役割も忘れてはならない。「イスラーム知識人」が登場し，イスラームの「思想の市場」は激しさを増してきた。とはいえ，知識の参照としてウラマーの存在は，「イスラーム知識人」に完全に取って代られるわけではない。知識の「正しさ」を参照するためには何らかの指標となる存在が不可欠になる。「イスラーム知識人」の知識の「正しさ」は，結局は聴衆の支持の多寡にすぎない。一方で，ウラマーの知識の「正しさ」は，千数百年の知的「伝統」に裏づけられている。それゆえウラマーの知識は，常に安定した参照先だといえる。

　イスラームの知識を持つことが何を意味するかは多様化し，その知識が扱う事柄も変化してきた。単一の専門家集団が，ムスリムとしての個人の行動を規定することはない。ムスリムとしての個人の行動は，個人によって主体的に選び取られている。しかしそれでもなお，ウラマーは，イスラームの専門家と考え続けられ，ムスリムとしての個人の行動の選択に直接・間接的に影響を与え続けることであろう。

■読書案内
黒田賢治『イランにおける宗教と国家──現代シーア派の実相』ナカニシヤ出版，2015
年。革命後にイスラーム体制が樹立され，宗教と政治をめぐる言説空間が部分的な重なりをもったイランについて，宗教界と国家，社会との展開について検討してい

る。

桜井啓子『イランの宗教教育戦略──グローバル化と留学生』山川出版，2014 年。革命後のイランに焦点を当て，シーア派の宗教教育の現代的変化について初学者に読解しやすい，ブックレットとして出版されている。

床呂郁哉・西井涼子・福島康博編『東南アジアのイスラーム』東京外国語大学出版会，2012 年。「第 1 部　イスラームと知の伝達」では，フィリピンやインドネシアの事例に則し，東南アジアのムスリム教育の歴史・現代的展開が扱われている。

松本ますみ『イスラームへの回帰──中国のムスリマたち』山川出版，2010 年。現代中国のムスリムについて，ジェンダー的分析を切り口とした女性教育の検討を通じ，中国ムスリム社会の変容について明らかにしている。

コラム 11

サブサハラ・アフリカのイスラーム

　アフリカ大陸の大西洋岸にあるセネガル共和国では，ムスリムが人口の9割以上を占めている。首都ダカールはいつも慌ただしく喧騒に溢れた街だが，金曜の集団礼拝の際にはぴんと張りつめたような静寂が訪れる。オフィス街や土産物市場の中にアザーン（礼拝への呼び掛け。肉声で告げられる）が響き渡る中，色とりどりの服を着たムスリムたちが並んで礼拝をしている。セネガルのムスリムはスーフィー教団（タリーカ）の信徒がほとんどであり，タクシーやバスには教団の聖者・導師（マラブー）のステッカーが貼られ，街中の壁にも聖者たちの絵が描かれている。宗教行事や儀礼の際にはジェンベなどの太鼓の音が鳴り，人々はそれに合わせて熱狂し，身体を揺らして踊る。

　アフリカのイスラームというと，北アフリカが馴染み深いかもしれないが，セネガルのようにサハラ砂漠よりも南に位置するサブサハラ・アフリカ（サハラ以南アフリカ）にも広くイスラームが浸透している。気候や地理，民族や言語集団，植民地化の歴史や国家形成の過程など，様々な要素がそれぞれの国や地域の中に混じり合っていることから，多様なイスラームが一つの大陸の中で息づいている。その様子を示すために，まずはおおまかにアフリカへのイスラームの伝播について説明しよう。

　サハラ以南アフリカは，早くも7，8世紀には交易を通じてイスラームと接触していた。エジプトからナイル川をさかのぼるルートによって，ナイル上流部の現スーダン北部は早期にイスラーム化が起き，エチオピアやチャドへも広がった。

　東アフリカのスワヒリ文化圏（ケニア，タンザニアなど）は，インド洋の海路を通じてアラビア半島，イランやインドとの交易が盛んだったこともあり，商人を中心にイスラーム化が進んだ。「スワヒリ」は「岸」や「境界」を意味するアラビア語「サーヒル」の複数形「サワーヒル」に由来する言葉である。東アフリカの沿岸部を中心に人々がイスラームを受容し，のちにアラビア語の影響を強く受けたバントゥー語系の言語が「スワヒリ語」として広く使用されるようになった。

　西アフリカにも，サハラ砂漠を通じた長距離交易がすでに7世紀に行なわれてきた。「サハラ」もスワヒリと同様に「サーヒル」に由来する言葉である。サハラ砂漠の北側にあるマグレブ諸国と交易する過程で，砂漠の南岸に位置する西アフリカの人々もイスラームと接触することとなった。商人を中心にイスラームが受容されたのちに，マリ帝国やソンガイ帝国の王がイスラームを受容し，政治支配層にも受け入れられることにもなった。トゥンブクトゥやジェンネ（現在のマリ共和国に位置する）などの学術都市も栄え，アラビア語の文書が広く流通した。しかし受容の過程で，様々な「土着」の習慣や信仰形態もイスラームの文脈と結びつくようになる。そのため，19世紀には，「部族」的で「土着」的な民間信仰が入り混じったイスラームを駆逐して「正しい」イスラーム

を広めるために，西アフリカに広く点在する牧畜民フルベ族が起こした聖戦（ジハード）によって，イスラーム法（シャリーア）に基づいたイスラーム国家が形成された。

　さらにサブサハラ・アフリカでは，冒頭で紹介したスーフィー教団（タリーカ）が布教に果たした役割も大きい。スーフィー教団では，聖者・導師のもとで信徒が修行の階梯を進むという師弟関係によって，学者・教師と信徒の知的ネットワークが構築されていった。同時に社会的に大きな集団を構成することにもつながり，民衆にも広く受容されることとなった。

　その後ヨーロッパの国々に植民地支配を受けたサブサハラ・アフリカの多くの国は，旧宗主国の言語を公用語としている。多くは英語とフランス語が話されており，筆者の調査対象国であるセネガルもフランス語が公用語である。しかし，国民の多くはウォロフやセレール，プラールなどいくつもの民族に出自が分かれているため，職場ではフランス語を使い，街角や友人たちとの会話では民族共通語のウォロフ語を話し，家庭ではセレール語を話すという状況が見られる。この多言語が話される状況に加え，植民地期になるまではサブサハラ・アフリカのほとんどの地域は文字を持たない「無文字社会」であったことも忘れてはならない。

　このことから，セネガルの多言語的なイスラームの様子をうかがうことができる。聖典クルアーンを学習することはムスリムにとってもちろん重要なことだが，非アラビア語話者のセネガルの人々にとって，アラビア語で学習することはとても大きなハードルだった。クルアーン学校では正しく唱えることが求められ，間違えるとムチで叩かれるといった教育法が一般にあった。そうした民衆に対しても広くイスラームの教えを伝えるために，街中では各教団が作成した，アラビア語とそのフランス語訳が併記された文書が販売されている。そしてさらに特徴的なのは，民族共通語のウォロフ語をアラビア文字で表記した「ウォロファル」という文書が植民地期以前からあることだ。元来，豊富な口承文化を持つ無文字社会であったセネガルにおいても，アラビア文字資料は宗教教育を目的に数多く書かれてきた。こうした点から，セネガルにおいて各教団の教義を現代までに残すことができたことは，スーフィー教団の多大な影響力と同時に，口承と文書の双方にまたがる多様な言語活動によっても支えられてきたからといえるだろう。

　サブサハラ・アフリカは，地理や自然，さらに植民地化から独立までの歴史も，大きく異なる背景をそれぞれの国が持っており，広い大陸の中には実に多彩な社会や文化が共存している。昨今ではボコ・ハラムなどの過激なイスラームの原理主義的運動も報道されているが，そうした情報から覆い隠されてしまったアフリカの人々の生活の中では，イスラーム文化は他の様々な文化様式や慣習などと結びつきながら，今も生き生きと育まれている。

（池邉智基）

第12章

ジェンダーから考えるイスラーム
――女性にとっての「良い・悪い」の議論を超えて

1 はじめに

　イスラームが国際政治や世界情勢において語られる際，ムスリム女性に対する抑圧が合わせて取り上げられることがある。イスラームを女性に対する抑圧と結びつける考え方は，グローバル化が叫ばれる 21 世紀に入っても，日本に限らず欧米諸国においてなお健在である。さらに近年では，移民・難民問題とも絡まりあいながら，ヨーロッパ諸国におけるスカーフやベール着用禁止の問題として注目を集めている。こうしたイスラームにおける女性に対する抑圧の問題は，社会や文化的につくられてきた性に関する問題，つまりはジェンダーの問題として扱われてきた。

　ジェンダーとは，男女に振り分けられる社会的役割や，「男」や「女」に関する文化的認識，さらには身体的性差や性別といったカテゴリーを意味のあるものとする知の枠組みそのものを問う概念である。それだけに，ジェンダーに関わる問題は，時代や地域によって変化する動態性の高い現象でもある。そこでジェンダーの課題といった場合には，個人の中にも，あるいは状況ごとにも多様性がある。またその対象には女性に限らず，男性や性的マイノリティも含まれている。

　本章では，ジェンダー概念の広がりに留意しつつも，しばしば政治的な問題と結びつけられやすく，また社会全般に馴染みのある，女性をめぐる問題を取り上げる。さらに，エジプト社会を実際に生きる，ある三姉妹の生き方を具体的に描き，彼女たちの生き方を通じて，イスラームにおけるジェンダーの問題を考えて

203

いきたい。もちろん，本章で行なう議論はイスラームのジェンダー的課題を包括的に扱うものではない。むしろ，それが多様なものであり，一元化することが不可能であるからこそ，個別の対象に寄り添うことで議論を進めたい。

　続く節では，まず，イスラームとジェンダーをめぐる問題が一般的にどのような性格を持ち，どのような点に注意を払う必要があるのかを明らかにする。その後，筆者の専門とする 2000 年代以降のエジプトを事例に，イスラームとジェンダーの議論でしばしば論点となる，教育，就労，結婚について概観し，最後に三姉妹の具体的な姿から，ムスリム女性の生き方に迫りたい。

2　イスラームのジェンダー的課題とは何か

　「イスラームは女性抑圧的だ」と言われる際，主に持ち出されるのは二つの根拠である。一つは，ジェンダー開発指標のような国際基準であり，もう一つは，女性のスカーフ着用や一夫多妻といった，ムスリムに対する固定観念である。どちらも，イスラームに由来する人権侵害，あるいはイスラームという宗教の後進性を論じる際に登場する。イスラームによる「女性への抑圧」は，今や，他者の尊重や多様性の肯定といった国際社会の理念から是非が問われると同時に，武力行使に訴えてでも，緊急に解決すべき課題とされている。

　他方，「イスラームは女性にやさしい宗教だ」という主張もある。そうした主張では，イスラームがムスリム男性に課す女性の保護義務について語られることが多い。ムスリム女性は男性によって自由が制限され，また女性が自らの意思で物事を決定することができないようにも見える。しかしそれは女性が常に男性によって，経済的・身体的・精神的に保護される結果にすぎない，というのがその主張である。また近年，イスラーム・フェミニズムも盛り上がりを見せている。イスラーム・フェミニズムとは，イスラームが元来女性に約束する権利や尊厳を社会に発信することで，欧米型のフェミニズムとは異なる，イスラームの教えに則った女性の地位向上を唱える運動のことをいう。イスラーム・フェミニズムでは，女性の地位向上を唱える女性たちも，自ら進んでイスラームに帰依することに着目し，その自主性に，イスラームが女性を尊重した宗教であることが表われているとの主張も展開されている。

　こうしたイスラームを擁護する意見では，男女は権利や役割において平等ではないけれど，同等に尊重されているという意味を込め，国際社会が重視する「ジェンダー平等」ではなく，「ジェンダー公正」という用語が用いられることもある。

男女には違いがあるが，それぞれが相互補完的役割を果たす関係にあり，決して
男性が女性より優位にあるわけでも，女性という片方の性のみが虐げられている
わけでもないという考え方である。

　これらの主張は一見すると，イスラームへの反対と擁護として対立しているか
に見える。しかし両者には共通の問題がある。それが，出来事を特定の側面から
見て，イスラームの「ジェンダー不平等」を語ること，そしてもう一つが，抽象
的で単純化されたイメージの一人歩きをうながすことである。とりわけ，現在の
日本では，イスラームに関する情報に，抽象的で一般化されたイメージが多く，
イスラームを身近に感じることをより難しくしている。こうした，特定の側面の
みの強調や，単純化されたイメージの一人歩きには，もれなく，実態の不在と細
部の軽視という問題が付随する。これらは，既成のイメージに違和感を抱いても，
それを批判することや捉え直しを難しくする点で，看過できない問題である。

3　イスラーム的女性抑圧の根拠？
——女性の教育，就労，婚姻——

　重層的な問題であるにもかかわらず，イスラームがジェンダー的に問題視され
る際には，教育，就労，結婚の三つばかりに焦点が当てられることが多い。そこ
で，まずはこの三つの論点について，主に 2000 年代以降のエジプトの事例に基
づき概観しておきたい。

❖ 教育——意外に高い（？）女子就学率
　ナイジェリアのボコハラムによる女子生徒集団誘拐事件や，ノーベル平和賞を
受賞したパキスタンのマララ・ユースフザーイの襲撃事件の印象が強いのか，イ
スラームは女子教育を否定するという誤解も少なくない。しかしながら，2015
年の世界銀行による女子の初等教育就学率に関する調査によれば，中東諸国平均
は 92.42％ で，世界平均の 88.65％ を上回り，男女差もわずかである。エジプト
の初等教育（小学校，中学校相当）就学率は，2004 年に男女ともほぼ 100％ を
達成し，それ以降横ばい状態である。中等教育（高等学校相当）就学率は 85.86
％だが，そこに，男女差はほとんどない。高等教育（大学，専門学校相当）への
進学者は全体の 31.67％ だが，その男女比もまた，男性 10 に対し，女性 9.6 であ
る。高等教育進学者の男女比が男性 10 に対して女性 5 を超えたのが 1985 年であ
ることを踏まえれば，教育におけるジェンダー不平等が，急激に解消されてきた

のがわかるだろう。

　後述する三姉妹の場合も，両親は娘たちの教育に熱心に取り組み，3人全員が大卒である。これは，男女を問わず優秀な学業成績を子どもに強く求められる近年のエジプトでは，珍しいことではない。いまだ家事の大半を担うのは女性ではあるが，幼いうちから女児に家事手伝いをさせる習慣は都市部では姿を消しつつあり，勉強が一日の中心を占めるのは，女児も男児と同様である。

　女性の高学歴は，一般的に，結婚市場でも肯定的評価をされている。とりわけ1990年代末以降の都市部では，高い学歴を持つ女性たちは，分別のある，子育てに秀でたすばらしい女性とみなされるようになった。教養のある女性には，イスラームの知識も兼ね備えていることが広く期待され，学歴とイスラーム的教養を備えた女性は，優れた資質を持った女性という意味で「ナディーファ（直訳すれば清潔・清廉な女性）」と呼ばれ高く評価されている。ただし，「ナディーファ」であることはこれまで，結婚市場では重視されつつも，女性の社会進出には必ずしも結びついてこなかった。

❖ 就労──専業主婦モデルに則した低就業率

　学校教育が男女を問わず奨励される一方，2014年の世界銀行の調査によれば，エジプトの女性の就労率は約22.7％と他国に比べて低い。また中東諸国は生涯婚姻率が非常に高く，50歳まで未婚のままの女性は，全体の2.2％とごくわずかである。これらを勘案すると，女性の主要なライフコースは，専業主婦として生きることだと見えてくる。

　これまでその要因とされてきたのが，女性が享受する男性による経済的，物質的，身体的保護である。すべての女性は男性に扶養される権利があるので，女性があえて働く必要はない，というのだ。男性による女性の扶養義務とは，男性に，自分の妻，姉妹や母，叔母などの女性親族を扶養する義務が課されているという考え方であり，「イスラーム的ジェンダー規範」としても広く知られている。仮に女性に収入がある場合，女性はそれを自由に使うことができる，という点に特徴がある。

　男性による女性の扶養には，経済的なもの以外に，物理的保護も含まれる。その保護対象には，男性から女性に向けられる性的な脅威もある。この性的脅威は，現在に至るまで，両性が共に働く職場環境が女性に適さないとする意見の根拠とされてきた。また同様の根拠に基づき，保護者から遠く離れた場所での女性の勤務が制限されることもある。女性による遠隔地勤務を許さない家族も多い中，ど

206

うしてもそれを女性が希望する場合，彼女を扶養すべき男性親族が，同伴者としてその女性に同行する場合もある。

　こうした異性との接触を否定的に見る規範は，ながらく女性が男性と同等に社会で活躍するうえでの障害と考えられてきた。しかし近年，男性と同じように社会で働くことを望む高学歴の女性が増えたこと，中東諸国にも「イスラーム的ジェンダー規範」を重視しないグローバル企業が進出してきたことなどを受け，変化が起こっている。同様に，若者人口の増加に対し，仕事の数が増えきらない就職難の到来も，変化の一翼を担っている。男性に仕事がなければ，そもそも女性を経済的に養うことは難しい。

✛ 婚姻——人生のクライマックス

　最後に取り上げるのは，婚姻である。「エジプトの庶民にとって，結婚とは人生の目的である」と述べる人類学者がいるように，多くの研究で，エジプトでは結婚が社会的に重視されることが示されてきた。2006 年，2008 年の調査をもとにした，生涯婚姻率（一生のうちで結婚したことのある人の比率）のデータにも，エジプト人が結婚を重視することが明確に示されている。こと女性に関していえば，実に 90％ が 20 代のうちに最初の結婚を経験する。

　「結婚は信仰の半分」というように，結婚の重要性がイスラームの教えとして説明されることも多い。その理由の一端は，宗教と結婚とのつながりが社会に自明視されていることにある。エジプトでの婚姻は，ムスリムならイスラームの宗教法，キリスト教徒ならキリスト教の宗教法というように，それぞれの宗教法に依拠した法律が適応されている。その結果，ムスリムの妻に課される夫に対する従属義務，一夫多妻，あるいは男性にのみ離婚を認める法律は，イスラームが抱えるジェンダー的課題とされてきた。それらの課題は，イスラームに懐疑的なまなざしとも混ざりあい，イスラームによる「女性への抑圧」とみなされてきた。

　その中心の一つが，夫には妻を扶養する義務がある代わりに，妻には夫に従属が期待されるという，「扶養し，従う」という関係である。こうした夫婦のあり方は，クルアーンの男女のあり方に関する記述の解釈に基づき，法制化されてきた。これは，妻に従属を求める点では女性に抑圧的にも聞こえるが，男性による女性の扶養義務に着目し，女性を経済的困窮から救い，女性にとって経済的な資源をもたらすシステムであるとしてフェミニストの中にも肯定的に評価する研究者もいる。

　法律に関しても近年変化が見られている。2000 年に入りようやく，女性側か

第 12 章　ジェンダーから考えるイスラーム　　207

ら申し立てた場合も婚姻関係の解消ができるよう法改正が行なわれた。この法改正は，男性からのみの離婚を認める，従来の法の不均衡を是正する動きであり，女性の権利の大幅な向上として国内外から高く評価された。

　しかしながら，一夫多妻や若年婚に関しては，いまだ法的措置でも決め手を欠いている。ムスリム男性には，中東の多くの国において，イスラームを根拠として4人まで妻を持つことが許されている。エジプトでは1985年以降，2番目以降の結婚では，それ以前に結婚している妻への通達が義務づけられ，妻の権利の補強が目指された。ただし実際には，この要件を満たさずとも結婚が成立することも多く，法律の運用における問題が指摘されている。

　若年婚で問題視されているのは，女性の意思を無視した結婚である。エジプトでは，合法的な婚姻年齢は，2008年に男女とも18歳に引き上げられたが，それにもかかわらず，早い場合には8歳の女児が結婚させられることもあるという。一夫多妻の手続き同様，若年婚においても行政における法の順守が徹底されておらず，2015年には人口省の大臣が，婚姻全体の約15%が若年婚であると発言するなど，かなりの数が実施されているといわれている。

　また近年では，一夫多妻と若年婚が，売買春目的の女性の人身売買に利用されていることも指摘されている。エジプトでは，婚姻内での性交渉の愉しみがイスラームによって推奨されていると広く考えられている。一方で，婚姻外での性交渉は厳しく禁止されている。それを逆手に，合法的な結婚という形態をとり，法定年齢以下の売買春が可能になっているという。一夫多妻と若年婚は，婚外交渉の禁止に対する抜け道として利用され，法定年齢以下の少女の売春という深刻な問題の温床となっているのである。

　このように，今日に至るまで，エジプトの婚姻に関しては，国際的な「ジェンダー平等」に照らして不均衡と呼べる問題がある。しかし，それでも多くの男女は人生の最大のイベントとしていつか結婚することを心待ちにし，「結婚する」ために，幼いうちから，婚資を稼ぎ，貯めることを重視する。というのも，結婚は，恋愛関係の成就という以上に，社会的に一人前とみなされる契機でもあるからだ。だからこそ，1990年代以降の，物価の高騰に伴う結婚難は，未婚の男女に大きなストレスとして経験されてきた。法的な問題が存在するとはいえ，結婚には一般的に非常に肯定的な評価がなされ，人々は今日も，自ら希望して結婚をし，あるいは未来の結婚を夢見ているのである。

　以上，女性の教育，就労，結婚と概観したが，イスラーム以外の多様な価値規

208

範が併存する現代社会では，イスラームの教義をどの程度重視すべきかの判断は一様ではない。また仮にイスラームの教えだけに判断を委ねるとしても，イスラームのどの教義を適用すべきか，優先すべき事柄は何か，それをどのように解釈し実践すべきか，など疑問は尽きない。現代エジプト都市部における女性をめぐる教育，就労，婚姻のいずれをとっても，イスラームだけですべてのジェンダー的課題を語ることはもはや不可能である。

　では，こうした社会空間でムスリムの女性たちは何を夢見てどのように暮らしているのだろうか。次節では，ある三姉妹の具体的な姿を検討し，ムスリムの日常生活をジェンダー視点から考えたい。

4　ムスリマの日常生活に見るジェンダー

　ここで取り上げるのは，1981 年生まれの長女，1989 年生まれの次女，1991 年生まれの三女からなる三姉妹である。彼女たちの父親は長距離タクシー運転手，母親は専業主婦で，両親とも小学校卒業以来学校には通っていない，いわゆる「小卒」である。彼らはとりたてて裕福ではなかったが，他の多くのカイロ市民同様，門戸開放政策の恩恵を受けるかのように社会上昇を果たし，1980 年代末に下層中産階級の生活を手に入れた。夫婦はカイロ郊外に 3LDK の自宅を構え，夫が定年退職を迎えた今では，娘たちの収入と地方に持つ小さな住居の家賃収入によって暮らしていた。この三姉妹は，筆者と 1999 年に結婚したエジプト人男性の姉の娘たち，すなわち筆者にとっては義理の姪である。

　母親は非常に教育熱心で，なんとしても娘たちを大学に通わせようとした。その極端な例が，長女をあえて高校時代に地方の学校に通わせるという作戦である。エジプトには，地方格差の是正を意図し，地方出身者に大学入試の優遇措置があるという。母親は，この恩恵に与るために，カイロから遠く離れたシナイ半島に，高校 2 年生の長女を送り出した。長女は，先に単身赴任していた父親のもとに身を寄せ，家事をしながら勉強に励むことになった。結局，三人姉妹のうち，長女と三女がカイロ大学，次女は私立の大学に進学した。

　母親は，イスラーム教育にも熱心だった。姉妹は小学校に上がると，平日の夕方に，同じ年頃の子どもを集めた近所のクルアーンの朗誦教室に通うようになった。小学校の低学年になると，3 人とも，一日 5 回の礼拝を行なっていたという。そして長女は大学 2 年，次女と三女は小学校高学年のときに頭髪をスカーフで覆うようになった。出会った頃はショートパンツ，ノースリーブだった次女と三女

の服装も，その頃から長いズボンを基本とした，肌を見せないスタイルに変化した。

　三姉妹は今日ではみな立派に成長し，それぞれに個性豊かな異なる人生を歩んでいる。続いては，三姉妹一人ひとりの今の様子とそこに至る道筋を見てみたい。

✤ スーパー主婦となった長女──結婚を通じた自己実現

　長女は，カイロ大学法学部への進学を契機に，高校時代に1年半過ごしたシナイ半島を離れ，カイロ郊外の実家に戻ってきた。勉強がそれほど好きではなかった彼女は，大学2年生になると，自宅近くの土産物店でのアルバイトに精を出した。実家のあるギザのピラミッド周辺には，大規模な土産物店が数多く営業し，外国語に堪能な大学生が就ける仕事があった。仕事をしながら大学に通う他の学生同様，長女は試験や実習といった授業にだけ登校し，普段は教科書を使った自宅学習を行なった。

　「もともと自分に特別な才能もないし，外で働くことは考えなかった」という彼女は，はじめて会ったときから，なんとかして収入のよい夫を捕まえ早く結婚したいと，現実的で明確な夢を口にしていた。そのため彼女が土産物店で職を得たと聞いた際には，即座に，外国語が得意な将来有望な男性と知り合うことが目的のはずだと邪推した。彼女が，頭髪を隠すスカーフをまとうようになったのもこの時期だった。そして彼女は，望みどおり，大学在学中に婚約者を手に入れた。

　実際に会ってみると，彼女の婚約者は，想像をはるかに上回る，花婿候補としては非の打ちどころのない男性だった。彼は，当時すでにツアーガイドとして活躍し，彼女よりも5歳年上だった。彼のほうでは，賢く家庭的な女性を花嫁にしたいと願い，彼女を選んだようだった。

　ツアーガイドは，2011年の民主化運動勃発以前は，観光産業でも最も収入が高い花形職業として知られていた。土産物店の会計係であった長女が，有名ツアーガイドを射止めた出来事は，当時，羨望と嫉妬の混ざった複雑な感情とともに，特に女性の同僚たちの間で大きな話題になった。実際には，二人の出会いは，フランス語の語学教室だったらしいのだが，周囲では長いこと，土産物屋の玉の輿ストーリーとして語られた。

　時にあざとく，時に目端が利くといわれた長女の用意周到さは，結婚準備においてその真価を発揮した。まず婚約者が仕事で忙しいことを理由にし，新居，家具，買い替える自動車の車種に至るまで，結婚準備にまつわる一切の出来事を，彼女と母親が取り仕切るようになった。長女はこの時点で，花婿の資産総額まで

把握していたという。

彼女は，新興富裕層が多く暮らす住宅街に，少し身の丈を超えた中古マンションを分割払いで購入した。そして，その新居を元手に，数年後に当時カイロ郊外に建設され始めた，周囲が塀で囲まれた高級住宅地の第1次分譲に応募し，特別割引価格で買い替えに成功した。どちらの住居も，利便性よりステータスを重視した選択であることは明らかだった。

また彼女は，イギリス式教育を実施する学費の高い私立学校に息子を入学させた。さらにステータスシンボルとされる老舗高級スポーツクラブの会員となり，そこで息子に乗馬と水泳を習わせた。乗馬と水泳は，イスラームで推奨される技能といわれ，そのため多くの人は，この種目選択に，イスラームを重視した価値観を読み取った。とはいえ，乗馬は多額の費用がかかるため，誰もが簡単に楽しめるスポーツではない。上流階級のステータスシンボルでもある乗馬の選択は，辛辣な親族の会話では，見栄っ張りの長女の行動として恰好の話題となった。

彼女は単なる見栄っ張りではなく，目標設定，計画立案，計画遂行能力のいずれの面でもずば抜けた才能を見せ，張った見栄に見合った生活水準の向上を着実に遂げていた。例えば彼女は，新しい不動産開発が行なわれると聞けば説明会に足を運び，安い物件を手に入れた人がいると聞けば，その人物に会いに行って話を聞いた。欲しいものを明確に知り，情報を収集し，周囲を巻き込んででもなんとか手に入れていく彼女の様子には，いつも周囲が驚かされた。

彼女の秀でた手腕は，家族運営にも発揮されていた。結婚当初は，周囲から，格差婚によるストレスが心配されていた。しかし日を追うごとに，夫婦の主導権を握っているのが彼女であることが明らかになった。彼女は夫を上手に叱咤激励し，「管理」していた。例えば2011年の「1月25日革命」（「アラブの春」とも呼ばれる民主化運動のこと。エジプトでは2011年1月25日の大規模デモを発端とした〔といわれる〕ことから「1月25日革命」と呼ばれている）以降，観光産業に携わる多くの中流家庭が経済状態の悪化を経験した。ところが他の家族が生活水準を下げざるを得ない経済停滞期にあって，彼女の家庭は生活水準のさらなる上昇を遂げた。彼女は，ガイドであった夫に副職を強い，転職機会を狙わせ，夫の海外の友人までを巻きこみ，夫が，一定水準以下の収入に甘んじることを許さなかった。同時に，夫の得た収入を優れた庶民的金銭感覚で上手にやりくりしつつ，革命後の経済の停滞のさなかにも，虎視眈々と次々に将来の計画を練り上げた。

❖ ツアーガイドになった次女――従順女子の転身

　しっかり者の長女に比べ，少女時代，次女はどちらかといえば物静かで従順だった。はじめて会った頃から，言いつけられたとおりに2歳年下の三女を気遣い，自分のことよりも周りの人間の手伝いを率先してやる聞き分けのいい少女だった。比較的外見が整った三姉妹の中でも最も容姿端麗で，異性から関心を持たれることにも自覚的だった。

　学校の成績はとりたててよくはないが，容姿端麗で，控えめで家庭的。そんな彼女が条件のよい花婿を見つけるのは簡単なことに見えた。また小学校高学年で，スカーフをまとい始め，近所では信仰心に篤い少女として評判を高めていた。実際，高校生になる頃には，いくつか結婚話も舞い込むようになっていた。

　ところが，高校入学時に語られた彼女の夢は，意外にも「キャリアウーマンになりたい。できればツアーガイドになりたい」というものだった。母親のように専業主婦になるつもりはなく，むしろ叔母と同じツアーガイドになり，外国語を使って外国からの観光客を相手に仕事をする夢を持っていたのだ。

　当時彼女は，行儀見習いのような感覚でツアーガイドとして働く叔母の家に下宿をしていた。忙しい叔母さんを手伝い，料理や子育てのサポートをしたり，子どもの面倒を見たりとかいがいしく立ち働く代わりに，叔母に勉強を見てもらい，また少し生活水準が高い暮らしを経験していた。そうした環境に身を置くうちに，社会で活躍する女性になりたいと願うのは，当然の流れだったのだろう。ただ意外だったのは，彼女の夢がツアーガイドだということだった。

　先述のとおり，ツアーガイドは観光産業の花形で，収入のよいことで知られていた。しかし女性の場合は，宿泊を含んで長時間外国人観光客と親しく接する業務内容のためか，「風紀を乱す，淫らな女性」と評価されることもある。不満をいわず，周囲の言いつけに笑顔で素直に従う彼女が，そうした否定的な社会的評価に耐えられるとは思えなかった。またツアーガイドになるには外国語だけでなく，ツアー全体を管理し，臨機応変に顧客のニーズに応える多様なスキルが必要とされる。従順で，やさしいことが取り柄の彼女に，押しの強さも必要とされるツアーガイドが務まるとは思えなかった。

　しかし彼女は，叔母の経済的支援を受けつつ私立大学の観光学科に進学し，スペイン語を専攻した。当時のエジプトでは，私立大学は，国立大学に進学できない学力の劣った学生が通うところだと考えられていた。そのため，次女の私大進学は，彼女の学力の低さを示すものだと考える人もいた。また大学進学後は，長女と同じように実家近くの大規模な土産物店で働き始めたが，次女が配属された

のは裏方の仕事だった。これもまた，彼女が十分な語学能力を備えていない証左とされることがあった。

　ところが次女は，大学卒業時にスペイン語ツアーガイドの資格取得に成功し，フリーランスのガイドになった。このとき筆者は，周囲の思い込みを覆す，次女の情熱と粘り強さに圧倒され，また彼女のことをわかったつもりになっていた自分を恥ずかしく思った。さらに驚くべきことに，彼女はその後，売れっ子ガイドになっていった。

　次女の成功の様子は，彼女自身がSNS上に日々アップする，流行りのファッションにサングラスできめた「デキる女」の自撮りによく表われていた。2016年には，ついに自分の車を購入したが，それを非常に喜んだのは彼女の母親だった。母親は，まるで成功した娘を自慢するかのように，次女が運転する赤の中古のヒュンダイアクセントで毎日のように親戚の家を訪問した。ただ，購入から1年以上たった今でも，お世辞にも彼女の運転が上達したとは言い難い。ふらふらと軸が定まらず，ノロノロ運転する彼女の車は，他の車からはひっきりなしにクラクションを鳴らされている。次女の運転する車に喜んで乗る強者は，母親のほかにはまだいない。

　次女がキャリアで成功するにつれ，それまで彼女の花婿候補選びに熱心だった母親も，その熱意を失っていったようだった。次女本人も，結婚する意志はあるが，焦る様子も見られない。この二人の様子を見る限り，女性が経済的な基盤を得ることは，結婚の必要性を相殺するものであるかのようにも見える。しかしながら，エジプトは依然として，女性に早く結婚することを奨励する社会である。20代も後半に入り，今後彼女が結婚に関してどのような動きを見せるのか，その際彼女を突き動かすものが何になるのか。家族の中に彼女が見習うべきモデルがないだけに，この先の展開を予測することは難しい。

✤ 海外就労を楽しむ三女──グローバル化と「革命」を味方に

　幼い頃から活発で利発な三女は，小学校入学と同時に，勉強での才能を発揮した。明るく，スポーツ万能で，勉強ができ，面白い。彼女は，多くの友達に囲まれる人気者で，異性の友人にも人気が高かった。三女は，万事に機転が利き，要領が良く，大人に言いつけられる用事も，結局いつもちゃっかり次女に肩代わりしてもらうようなところがあった。冗談好きで，大人に対して多少不躾な態度をとることもあったが，快活な笑い声と笑顔で，それもまた彼女の魅力として許されていた。

第12章　ジェンダーから考えるイスラーム　　213

母親は，三女に勉強の才能があると見ると，評判のよい家庭教師の話を聞きつ
けては，授業をしてもらえるよう奔走した。高校に通う頃には，三女は公立校の
授業には満足できず，学校に行かずに，自宅で受験勉強に取り組み，カイロ大学
文学部に進学した。

　姉二人と同様，彼女も大学入学直後から，自宅近くの大型の土産物店に勤務し
た。また同時期に日本文化センターで開かれる日本語講座で勉強を始め，土産物
店では英語，スペイン語，日本語の売り子として活躍するようになった。しかし
仕事を優先するあまり，必須単位を落とすこともあり，大学卒業には4年半を費
やした。

　三女は常々，将来は日本語かスペイン語のガイドになりたいと口にしたが，最
初の仕事は，大学留年中に，偶然知ったインターネットのホテル予約サイトの英
語オペレーターだった。そして，この仕事が彼女の人生に転機をもたらした。グ
ローバル企業での仕事は，彼女に英語とインターネットを駆使した就労経験を与
え，結果的に，私立学校で外国語教育を受け育ってきた若者たちと同じ労働市場
に彼女が参入する機会を開いたのだ。もともと機転が利き，環境適応能力に優れ
た彼女は，約1年間オペレータの仕事を続ける間に，自分が育った下層中産階級
の暮らしとは違った，エジプトのグローバルな新興富裕層のライフスタイルに適
応していった。そして，その仕事を足掛かりに，海外航空会社のグラウンドスタッ
フの職を手に入れた。

　彼女の転身の背景には，2011年「1月25日革命」以降の観光産業の衰退もあっ
た。それ以前から観光産業に関わってきた三女は，「革命」以降観光客数が激減
し，周囲の観光産業従事者が暮らしに困窮していく姿を目の当たりにした。不況
のあおりは彼女が働く大規模土産物店にも波及し，給料不払いも経験した。観光
産業ですら安泰でないと身をもって知った彼女は，観光産業で身を立てる選択か
ら一転，グローバル企業の海外勤務を決意した。そして，それから間もなく，彼
女は家族のもとを離れ，単身，アラブ湾岸諸国の大都市で働きながらの寮生活を
スタートさせた。またこの頃を境に，10歳頃からまとってきたスカーフをやめ
る決断をした。

　2011年の「1月25日革命」は，女性が海外で一人暮らしをする際のリスクの
評価を家族に再考させる機会にもなった。エジプトでは都市部農村部を問わず，
一人暮らしは非常に珍しい。男性も女性も，結婚し，新たに自分の家庭を築くま
では，親と同居するのが一般的である。男性であれば，学業や仕事（出稼ぎ）を
理由に一人暮らしや寮住まいをすることもあるが，女性の場合はそうした機会も

214

ほとんどない。それが，「1月25日革命」以降，エジプトの経済状態が悪化する中で，これまでのやり方に必ずしもこだわる必要はない，とする風潮が大きな支持を集めるようになった。また観光産業の衰退は，観光地に生きる彼女の家族にも現実的な選択を後押しさせる一因となった。エジプトにいても適当な仕事がないと判断したのか，両親は，彼女がアラブ湾岸諸国で働くことに反対しなかったという。

　ただし家族が海外就労に全く懸念を抱かなかったわけではない。三女の場合，転職して1年が経とうとした頃，家族の不満が噴出した。事の発端は，勤務先が主催するビーチパーティの写真がSNSにアップされたことだった。写真には，三女が夜の波打ち際で裸足で遊ぶ様子が写っていた。三女のノースリーブのロングワンピースは，濡れないよう膝の高さまでたくし上げられ，その後ろには，同じく笑顔ではしゃぐ男性が写りこんでいた。これが，家族の目にとまり，大問題になったのだ。

　写真がアップされて数分後，彼女の携帯電話には，長女から，続いて次女からも，事を問いただすメッセージが届き始めた。彼女たちの口調ははじめから非難じみ，数分後には，「家族の恥をさらした」，「今すぐカイロに連れて帰る」，「カイロで処女検査を受けさせる」，といった過激な脅しを含むものに変化した。パーティから帰宅し，家族からの多数のメッセージに気づいた彼女は，パニックに陥り，長女と次女に電話をし，自分が出席していたのは会社のパーティーであったことや，多くの同僚が男女を問わず出席していたことを釈明した。しかし長女や次女は非難を止めず，三女は恐怖に怯え，どうするべきかと筆者に助けを求めてきた。彼女は途方に暮れた様子で，「これまでも新しい道を切り開き，自分の欲しいものを手に入れてきた長女が，母親と一緒になって私を責めるのはひどい」と泣いて訴えた。

　家族はその後も3日にわたり，一方的な非難のメールを彼女に送り続けた。しかし三女は，激しい反応に困惑しながらも，非難に屈して仕事を変える必要があるとは考えなかった。彼女は家族が彼女を非難したのと同じ3日間，家族と連絡を絶ち，自分の意思の固さを表明した。3日後彼女が連絡を再開させると，そのときにはもう，家族の誰も，三女を非難することはなかったという。

　現在の職場は，仕事での活躍機会をもたらしたものの，三女にいわせれば，結婚においてはマイナスの環境であるという。勤務先の同僚男性は，裕福な家庭に育ち，英語が堪能な割には学力に劣り，彼女と真剣に向き合おうとしないという。ただし三女は，母親や長女のように結婚し家庭に入ることは考えていなかった。

さらに最近では，もしも適切な相手に出会えないのなら，一生結婚しなくてもいいと考えるようにもなっていた。このように，三女にとって，海外での一人暮らし経験は，これまで女性が経験することが考えられなかった選択を可能にしてくれた。また同時に，自分自身の生い立ちや価値観を再確認し，自分なりの選択を考える契機ともなっていた。

5 三者三様の学校教育，就労，結婚との関わり方

　この三姉妹の半生は，現代エジプトの都市部を生きる下層中産階級出身のムスリム女性としては，特にめずらしいものではない。ただしこの三姉妹からもわかるように，同じ家庭に育った女性でも，イスラームに対する向き合い方，考え方，実践の姿は一様ではない。学校教育や就労をどう考えるか，異性とどう付き合うか，結婚をどう捉えるか。こうした問いは，イスラームとの関わりだけでなく，一人ひとりに備わる能力，状況，付き合う人々，人生のタイミングなどによっても違ってくる。また偶然や社会情勢も大きく絡んでくる。

　一方，現代エジプトでは，女性にも学校教育が奨励され，教育の重要性はイスラーム的価値観としても老若男女に広く浸透している。ただし，イスラームの価値観のみで女子就学率の高さを説明できないことも明らかである。例えば三姉妹の母親は小学校しか通っておらず，祖母に至っては，学校に通ったことがない。この母（1965年生まれ）や祖母（1950年生まれ）は自らを敬虔なムスリムであると自負してはいるが，彼女たちの少女時代には女子教育は一般的ではなく，彼女たちはその恩恵に与ることはできなかった。この一つをとっても，イスラームだけで女性の就学を説明することは難しく，時代や社会情勢もまた大きな意味を持っていることがわかるだろう。

　イスラームとの整合性がすでに確立されている学校教育と違って，女性の賃金労働となると，話はさらに複雑である。今日のエジプト社会にも，女性の就労がイスラームの価値規範と衝突するとみなす見解は根強く存在する。三姉妹の例でいえば，女性の就労をイスラーム的見解から危惧する立場に最も近いのが，専業主婦であることを選んだ長女，続いて，異性との接触はありながらも外泊を伴う仕事は受けず，国内で家族と同居する次女，最後に，国外で異性と同じ職場で働きながら一人暮らしをする三女である。実はこの順番は，彼女たちの服装に対する評価にも重なるところがある。

　長女と次女は日ごろから，できるだけ素肌を見せない衣服を身に着け，頭髪も

216

スカーフで覆っている。長女はロングスカートとチュニックを基調としたたっぷりとした衣服を身に着けている。対して，次女の基本アイテムはぴったりとしたスリムジーンズである。また次女は，体にぴったりとした長袖カットソーを着たうえで，その上にタンクトップや袖なしのロングワンピースを着ることもあり，素肌を見せはしないものの，体の線が露わになる服装をすることはある。他方三女は，大学時代は次女とほとんど同じ服装をしていたが，近年では肌を露出したワンピースを着ることもある。ただし三女のような服装も，彼女の世代の新興富裕層や海外に出たムスリム女性たちには珍しいものではない。

　さらには，就労に関わる選択やファッションスタイルが，三女の信仰心の薄さを表わすものだとも一概に言い切れない。むしろ三女は，長女や次女と比べても，日ごろからよくクルアーンを手にし，周囲からもイスラームについて詳しい女性だといわれていた。またスカーフをまとわないという決断をしたのも，イスラームと自分との関わりを熟考したうえでの判断だった。加えて，専業主婦である長女が，他の二人に比べて信仰心が篤いかどうかも定かではない。長女は傍から見れば家族のために献身するよき母，よき妻であり，イスラーム的ジェンダー観を最もよく体現しているように見える。しかし彼女が，イスラームの教えを意識して夫に従順であったためかどうかはわからない。むしろ長女は，家庭の主導権を握り，社会情勢の変化を注視し，変化のただ中に自らの生活水準向上の勝機を見出すことに熱心であるように見えた。その商魂の逞しさは，次女や三女の及ぶところではない。

　また先述のとおり，三女が海外で働くことが可能になった背景には，エジプトの政情不安と経済の落ち込みがあった。2011 年の「革命」以降の政治動向は，恵まれた仕事に就いているように見えても，わずかな政治の変化で，就業機会がたやすく奪われ，生活の安定が消失しうることを明らかにした。三女の場合，こうした仕事に対する社会の意識の変化が，これまで娘を実家から出すことに否定的だった家族の考え方に少なからず影響を与えていた。政情不安が続く中の膨大な若者の失業人口や，観光産業の衰退は，彼女たちの両親や三女自身を，親元を離れ海外で異性と共に働く環境に対する抵抗感を，相対的にやわらげた可能性が高い。

　結婚についても同様である。長女は結婚に自らの人生を賭け，結婚を通じて自己実現を果たそうとした。長女にとって，結婚は当然するべきものであり，結婚相手やその後の結婚生活に自らの評価を賭けていた。しかし次女や三女には，結婚に積極的な様子は見られない。次女や三女にとってはすでに，結婚するかどう

かは重要ではなく，期待は抱き続けながらも，仕事を犠牲にするだけの価値がある目標ではなくなっているようにも見える。自分の経済的基盤を手に入れ，着実に経験を重ねている彼女たちにとっても，結婚は必ずしなければならないものであり続けるのか，あるいは結婚モデルを離れた人生の選択肢が生まれてくるのか，今後のエジプトの人生モデルは，彼女たちの選択にかかっているともいえるだろう。

6　おわりに

　今日，ムスリムが多数派を占める社会であっても，知らず知らずに生活の様相がイスラームの規範から外れることもある。現在の国際社会においては，どれだけイスラームを重視していても，イスラームとは異なる価値規範もまた同時に存在し，またムスリムがイスラームと呼ぶものそれ自体も，他の価値規範との衝突や交渉の中で変化を経験している。反対に，どれだけイスラームから独立したビジョンを抱いていても，イスラームをその一部に含む社会的期待やムスリムとしてのアイデンティティから自由でいることは難しい。イスラームに関わる固定化されたイメージがすでに存在する今日の環境では，ムスリムとして生きようとすれば，多かれ少なかれ，自らの価値規範や他者からの期待に，既存のイスラームのイメージが反映されている。このように，イスラームを意識しようがしまいが，中東においてムスリムがイスラームから離れた生活を送ることは難しい。しかしだからこそ，ムスリムや非ムスリムが考えるイスラームは，一人ひとり違っていて当然で，またそれは変わり続けている。

　このように考えれば，冒頭で取り上げた「イスラームは女性抑圧的だ」という問題意識には，人々が生きるイスラームが，まるで単一のものとして扱われている，という問題を見ることができる。また，ある種の抑圧の要因を，単一の価値規範に辿れるかのように扱われている点にも問題があることがわかるだろう。これは，三姉妹の事例からも明らかだ。本章で取り上げた三姉妹のように，同じ両親のもとにほぼ同じ環境で育てられたとしても，彼女たちの生き方は三者三様である。彼女たちは，一人ひとり，自らの判断でイスラームと他の価値観に折り合いをつけ，自らの解釈でムスリム女性として生きている。また彼女たちの生き方は，時代の流れや社会の主流派の見解にも大きく影響を受け，また影響を与えている。そしてそれだけに，同じ状態にとどまることなく，日々動き続けている。

　イスラームに限らず，ジェンダー視点でものを考えるうえでは，物事の特定の

側面に目を向けるだけでなく，性別に基づく固定的な権力関係を多角的に分析することが重要である。というのも，そうした権力関係は，生活のあらゆる場面に遍在し，人々の生に大きなインパクトを持つ。だからこそ，ジェンダー視点は不平等や格差を語るうえで欠かせない視座として認識されるに至っている。ジェンダーという概念の基本的意義を踏まえるならば，ジェンダー視点から見たイスラームには，三姉妹の事例に明らかなように，イスラームに関わる固定観念ではなく，むしろ最も先鋭的な変化や，豊かな多様性が映し出されている。彼女たちの生き方は，イスラームに関わる単一的なものの見方を排除し，より豊かで柔軟な「生きられるイスラーム」の実相を映し出してくれるのである。

■読書案内

後藤絵美『神のためにまとうヴェール――現代エジプトの女性とイスラーム』中央公論新社，2014年。ムスリム女性がヴェールをまとう意味について，エジプトを舞台に，イスラーム神学的解釈とヴェールをまとった女性の言説分析から解き明かす試み。

ライラ・アハメド『イスラームにおける女性とジェンダー――近代論争の歴史的根源』〈叢書ウニベルシタス〉林正雄ほか訳，法政大学出版局，2000年。エジプト生まれの著者が，主に歴史的資料を用いて中東における女性やジェンダーに関わる「内側の」解釈を提示する。白人中産階級的価値観とは異なるフェミニズムのあり方を示した書。

堀内正樹・西尾哲夫編『〈断〉と〈続〉の中東――非境界的世界を游ぐ』悠書館，2015年。中東世界で調査者が出会う具体的な出来事や人から，その根底で共有される理解を探る論文集。第3章（井家晴子著）ではモロッコの農村女性が語る自らの身体について紹介・分析されている。

コラム 12

北アフリカ（マグリブ）のイスラーム

　現在の中東・北アフリカ地域は，アラブ人が多数派を構成するため一般にアラブ世界とも呼ばれる。広大な範囲にわたるこの地域は，エジプト以東のマシュリク（地方）と，西方のマグリブ（地方）とに二分される。本コラムでは，イスラーム発祥の地アラビア半島を擁するマシュリクとの関係に照らしながら，比較的語られることの少ないマグリブのスンナ派イスラームを概観する。

　マグリブにはもともと，ベルベルと呼ばれる先住民（彼ら自身はアマジグという民族名を用いる）がいたが，西暦 647-710 年の初期イスラーム帝国の征服によって，この地域にアラブ人が入ってくることになる。8 世紀半ばにマシュリクの政治的影響力が弱まってからは，マグリブ地方でアラブ系・ベルベル系のイスラーム王朝が相次いで勃興した。その間にもアラブ諸部族の流入が続いたことでアラビア語が共通語化し，12 世紀までにはベルベル人の間でもスンナ派イスラームが支配的となっていった。フェズ（モロッコ），トレムセン（アルジェリア），カイラワーン（チュニジア）などの都市はながらく政治と宗教の中心地として栄えた。それらの都市はまた，マグリブとマシュリク，さらにはアンダルス地方（イスラーム勢力下のイベリア半島）およびサハラ砂漠以南アフリカをつなぐ商業と学問，そして巡礼のネットワークの結節点として機能した。

　マグリブのイスラームの特徴としてまず挙げられるのは，マーリク法学派の優位性である。この学派はスンナ派の正統四法学派の中でも 8 世紀のマディーナ（メディナ）の慣習を色濃く反映している。マシュリクでは他の学派が優勢となったのに対し，マグリブでは若干の例外を除いたマグリブの歴代王朝がマシュリクの権力者との距離を保つ目的からマーリク法学派を積極的に庇護したため，同学派は西方に定着していった。伝統的にマグリブのムスリムは，法的な問題をマーリク法学派の枠組み内でのみ処理する傾向がある。こうした態度は，学派間の意見の相違を比較することが珍しくないマシュリクのスンナ派ムスリムからすると，一つの学派への固執と映るかもしれない。しかし当のマグリブでは，イスラームの教えをより純粋な形で保持していると捉えられている。

　マグリブのもう一つの特徴として，聖者信仰が盛んなことが挙げられる。第 7 章で詳しく見るように，神から特別な恩寵（バラカ）を授かった聖者に対する崇敬はイスラーム世界に広く見られるものである。しかしマグリブでは特に，聖者はイスラームの教えを体現する者として民衆を教導したり，政治的な対立を調停したり，あるいは神秘的な力によって心身の病を治療するなど，地域社会の中で重要な役割を果たしてきた。マシュリクがアダムからムハンマドへと至る一神教の預言者たちの土地であるのに対し，マグリブは聖者たちの土地であるといわれるゆえんである。スーフィー教団の始祖となった聖者も多く，中でもシャーズィリーやジャズーリーなどのマグリブ出身の高名な聖者は，

220

マシュリクをはじめイスラーム世界に広く影響を残した。とりわけ 15 世紀以降には，聖者の聖者性を担保するものとして，時に奇跡をも引き起こす本人の能力に加えて，預言者ムハンマドの血統の重要性が高まった。その後の時代の諸王朝も自らの政治的権威の正統性を示すため，預言者の子孫，すなわちシャリーフであることを強く押し出すようになった。

　19 世紀以降にフランスをはじめとする西欧列強の植民地支配が進むと，東方に由来する近代的な宗教改革運動の思潮がマグリブにも広がり，その傾向はマグリブ諸国の独立を経て今日にも続いている。しかし，武力闘争をも辞さない集団まで出現するに至って，例えばモロッコでは近年，より寛容な「モロッコのイスラーム」が喧伝されるようになっているように，地域的なイスラームの伝統を強調する動きも見られる。現代のマグリブのイスラームのあり方は前近代のそれと同一ではありえないが，今も昔も，マシュリクとの相互作用の中で，イスラームの普遍性と地域的独自性の間を絶えず揺れ動いている。

(山口　匠)

第 13 章

イスラーム主義

1　はじめに

　イスラーム主義という用語は，欧米での「イスラミズム（Islamism）」にしても，日本語のイスラーム主義にしても 1990 年代から使われるようになった。その意味するところは，政治におけるイスラームの復活であり，政治イデオロギーとしてのイスラームとそれに基づく政治集団や革命運動の活動が論じられる。

　用語は 90 年代以降に普及したが，それに相当する現象はそれ以前からあった。したがってイスラーム主義を考えるときには，それがどのような現象なのかということと，この用語を用いて対象を論じるようになったことの意味を，別々の背景を持ったものとして考える必要がある。

　現象のほうは，1970 年代から中東から始まり，やがてイスラーム世界全体に広がった「政治的イスラーム」とは何か，それがなぜ，20 世紀後半から 21 世紀にかけて国際政治にとっても大きな問題となったのかということであり，用語をめぐる問題は，欧米諸国がなぜ「イスラーム主義」という表現にこだわって，世俗主義との対比の上でそれを批判的に見ているのかという問題である。日本でのイスラーム主義は，独自の面もあるものの，欧米での用法の輸入という面が強い。本章では，まず現象のほうから見ていくことにしよう。

222

2　分水嶺としての1979年

❖イラン・イスラーム革命の衝撃

　1970年代までは，アジア・アフリカ諸国でも民族主義や近代化が盛んで，イスラーム世界でも宗教の役割は次第に消滅しつつあると考えられていた。研究者の側でも，先進国で起きたように世俗化が進んで，宗教はもっぱら個人の問題となり，社会的な意義は薄れると予測していた。当時の世俗化論の旗手の一人で，アメリカの宗教社会学者のピーター・バーガーは1968年2月にはインタビューの中で「21世紀には，宗教の信徒たちは小さな宗派にのみ見出され，世界中に広まった世俗文化に対して互いに寄り合って抵抗していることになるであろう」と断言していた。

　それからわずか11年後，世俗化が自明とされていた時代のさなか，1979年2月にいわば「突如として」「宗教による革命」がイランで起きたことは，世界中に衝撃をもたらした。黒ターバンとイスラーム式の長衣をまとった高齢の法学者ホメイニー（1989年没）がその指導者として姿を現わすと，いっそう驚きが広がった。ホメイニーは携帯ラジオを身から離さず世界情勢を追う人ではあったが，見かけはいかにも伝統的な老宗教家で，先進国では時代錯誤を感じる人も多かったのである。

　この年には，サウジアラビア，アフガニスタンで同じように衝撃的な事件が起きた。サウジアラビアでは，11月に武装反体制派がマッカのカアバ聖殿を占拠し，王家の打倒を目指した。この蜂起は国家警備隊による攻防を経て軍事的に制圧されたものの，この後もサウジアラビアは過激派を生み出す国となり，やがて2001年9月にはサウジ人を主力とする9．11事件（米国同時多発テロ事件）が起きることになる。

　マッカ事件の翌12月には，ソ連軍がアフガニスタンの共産党政権を守るために同国に侵攻した。これに対して，アフガニスタンではレジスタンス運動が起き，特にイスラーム色の強い組織が「ムジャーヒディーン（ジハードの戦士）」として粘り強く活動した。彼らの屈強な闘争心（および西側諸国が提供した武器）のために，10年後にはソ連軍は撤退せざるをえなくなった。その後，アフガニスタンを基地とする武装闘争派の中から，9．11事件を起こしたアルカイダという過激派組織も生まれることになった。

　こうしてみると，1979年はイスラーム主義が世界に姿を現わした分水嶺の年

第13章　イスラーム主義　　223

ということができる。その波及効果と思われる現象も，80年代に次々と生じた。1979年11月に続いて，80年2月にもサウジアラビアの東部州で，同国の宗教マイノリティであるシーア派の暴動が起き，イラン革命の影響が表面化した。同年9月には，イラクがイランに攻め込み，イラン・イラク戦争が始まったが，これはまさにイスラーム革命の波及を防止しようとするものであった。つまり，イラクにもイスラーム革命の危険が迫っていたことなる。

　1981年には，エジプトでジハード団が閲兵中のサダト大統領を暗殺した。これは2年前にイスラエルと結んだ単独和平条約がイスラームの教えに反するとして，大統領殺害を正当化した事件であった。同年，湾岸アラブ産油国の一つバハレーンで，「バハレーン・イスラーム解放戦線」によるクーデター未遂が発生した。1982年にはイスラエル軍のレバノン侵攻（レバノン戦争）が起き，ヒズブッラー（神の党，日本ではヒズボラとも表記）が新しい政治主体として姿を現わした（ヒズブッラーについては，のちに詳しく述べる）。

　このようにしてみると，イラン革命後にイスラームを唱える政治主体があちこちに登場したことがわかる。イランの東隣のアフガニスタンでも，ソ連軍と戦うムジャーヒディーン組織の中に，イスラーム主義の党派がいくつも登場し，さらにここから北隣のソ連領中央アジア・イスラーム諸国へと影響が広がっていった。ソ連軍のアフガニスタン侵攻は，同国の共産党支援と中央アジアへのイスラーム復興の影響を阻止することが意図されていたが，かえって火に油を注ぐ効果を持った。

　イランは国民の大多数がシーア派であるため，「イスラーム革命」の理念が普遍的なものを目指しているとしても，実際のイデオロギーや闘争のシンボルにはシーア派色が強い。イランの革命政権は「革命の輸出」を目指したが，それもシーア派住民がいる国・地域を除くと，容易ではなかった。その中で例外ともいえるのがパレスチナであった。

　パレスチナ人たちは，1948年に建国を宣言したイスラエルに祖国パレスチナの8割を取られ，残りも1967年の第3次中東戦争でイスラエル軍に占領された。この戦争ではエジプト，シリア，ヨルダンも国土の一部を占領され，彼らの関心はパレスチナ人よりも自国領の問題に移った。孤立無援の感を強めるパレスチナ人の間で，従来のナショナリズムではなくイスラームに依拠するレジスタンスを求める傾向が出始めたときに，イラン革命が起きた。そして，民衆の蜂起で圧政者を倒すというモチーフがパレスチナ人の心に訴求力を持ったのであった。パレスチナ人にとっては，シーア派かスンナ派かというようなことは問題にならな

224

かった。

それによって 1980 年代前半に生まれたのが「パレスチナ・ジハード運動」である。また，ハマース（イスラーム抵抗運動）も，1987 年にイスラエル軍占領地（西岸地区・ガザ地区）で起きたインティファーダ（民衆蜂起）を機に登場した。両者ともに，現在に至るまでイランの支持を受け，反イスラエル闘争を続けている。

非武装の民衆が蜂起を続けて強大な王政を倒したという意味で，イランを「イスラーム革命」のモデルと考えることができる。都市民衆のデモ，石油会社や航空会社などの労働者のゼネストなど，そこには明らかに近代的な革命の要素が見られる。イランの影響もあって，イスラーム革命の流れはシーア派色が強い。他方で，アフガニスタンでの反ソ闘争はその後の「イスラーム闘争」のモデルとなったが，こちらはスンナ派色の強い流れである。この流れは多国籍の義勇兵といった新しい側面をもたらしたが，地域の部族的紐帯を活用した組織化など，近代的な革命にはそぐわない側面も持っている。反ソ闘争の中から登場したアルカイダという過激派組織は，サウジアラビア人を中心に多国籍のメンバーで構成されているが，これはスンナ派の国際ネットワークを活用して，メンバーをリクルートしたものである。同様に，2010 年代にアルカイダと袂を分かって内戦中のシリアで勃興した「イスラム国（IS）」も，欧米諸国のムスリム子弟や他の国からの義勇兵を集めるようになった。

総じていえば，1979 年のイランでのイスラーム革命，アフガニスタンでのイスラーム闘争をもって，イスラーム主義の勃興が始まったことが確認できるであろう。

❖ イラン革命の意義と影響

イスラーム政治思想における重要性という点では，20 世紀後半の諸事件の中でイラン革命が傑出している。イスラーム闘争の流れは，闘争の理念と手段という点で大きな影響を与えたが，国家や社会をめぐる思想的影響は小さい。後者については次の武装闘争の項で論じることにして，ここではイラン革命を論じたい。

1978 年に始まったイランの反王政運動には非常に広範な勢力が参加したから，王政を打倒したのは「イスラーム革命」と，最初から定まっていたわけではない。しかし，革命後の主導権争いの中でこの定義が優勢となり，国民投票によって 1979 年 11 月に「イラン・イスラーム共和国憲法」が制定されたときには，現代におけるイスラーム国家のあり方の一つの形が明確に定義されていた。伝統的な

イスラーム政治思想は君主制を自明視する時代に形成されたもので，「イスラーム共和制」をシャリーア（イスラーム法）の理念に合致する体制と定義したことは，最高指導者ホメイニーの独創であった。

　その基本となるのは「法学者の監督」論であった。法学者が後見人となる事例は前近代からあるが，その監督権を国家の上に置く理論は，ホメイニーによって最終的に定式化された。これによって，法学者が国家を指導することと，イスラーム法が憲法よりも優位にあることが明らかとなった。そして，憲法と制定法がイスラーム法と矛盾しないようにするために，憲法自体がイスラーム法に立脚していることが憲法に明記され，制定法に関する違憲審査権の制度（イスラーム法および憲法に反していないかを護憲評議会が審査する）が作られた。

　ホメイニーの理論を「法学者の統治」論と呼ぶ例が散見するが，広義の「法学者の統治」論は 1923－1924 年にラシード・リダー（1935 年没）が唱えた「法学者カリフ制」論が最初である。そして，1970 年代にイラクのシーア派高位法学者であるバーキル・サドル（1980 年没）が唱えた「法学権威の政治指導」論，ホメイニーの「法学者の監督」論がこの類型に含まれる。この中でホメイニーの理論が刮目に値するのは，実際の政治体制の構築を成し遂げたことであろう。サドルの思想もイラン・イスラーム共和国憲法に反映されているが，ホメイニーの功績の影に隠れている感がある。

　リダーの「法学者カリフ制」論は，当時のオスマン朝の「スルタン・カリフ制」が解体していく中で，あるべきカリフ制を論じたスンナ派の政治論である。それが実現しなかったのは，イスラーム王朝が滅びゆく当時の逆風もあるが，リダーがカリフ制復活をウンマの統一の方途として構想したためでもあった。サドルやホメイニーの理論は一国の中で実現しうるものであるが，イスラーム諸国を連邦化してその頂点にカリフを置くような構想は，すべての国が独立した国民国家に向かっている時代には実現しえないであろう。

　とはいえ，シャリーアと国家の関係でいえば，「法学者の監督」論はいずれも軌を一にしており，イスラームが政治と宗教を区分しない「政教一元論」に立脚して，イスラーム法を上位に置く国家構想を示している。それが 1970 年代末のイランで実現したことは，大きな画期をなすものであった。

　政教分離を近代政治の成果と捉える立場からは，これは歴史を逆転させるものと見えた。イランは「神権政」という欧米からの批判は，まさにその危惧を体現している。その場合，「神の主権」が国民主権と正面から対立するという議論もなされた。

神の主権と国民主権を対比させる議論は，実は，きちんと政治理念を分析せずに性急に結論を急ぎすぎている。イランの体制は「神の主権」を前提に，人間がこの革命政権を運営することを正当化しているのであって，超越的な唯一神が実際に主権を行使するという理論ではない。人間の主権が何に由来するかという正当化の理論である。西欧の理念でこれに対応するのは，国家主権の根源にある社会契約説であろう。そうであるならば，国民主権と対応するのは，神の主権に基づく「人間の主権行使権」でなくてはならない。

　もちろん，国民主権と人間の主権行使権が同じかといえば，そうではない。人間の主権行使権は，シャリーアを超える力を持たないからである。しかし，その場合でも，近代的な国民主権さえも万能でないことを想起する必要がある。人間の主権は，天賦の人権を否定するような権能は有していない。自然法のほうが上位にある。とすれば，理念の比較としては，シャリーアと自然法が同一水準にあることがわかる。理解のために対照すべき理論の水準を整えるならば，自然法とシャリーア，社会契約説と「神の主権」説，国民主権と人間（ウンマ）の主権行使権，そしてその先に，議会や法学者の役割があって，相互の比較が成り立つことがわかる。

　いずれにしても，イランでの革命は近代西洋的な価値観に異質な価値観を突きつけるものとなった。革命に関しても同様である。近代における革命のパラダイムは，アメリカ革命・フランス革命以降の国民革命（ナショナリズム）の系譜，ロシア革命・中国革命の社会主義革命の系譜が主流であり，第2次世界大戦後のアジア，アフリカ，ラテン・アメリカでもこの点では例外がなかった。植民宗主国はアジアなどの独立革命を嫌がったが，その理念が理解不能ということはなかった。しかしそれが「宗教による革命」というパラダイム転換に際しては，飲み込みがたい異質感が生じた。

　このような中で，イラン革命とは何かという論争も起きた。まず広がったのは「脅威」論であった。次項では，欧米などがイスラーム主義の諸現象をどう扱おうとしたのかについて，検討する。

✣ オリエンタリズムと西欧中心主義

　イラン革命を契機として，欧米諸国が普遍的な原理と信じてきた「近代国家＝世俗国家」といった原則がイスラーム復興によって脅かされているという認識が広がった。そのような一方的な脅威論の中には，イスラーム復興の中から必ず過激な集団が出てくるという治安的脅威論から，イスラーム自体が反西洋的なのだ

第13章　イスラーム主義　　227

という極端な文化的脅威論まであるが，共通しているのはイスラームを「脅威」のメガネで見る視線であった。1979年の分水嶺を境に，脅威論が大きく広がった。

　おりしも，エドワード・サイードの『オリエンタリズム』（今沢紀子訳，板垣雄三・杉田英明監修，平凡社，1986年，原著1978年）が刊行され，西洋が「オリエント／東洋」を支配の対象として制圧するための言説と思考の様式を持っていると批判した。そのような思考様式がオリエンタリズムであり，それが西洋の東洋学や東洋趣味に埋め込まれているという指摘は，画期的な意義を持っていた。原著はアメリカで1978年に，邦訳は1986年に出され，大きな反響を呼んだ。サイードはさらに『イスラーム報道──ニュースはいかにつくられるか』（浅井信雄・佐藤成文訳，みすず書房，1986年，原著1981年）で，アメリカのイスラームに関する報道を，特にイランに関連して，真実を知らせるのではなく，偏見を助長していることを詳細に論じている。

　脅威論を表現する用語として最初に広がったのは，「ファンダメンタリズム／原理主義」という言葉であった。イランの革命にしても，サダト暗殺事件にしても，これらはイスラム原理主義が主体とされた。武装闘争が関わると，「イスラム原理主義過激派」という用語が頻出した。その頃は爆弾事件があると「原理主義過激派の仕業か？」と報道されたが，この用法だと「過激な人が過激な事件を起こしたらしい」という同位反復の域を出ない。原理主義という語は「レッテル貼りにしかならない」という批判がなされたが，確かに分析概念としてはマイナス面が多い。

　そもそも，ファンダメンタリズムという用語は北米のキリスト教（プロテスタント）の中の潮流を指す語で，従来は「聖書根本主義」と訳されていた。しかし，キリスト教とイスラームはいろいろな面で異なっており，「脅威」としての共通性だけで同じ用語を使うのは安易であった。しかも，イスラム原理主義を「イスラームの原理を実現しようとする思想」などと定義すると，イスラームそのものは原理をおろそかにしていることになるという，定義上の矛盾も生じた。

　このような混乱の中で，オリエンタリズム批判も踏まえて（＝より客観的な表現を求めて），イスラーム主義という用語が使われるようになった。日本でこの語を最初に提唱したのは，『「イスラム原理主義」とは何か』（山内昌之編，岩波書店，1998年）であった。この書の題名では，「イスラム原理主義」とイスラームをわざわざつづめたうえに「　」を付して，これが問題含みの表現であることを示唆している。このような表記法にこだわったのは，共著者の大塚和夫（故人）

228

であったが，彼の担当章では，イスラーム主義とは「イスラームをイデオロギーとして活用する宗教＝政治＝軍事運動」を指すものとして論じられている。これは，本章の冒頭で触れたのと同じ定義であろう。

　社会人類学者の大塚は，非常に広範なフィールドワークによる知見に基づいて，次のように述べている。

　　1970年代以降活性化しているイスラーム主義運動およびイスラーム復興現
　　象，これらにはたしかに「啓蒙主義的」基準からすれば「プレモダン」的な
　　ものがあるが，同時に「モダン」そして「ポストモダン」的価値もみられる
　　現象なのである。重要なことは，これらがわれわれの「同時代人」によって，
　　彼／彼女たちの直面する今日的問題を乗り越える方策の一部として実践され
　　ていることである。宗教現象だからといって「時代錯誤」のレッテルを張っ
　　て事足れりとするならば，おそらくわれわれは21世紀の世界における決定
　　的な変動の兆しの１つを見落とすことになるかもしれない……。(大塚和夫「イ
　　スラーム主義とイスラーム復興――（ポスト）モダンにおけるイデオロギーとアイ
　　デンティティ」山内昌之編『「イスラム原理主義」とは何か』90－91頁)

　このような提言の後，日本でイスラーム主義をめぐる独自の研究が行なわれるようになったが，欧米での「イスラミズム」の用法の影響を強い受けた研究も行なわれてきた。両者の最大の違いは，自分たちを何と措定したうえで対象を「イスラーム主義」と呼ぶかという点にある。一言でいえば，欧米では西洋とイスラーム世界の間で，「世俗主義対イスラーム主義」の対立が起きていると見た。そして，最近では近代的な世俗主義を乗り越えようとしたイスラーム主義が限界に達し，「ポスト・イスラーム主義」の時期に入ったという議論もなされるようになっている。

　欧米でのこのような認識の背景には，大塚が「啓蒙主義的」基準と呼んだ価値観がある。ところが，日本では社会の世俗化は非常に進んだものの，世俗主義は西欧ほどには浸透していない。この点では北米も同様で，アメリカでも宗教と政治が結びつくことには，フランスに見られるような拒絶感はない。イスラーム的な政教一元論やイスラーム主義が欧米に挑戦することが不快だとしても，世俗主義が近代の金科玉条かどうかについては温度差が大きい。

　もう一つの新しい問題は，21世紀に入ってから「脅威」の捉え方が変わってきたことである。9. 11事件を機として，「テロ」対「反テロ戦争」が前面に出

て軍事的な側面が強調されるようになった。さらにその後は，オリエンタリズムに隠された偏見ではなく，イスラモフォビア（イスラーム嫌い）という直接的な嫌悪・憎悪が欧米で前面に出てきた。これは偏狭なナショナリズムや一国主義，排外主義が表出したもので，啓蒙主義が求める普遍主義とも対立する。人文・社会科学の研究は，社会の思潮・動向にも左右されるから，欧米ではイスラーム主義研究もイスラモフォビアの風潮が広がって困難に直面している。幸い，日本ではそのような極端な思潮は出ていないので，イスラーム主義についても客観的な研究を進め，積極的に国際的な成果発信を強めるべきかもしれない。

3　イスラーム国家とは何か

✣ 伝統的なイスラーム世界の崩壊

　イスラーム主義とは，イスラーム政治のイデオロギーの一つであるから，その系譜を考えるためには，現代におけるイスラーム政治を考える必要がある。そこで，ここでは，「イスラーム国家とは何か」という議論が過去 150 年間の間に，イスラーム諸国の中でどのように行なわれてきたか，ということを考えてみたい。なぜなら，そのような論議や問題意識が 19 世紀後半から現在に至るまで大きな焦点の一つとなってきたからである。そのような意味では「イスラーム国家とは？」と問うことは，極めて今日的な論点と言える。

　前近代には，イスラーム王朝があちこちにあったが，そのような王朝がイスラーム的といえるかどうかというような議論はほとんど存在しなかった。イスラーム王朝では少なくとも君主はムスリムである必要があるが，どの程度たくさんの国民がムスリムでなければならないかという目安は存在しない。16-19 世紀に南アジアに君臨したムガル帝国は，最大時でも臣民の 2 割がムスリムにすぎなかったとされている。そもそも，イスラーム最初の王朝であるウマイヤ朝にしても，キリスト教徒やゾロアスター教徒に満ちた地域を版図とし，しかも彼らの改宗をさほど推奨しなかったから，臣民の多くは非ムスリムであった。

　要するに，政治権力をムスリムの君主が握り，イスラーム的な正当性に立脚して統治を行なっているならば，それはイスラームの王朝であるという共通認識があっただけである。イスラーム的な正当性は当然，モスクのドームやミナレット（尖塔）が景観を飾り，モスクでの金曜礼拝の際にはムスリム統治者に神の加護を願う言葉が説教者から発されるというようなシンボルの操作はあった。そのような伝統的なイスラーム王朝が崩れたのは，20 世紀に入ってからである。

最も象徴的な「喪失」は，オスマン朝の崩壊であった。この王朝は15世紀に
コンスタンチノープル（イスタンブール）を征服し，16世紀に中東のアラブ諸
州を併合し，名実共にイスラーム世界の盟主として君臨していた。18世紀以降
に西洋列強に対して劣勢となってからは，国際的なイスラーム諸国の支持を得る
ために，さらに栄光ある「カリフ」の称号を持ち出し，いわゆる「スルタン・カ
リフ制」を維持していた。ところが，第1次世界大戦での敗北以降に急速に衰え，
1922年にスルタン制廃止，翌年トルコ共和国宣言，1924年にカリフ制も廃止さ
れ，イスラーム世界の盟主が消滅してしまった。

　20世紀初頭には，イスラーム諸国のほとんどが君主制（つまりイスラーム王
朝）であったが，いずれも植民地化の憂き目にあい，1930年代にはかろうじて
残った王朝がアフガニスタン，イラン，そして新たに建国されたばかりのサウジ
アラビアという状態となった。

　当時のイスラーム復興の担い手の中でも時代感覚が優れていたのは，先述のラ
シード・リダーも発行に参加した雑誌『マナール（灯台)』に拠った人々であっ
た。彼らマナール派の先見の明は，カワーキビー（1902年没）が19世紀末に執
筆した『マッカ会議』という架空の議事録によく示されている。彼は大巡礼の際
に，各地からマッカに集まった指導者たちがウンマの諸事を話し合ったという形
式を用いて，何がウンマの衰退の病根で，何がその治癒法なのかという議論を展
開した。さらに，その内容のみならず，指導者たちの合議という形で今後のイス
ラーム世界のあるべき姿を提示したのであった。

　この理念は，1920年代以降に，様々な国際的なイスラーム会議の形で実践に
移されるようになった。そして，最終的に，1969年にモロッコのラバトで第1
回イスラーム首脳会議が開催され，OIC（イスラーム諸国会議機構）の設立を決
めたとき，カワーキビーの構想を体現する組織がついに作られたのであった。た
だし今回は，「ウンマの指導者たち」が国連に加盟している主権国家の元首たち
であることが，カワーキビーの想定外の事態であった。

　このようなイスラーム世界内部の連帯を求める思想は，「汎イスラーム主義」
と呼ばれる。この語は今では「イスラーム連帯」と並んで，まっとうな思想にみ
なされているが，実は19世紀後半には西欧から見た過激派に対するレッテルで
あった。特に，国際的な革命家で反植民地主義の急先鋒であったアフガーニー
（1897年没）などが，このレッテルで呼ばれたのである。

第13章　イスラーム主義　　231

❖ 独立国家とイスラームの関係

　イスラーム諸国会議機構は，2011 年にイスラーム協力機構と名称を変更したが，略称はどちらも OIC となっている。この機構は国連に加盟している主権国がメンバーとなっている。そのため，急進的なイスラーム主義者は，当初 OIC は国民国家の理念を前提としており，それゆえイスラームに反するという議論を展開した。第 2 次世界大戦後に独立したイスラーム諸国では，西洋的なモデルに基づく近代国家はイスラームに反するという感情がかなり広く見られた。しかし，20 世紀当初を見ればイスラーム諸国はほぼすべてが王朝で，そうでなければ西洋列強の植民地であったから，彼らが論じた「イスラーム国家」はあくまで理念的なものであった。

　イスラーム国家たる基準は何であろうか。シャリーア＝イスラーム法の支配を条件とする論者は多いが，どの範囲のどの程度のシャリーアをいうのであろうか。イスラーム王朝はいずれも，シャリーアとカーヌーン（制定法，ニザームともいう）の折衷によって統治していた。「シャリーアの施行」はイスラーム主義にとって重要項目であるが，具体的な内容について一致した見解があるわけではない。身体刑を含む刑法の施行にこだわるイスラーム主義者は多いが，同じくらい反対者も多い。

　多くの独立国は憲法を制定した。そのため，その中に「イスラームは国家の宗教である」という条項，あるいは「イスラーム法は立法の主要な法源である」を入れることがイスラーム国家の条件という考え方も生まれた。マレーシアはイスラームを「連邦の宗教」と憲法に明記しているからイスラーム国家であり，インドネシアはそのような条項を持たないから世俗国家という説明もよく耳にする。しかし，憲法自体がイスラーム世界では 19 世紀後半にチュニジア（フサイン朝，1861 年），オスマン朝（1876 年）で成立した新しい現象である。オスマン朝憲法は，アジアで最初の憲法であった（大日本帝国憲法は東アジアで最初）。憲法の国教条項を基準とすると，歴史上にはイスラーム国家がなくなってしまうであろう。

　このような問題は，イスラーム世界の独立国家が新しい国家形態とイスラームの関係に悩んだことを示している。イスラーム主義者が声高に議論をしたからといって，彼らが正答を知っていたとはいえない。無神論と共産主義を結びつけて，イスラームへの脅威と論じることも 20 世紀の新しい現象である。

　その一方で，草の根のイスラーム復興が進むと，ある社会がイスラーム的であるかどうか，国家がイスラーム国家といえるかどうかは，二者択一ではないこと

232

が次第にわかってきた。近代国家の法制の中にイスラーム法の内容を盛り込むことは一朝一夕でできることではないが，粘り強い運動を続けていると次第に拡張されていくことも明らかになってくる。

　しかし，性急なイスラーム主義者はそのような微温的な再イスラーム化に首肯せずに，一気に「カリフ制国家」こそ目指すべき，というような主張をする。その先駆的な政治組織が「イスラーム解放党」である。これは1953年にエルサレムで設立され，すぐさま非合法となった政党である。21世紀に入る頃には中東ではほとんど衰微していたが，現在は中央アジアやインドネシアで成長を続けている。カリフ制というものは，スンナ派の政治的イマジネーションをかきたてる大きな力を持っている。

　それだけでなく，2014年には内戦中のシリアで，「イスラム国（IS）」がカリフ制国家として宣言された。その版図は一時期，シリアとイラクの相当部分を含み，国際政治においても大きな問題となった。2017年には軍事的に衰退したが，カリフ制と称しても，実態は過激派の思想とイラクのバアス党支配をまねた強権国家を合わせたものに見える。伝統的なイスラーム国家論は，今日の国家と比較すれば「夜警国家」モデルに近いから，社会のあらゆる側面に介入せざるをえない現代国家を「イスラーム国家」とすることは，非常に多くの新規事項を含んでおり，それほど簡単なことではない。

　次に，現代国家のもう一つの重要な側面として，軍事のことを考えてみよう。

4　武装闘争の広がり

❖ 政教一元論と軍事の問題

　前節で，イスラーム世界は国家をどうすべきなのか，という議論の系譜を概観した。国家の問題とは，軍事の問題でもある。

　聖典クルアーンの中には，軍事を示す言葉として「ジハード」と「キタール」が出てくる。ジハードは多義的な言葉で，「努力」という原義が，自己の魂との闘い（悪の誘惑との闘い），社会をよくするための尽力，郷土を守るための剣の戦いなどの意味で用いられる。キタールは武器をとっての戦闘の意なので，ジハードの最後の定義と一致する。

　対外的な戦争としてのジハードは，前近代においては王朝が行なう軍事行動を指すのが原則であった。ムハンマド時代も，戦闘の可否を決めるのは国家に責任を持つ為政者か，指揮権を与えられている現場の司令官であって，個々人ではな

第13章　イスラーム主義　　233

かった。もちろん，前近代には国家が不在の地域というものがあった。例えば，イスラーム王朝がまだ成立していないか，滅びた後に空白があるような場合，それを成立せしめる建国運動とそれに伴う軍事行動がなされた。

　しかし，オスマン朝が第1次世界大戦に参戦した時にジハードを宣言し，それに敗北したときからは，ジハードを宣言するイスラーム王朝が消えていく状態が生じた。しかも，20世紀には急速に「国家が不在の地域」は消滅していった。世界の土地はほとんどすべてが，主権国家によって分割され，領有されるようになった。

　アジア，アフリカで，かつてイスラーム地域であったところでは，たくさんの独立闘争が行なわれた。それが現場では「ジハード」と宣言される場合もあったが，全体としての枠組みはいずれも独立闘争であり，結果として誕生するのは近代的な主権国家であった。例えば，アルジェリアの独立闘争（1954-1962年）もジハードとしても鼓舞され，解放戦線の機関紙も『ムジャーヒド（ジハードの戦士）』と称したが，独立国家はイスラーム色が希薄であった。独立を遂げた国家はいずれも国連に加盟し，独立国家としての自衛権を有し，国防軍も持つが，軍事の運用はもはやシャリーアに依拠するものではない。

　イスラームの政教一元論は，前近代のように，イスラーム的なレジティマシー（正当性）に支えられた国家がウラマーの支持を受けて，軍事を独占している時はわかりやすかった。軍事力を持つ統治者が，国内治安も受け持ち，そのおかげでモスクでは平安に人々が祈ることができるという図式は，イスラームが政治も宗教も包括しているという物語と合致する。問題は，国家がイスラームの名において軍事力を行使することをやめたときに何が起きるか，である。ウンマの名において軍事的空白を埋めようとする者が出てくる。

　既存の国家の側から見ると，これは非合法軍事組織であり，ゲリラ組織であり，治安上の脅威であり，「テロリスト」である。アルカイダは「武装NGO」と表現することもできる。しかし，国家だけが軍隊や警察を持ってよいという近代的な国家観から見れば，宗教を掲げる者が「統治者がイスラームの軍事的責務を担わないのであれば，われわれが担おう」と主張することは容認しがたい。欧米の目から見ても，宗教が武力を振るうのは許されないことに映る。

　実は，政教一元論の最大の問題点は，ここにある。宗教が政治に介入することは，欧米で見られる現象であり，政教分離がそれほど徹底していない国はいくらでもある。しかし，国家が独占すべき軍事を宗教組織に認める例はない。その一方で，政教分離モデルでは，国家の軍隊が暴力を振るい，「敵国」の国民を殺す

ことは今でも合法とされている。

テロ問題が起こるようになってから，「イスラームはテロや暴力を認めるのか」という問いが聞かれるようになった。イスラーム主義に関連してよく出される質問の一つである。イスラームは政教一元論とはいえ，宗教学者と統治者は役割が分かれているから，区分けすれば「イスラームの中でも宗教学者はテロを否定し，対話を主張している」というのが答えである。実際に，穏健派の学者は一貫して，対話論を唱えている。しかし，よく考えてみれば，「イスラームの中でも統治者は軍事と暴力を認める」のが事実であろう。例えば，サウジアラビアの国防大臣は軍事力の責任者であり，必要とあれば爆撃でも銃撃でも許可する。その点では，他国の国防大臣と何ら変わらない。

✤「ジハード」から「ジハード主義」へ

ところが，1990年に湾岸危機が起きて，大きく事情が変わった。これはイラク軍がクウェートに侵攻して，同国を「19番目の州」として併合したことから始まった。イラク軍がさらに南進してサウジアラビア国境を越えれば油田地帯が占領されるため，この空前の危機に直面して自国だけでは防衛できないと判断したサウジアラビアは米軍の支援を要請し，大量の米軍が派遣された。イスラーム世界は親米・反イラク陣営と反米・親イラク陣営に分裂した。

アルカイダの前身は，アフガニスタンで反ソ闘争に参加した義勇兵部隊である。その組織者ウサーマ・ビン・ラーディン（2011年没）は，反ソ闘争の間はソ連という共通の敵を前に，欧米の支援を受けていた。しかし，1989年にソ連軍が撤退した翌年に湾岸危機となり，アラビア半島に米軍が進駐すると，これに反対して反米路線を取るようになった。

アラビア半島をイスラームにとって特別な聖地と考えるのは，サウジアラビア政府もビン・ラーディンも同じである。しかし，政府が非ムスリムの外国軍の支援を受けることを是としたのに対して，ビン・ラーディンなどはそれを批判し，ついには「アラビア半島が米軍に占領されている」と言い出した。

ビン・ラーティンは主権国家を単位として認めないから，イスラームのウンマにとって自分たち義勇兵は「義軍」であり，サウジアラビア政府は大義を裏切った統治者という主張が成立する。軍事問題を優先して考える人々は，政治的に急進化し，場合によっては過激化することが多い。彼らはイスラーム世界の最大の問題を，かつて西洋列強に主権や軍事権，外交権を奪われ，その後の独立国家も欧米に従属していることに見るから，国家の自立と軍事力を回復することがイス

第13章　イスラーム主義　　235

ラーム復興の最大の課題ということになる。

　彼らは自分たちの武装闘争を「ジハード」と呼ぶようになった。前述のように，伝統的なジハード概念ははるかに幅が広いが，彼らの場合は近代的な銃と爆弾を取っての闘いをジハードという。国内で「不義の統治者」を倒す武装闘争をジハードと呼んだのは，サダト暗殺事件（1981年）を起こしたジハード団であった。それに対して，アルカイダは国際的な反米闘争をジハードとする。近年の区分法では，これを「グローバル・ジハード」と呼び，国内闘争を「ローカル・ジハード」と呼ぶこともある。

　今日のムスリムが果たすべき「信徒の義務」を何よりもジハードであるとする主張は，「ジハード主義」と呼ばれる。1970年代以降に様々な闘争組織が現われる中で，ジハード主義は標準的な呼び名となった。穏健派と過激派の境目の一つは，今では，ジハード主義を取るかどうかという点にある。穏健派は，武力を伴うジハードを国家の防衛機能に含め，それを統治者の専権事項とみなす。イスラーム法には刑法もあるが，それも国家の専権事項であって私人が執行することはできない。軍事権も同様のカテゴリーとされる。

❖「弱者の武器」か，「テロ」か

　ここまで議論してきた軍事とジハードの問題は，主としてスンナ派に当てはまる。シーア派の場合は，少し歴史的文脈が違っている。第1に，イランでイスラーム革命国家が成立することによって，イスラーム主義者もここでは，国家の当然の権利としての軍隊や防衛権を手にしたからである。第2に，イランは中東および湾岸における覇権国であり，軍事的におおむね自立している。イラク軍に対抗するために外国軍の支援を必要としたサウジアラビアとは異なっている。その代わり，革命後のイランは常に周辺のスンナ派国から安全保障上の「脅威」であると批判されてきた。

　武装したNGOとしていえば，シーア派系ではヒズブッラー（神の党）が最も重要である。この組織はレバノンで生まれた。この国は多様な宗派（現在18の宗教・宗派が公認）があるほか，中東では珍しくキリスト教が優勢となっており，1943年の独立以来，議会制民主主義を実践してきた。このようになったのは，峻険な山岳地帯を安全の地として前近代に多様な宗派が集まったためと，第1次世界大戦後にフランスの委任統治領となり，フランスがキリスト教優位の国をつくり出したためである。オスマン朝が解体する過程で，これが可能となった。独立後は，大統領職を握るマロン派キリスト教徒，首相職を握るスンナ派ムスリム，

国会議長職を握るシーア派の均衡で権力バランスが保たれてきた。

　この三つの中で，社会経済的に不利だったのがシーア派である。レバノンは金融と観光などで立国していたからマロン派とスンナ派の富裕層には有利であったが，シーア派住民の多くは農村地域に住み，開発から取り残されていた。その不遇のためもあって，1950–60年代にはシーア派青年層は民族主義や左派の諸党派にとって重要なメンバー供給源となった。

　ところが，1960年代以降にイスラーム復興が始まり，シーア派の若者も無神論的な革命運動に傾くよりも，イスラーム的アイデンティティを基盤とした政治運動に惹かれるようになった。そして，1970年代になると「奪われた者たちの運動」「レバノン抵抗軍団」「ヒズブッラー」などが生まれた。

　1975–1990年のレバノン内戦では長く紛争が続いたが，内戦に乗じてイスラエル軍が侵攻した1982年のレバノン戦争が分水嶺となった。それまでは，世俗的なイデオロギーのほうが優勢であったが，ついにシーア派系の「レバノン抵抗軍団」「ヒズブッラー」が頭角を現わすようになったからである。

　内戦が終了した後も，ヒズブッラーは武器を手放さなかった。その言い分は「侵入するイスラエル軍へのレジスタンスの武器」というもので，レバノン政府もこれを受け入れ，民兵組織の武装解除の例外とした。ヒズブッラーは今日に至るまで大きな武装部隊を有しているが，「ジハード主義」の立場には立っていない。

　むしろ，組織が成長するにしたがって，住民の福祉活動や教育機関の設置に力を入れ，国会選挙では大きな議員団を有するようになっている。イスラーム復興運動の型としては，社会全体を視野に入れる「総合型」に区分される。2018年の国会選挙では大きな勝利を収めて最大の会派となったから，統合型の路線は揺るがない。

　その一方で，欧米からは，1980年代にトラック爆弾攻撃や欧米人誘拐事件を起こしたため，テロ批判が止んだことはない。また，ヒズブッラーの力の源泉の一つが，イランとの友好関係にあることも疑いを入れない。実際に2006年夏のイスラエル軍との戦いでは，イラン製とされるミサイルを多量にイスラエル領内に打ち込むことができた。戦端を開いたイスラエルは多くの犠牲を出して停戦に応じ，実質上はヒズブッラーの勝利となった。

　ヒズブッラーの思想上の父とされるシーア派法学者ファドルッラー（1935–2010年）は，非正規軍の闘争を「弱者の武器」理論で正当化した。かつての1950–70年代の独立闘争の時代にも，植民地支配へのレジスタンスは様々な形で正当化されていた。「侵略」や「外国支配」が悪だという通念が国際社会にある限り，そ

第13章　イスラーム主義　　237

のような義戦の主張が出てくるであろう。「弱者の武器」はそのイスラーム版と見ることもできる。

21世紀の国際社会は，国家によらない暴力の行使を「テロ」と規定してきたが，パレスチナ問題をめぐってはイスラエルの「国家テロ」を批判する声がやまない。ヒズブッラーも，イスラエル軍への抵抗権を掲げ，それがレバノン国内では政府にも国民も受容された。さらにいえば，ビン・ラーディンすら，1982年のイスラエル軍のレバノン侵攻をアルカイダの「起点」と描いて，自分たちを正当化したことがある。

5　中道派・穏健派の闘争
――ポスト世俗化時代のイスラーム主義へ――

イスラーム主義の過激派に対して，「現代のハワーリジュ派か」という議論がなされている。ハワーリジュ派とは7世紀半ばに生じた最初のイスラーム分派で，彼らが罪人とみなすムスリムを不信仰者として断罪したことで有名である（第6章の神学について参照）。そのような極端な議論を抑えることに尽力し，その結果生じたのが，今日の多数派となったスンナ派であった。スンナ派は，対立をできるだけ避けて団結を守ることを希求した人々で，彼らは唯一神アッラーと預言者ムハンマドを認める人は誰でもムスリムとして，それ以上内面を問わずに共存する方式を広めることで，多数派となった。

ところが，2014年に内戦下のシリアでカリフ制国家の樹立を唱えた「イスラム国（IS）」は，ハワーリジュ派と同じように，ムスリムを不信仰者として断罪することをした。「不信仰者断罪」をアラビア語で「タクフィール」というが，これを現代に行なう過激派が登場したことは，かつてスンナ派が苦労して形成した温和なコンセンサスが破られることを意味する。イスラーム世界には，戦慄が走った。

同じ過激派といっても，アルカイダはこれを批判した。反米路線を取る彼らからすれば，アメリカという大きな敵がいるのに，内部でそのような争いをしてはならないのである。そうしてみると，アルカイダは過激派ではあるが，神学的にはまだしもスンナ派の内部に収まっていることがわかる。それに対して，「イスラム国（IS）」はカリフ制などと政治についてはスンナ派的なことを唱えていたが，実はスンナ派の基本教義に反するほどの過激派であることがわかる。

ところで，イスラーム主義はこうした過激な思想や武装闘争に走る立場だけで

はない。それらとは一線を画したイスラーム主義として中道派や穏健派の立場がある。「イスラーム主義」という用語が急進派・過激派にスポットライトを当てる傾向があり、そのため穏健派がかすんでしまっているというのが実情であろう。これは「イスラーム主義」という用語の問題にほかならない。

　日本ではイスラーム主義という用語のほかに、イスラーム復興運動という用語と概念が使われてきた。前者は政治に特化した用語であるが、後者は社会のどのような分野における復興をも扱う。政治だけを扱う場合は前者で十分役に立つが、宗教実践や家族法、福祉活動や経済分野の再イスラーム化などをも扱う場合には、後者でないと不便である。イスラーム主義という概念は政治だけを切り取るため、政治以外には適用しにくい短所がある。

　政治イデオロギーとしてのイスラーム主義という場合に、ごく穏健な社会運動を通じてシャリーアの実践を進める団体などは、これに含まれるのであろうか。欧米の研究でも、これは見解が分かれる。イスラーム主義が近代的な世俗主義に反対するものだとすれば、どれほど穏健で、相互扶助などの有益な活動をしていても、シャリーアの理想を掲げる以上は、そのような団体はイスラーム主義ということになる。しかし、前節で論じたような国家と軍事を優先することがイスラーム主義の特徴であるとすれば、このような団体は当てはまらない。

　「ポスト・イスラーム主義」の議論は、イスラーム主義が一時的にはそれなりに多くの支持を集めたが、理想の実現に失敗し限界を露呈した、という分析をしている。それゆえ、社会の中のイスラーム化や近代とより融和的な思想に向かうようになったとされる。しかし、穏健な運動のほとんどは、もともと性急にイスラーム国家を目指してはいない。イスラーム復興に陰りが見えたという場合も、多くは筆者がいう「イスラームの日常化」が起きて、復興にそれほど関心がなくなるからである。考えてみれば、「復興」という用語は災害や疾病からの復興を含意するから、何事であれ無限に復興し続けるということありえない。ある程度復興すれば、日常生活が戻ると思うべきであろう。

　シャリーアの理想を掲げるのがイスラーム主義とするならば、イスラーム金融をどう考えるべきであろうか。無利子金融を目指すイスラーム銀行の設立は、金融におけるシャリーアの法規定（利子の禁止）を実践することを希求する。しかし、経済活動であるので、社会に対して脅威を与えるわけではない。

　もっと大事なことは、草の根の福祉活動などが過激派を抑制する側面を持つことである。多くのイスラーム慈善団体は、イスラームの「五柱（五行、ムスリムの基本義務）」の一つであるザカート（義務の喜捨）などを用いて、貧困家庭・

第 13 章　イスラーム主義　　239

母子家庭などに対する福祉活動や相互扶助の組織化を行なっている。貧困が過激派の温床だという通説があるが，このような制度があるからこそ穏健な貧困対策というものが成立し，過激派を抑制していることも忘れてはならない。「イスラーム復興は過激派も生む」という仮説は「イスラーム復興が過激派を抑制する」という仮説と合わせて，はじめて有効なテーゼとなりうる。

　さらに，イスラーム銀行は無利子金融を進めているだけではなく，ザカート（喜捨）も拠出し，利益を生み出す以外の経済活動の活性化にも役立っている。イスラーム経済は，金融のみならず，より広範な経済活動に貢献すべきという意見があるが，それをどれだけ広められるかは，穏健派にとって大きな課題であろう。武装闘争に走るイスラーム主義は，中東に戦乱が続く限り活動の余地があるとも思われる。これを克服しようとする中道派や穏健派は，これからも苦難を強いられる可能性が高い。

　イスラーム主義をめぐる今後の展開は，中道派・穏健派がどこまで思想的な体力を回復できるか，武力の問題と並んで，他者の内面をも侵すような過激派をどこまで抑制できるのか，という点が大きな焦点となっている。イスラームの教義からいえば，穏健派が唱える「内面の問題は来世に持ち越せばよいので，この世では互いを尊重して，善行を競い合うのがよい」というかつてのコンセンサスをどこまで回復できるか，というふうに論点を整理することも可能であろう。

■読書案内

小杉泰『現代イスラーム世界論』名古屋大学出版会，2006 年。イスラーム復興を軸に，東西に広がる現代のイスラーム世界をどう理解すべきか，近現代を眺望する大きな議論を展開。

小杉泰『9・11 以後のイスラーム政治』岩波書店，2014 年。グローバル・ジハードが登場して以降のイスラーム政治と国際政治を概観。

末近浩太『イスラーム主義——もう一つの近代を構想する』岩波新書，2018 年。イスラーム主義を包括的に論じており，この主題に関する最良の書。副題に示されているように，現代を批判的に見る視点も刺激的。

保坂修司『ジハード主義——アルカイダからイスラーム国へ』岩波書店，2017 年。長年の研究成果を全力で綴ったイスラーム主義過激派に関する白眉の書。

溝渕正季「「ポスト・イスラーム主義」論再考——イスラーム主義は本当に「失敗」したのか？」高岡豊・白谷望・溝渕正季編『中東・イスラーム世界の歴史・宗教・政治——多様なアプローチが織りなす地域研究の現在』明石書店，2018 年，214-228 頁。イスラーム主義という分析概念の有効性を，ポスト・イスラーム主義の論議の是非も含めて，詳細に論じている。

コラム 13

宗派対立

　宗派対立という言葉が指すものには，実体として存在する宗派対立と，認識の方法としての「宗派対立」がある。言い換えると，実際に宗派の考え方の違いに起因する対立と，宗派が原因で対立しているように認識されているが実際の原因が別のところにある対立がある。まずはこの二つを分けて考えることから始めてみよう。

　前者の実態として存在する宗派間の対立とは，学問的論争としての対立である。歴史的に見れば，預言者ムハンマドの死後，誰が共同体の真の指導者かをめぐって意見が割れ，その意見の違いは分派的運動につながり，シーア派やスンナ派を形作った。イスラームに対する考え方の違いは，それぞれの宗派の内部にも学派として具現化した。スンナ派内部には四大法学派と二大神学派が主流派として生まれ，シーア派内部には主流な十二イマーム派のほかにいくつかの分派が行なわれ，それぞれ独自の知的営みを生み出した。歴史上，このような学派の対抗関係は知的な論争として実際に存在してきた。ただし時代が下り 20 世紀以降には諸学派接近論と呼ばれる動きが生じ，スンナ派・シーア派を超えて学派間で相互に認め合う潮流が進展してきた。一方で，アルカイダや IS に代表されるようなサラフィー・ジハード主義の思想潮流は，スンナ派の諸学派が長い歴史にわたって築き上げてきた知的な営みを否定するとともに，シーア派を激しく断罪する傾向にある。彼らの暴力行為が宗派間の軋轢を作り出し，互いの嫌悪を煽っていることも指摘されている。

　一方で，後者がなかなかの曲者である。認識の方法としての「宗派対立」といえるものは，国家間の対立や国内での政治家・政党などの対立など，政治的対立において宗教が対立の道具として利用されている場合である。政治家は，宗派・宗教に関連づけた発言を行なうことによって支持を集めたり問題を遠ざけたり，あえて国民を宗派間で分断することで政権側への批判を避けたりする。この場合，あくまで対立の本質は政治にあって，宗派の違いそのものが対立の原因ではない。しかし，一見すると宗派の単位で争っているように見えるために「宗派対立」であると認識されてしまうことがある。例えばイランとサウジアラビアとの対抗関係などは，隣接する国家間のナショナリズムの闘いでもあり，宗派の違いそのものが対立の原因であるとは決して言えない。ただし，政治が動員する道具に過ぎないとしても，その道具として宗派が選ばれるところに，イスラーム世界の宗教文化の強さがうかがえる。この背景には，1960 年代以降のイスラーム復興により，個々人の宗教意識が高まっていることも挙げられる。そのため，しばしば政治が宗教を動員した結果，宗派間の対立が煽動されるケースが各地で生じている。

　グローバル化時代の現代において，インターネットが発達した時代ゆえに，宗派間の対立が煽動されるケースも目立ってきた。2003 年のイラク戦争に端を発した宗派間の

暴力の応酬は，各種報道やインターネットを通じて瞬時に拡散された。そしてこれを見た世界中のムスリムが心を痛め，憎しみを抱き，対立も拡散されていった。他の宗派の人間から受けた暴力行為はしばしば過激にクローズアップされ，ヘイトスピーチはインターネットを介し SNS 等で発信・拡散され，膨れ上がった。愛する人を亡くすなど直接的に暴力を目の当たりにして復讐心に燃える者だけでなく，自分と同じ宗派の人間が遠い地で受けた暴力をインターネットなどで知って，義憤に駆られる者もいた。中には「史実」（例えばスンナ派／シーア派の歴史上の人物が犯したと伝えられる罪）などの情報を安易に引用して自らのヘイトスピーチや暴力行為を正当化するものもあった。そしてついには，実際に宗派の違いそのものを理由に，無差別に憎悪を向ける者まで現われ，その憎悪は時に暴力・殺人にまで発展していった。

　宗派が対立の原因として強調され，実際に宗派の違いそのものを理由にした暴力まで発生するという現代的状況に対して，宗派間の対話・協調を模索する動きもイスラーム世界内部から生じている。一例として，2004 年以降ヨルダンが発信しているアンマン・メッセージがある。これは，スンナ派・シーア派・イバード派を明示してこれに属する現存する法学派すべてを正統なものであると宣言し，すべてのムスリム間の相互承認を説くものである。このような潮流においては，聖典クルアーンを典拠としながら，互いの枝葉における差異よりも根幹における共通点を強調し，同じムスリムとして団結を図ることの重要性を示している。こうした，いわゆる穏健派，中道派の取り組みは地道な歩みが必要なものであるが，イスラーム世界における真摯な動きの一つとして，評価することができるだろう。

（池端蕗子）

第14章

世俗主義とイスラーム

1 はじめに

　グローバル化が進んだ近年の世界では，ヨーロッパやアメリカでも中東やアフリカ，南アジア，東南アジアなどから，移民としてやってきた多くのムスリムたちが暮らしている。彼らのうち多くの者は欧米の慣習に合わせ世俗的な生活様式を取り入れ，同化しようとしてきた。しかし世代が下り，単に同化するのではなくイスラームの規範を守ろうとする人々も増加してきた。

　近年では，こうしたムスリムとヨーロッパ社会との間の軋轢が続いてきた。例えば，2015年にフランスで起きたシャルリー・エブド襲撃事件や2016年に起きた「ブルキニ」禁止例である。前者はシャルリー・エブド社が発行する風刺雑誌にイスラーム過激派の風刺として預言者ムハンマドを用いた画が掲載され，それに対する抗議として本社が襲撃された事件である。後者は2016年夏に，フランス南部の公共ビーチにおいて，イスラーム法の解釈の一つに合致した手足の先と顔だけしか露出せず体に密着しない水着，「ブルキニ」の着用を禁止する条例とそれに対する反発が起きた。こうした一連のヨーロッパ諸国における「受入国」社会の制度や慣習とムスリムとの間の軋轢については，「世俗主義」とイスラームの問題として語られてきた。

　これらの問題をめぐって，マスメディアにおける解説から学術研究に至るまで，様々な観点からすでに論じられている。大まかに整理するならば，以下のようになるだろう。まずマスメディアを中心に，キリスト教に基づいたヨーロッパ文明

243

とイスラーム文明との価値の衝突のように，それぞれの文明や価値を一枚岩化し，本質化させた説明がなされてきた。こうした説明は，イスラームは非ムスリムの価値観，とりわけ世俗主義とは相入れないとの先入観を助長し，ムスリムに対する当該社会の価値への同化の強要やムスリム排除の言説を繰り返し生み出してきた。

　一方，研究者の間では，このように単純化された説明は批判的に扱われ，移民をめぐる格差や差別の問題として検証されてきた。というのも，人の行動は，「イスラーム」や「世俗主義」といった理念だけではなく，経済的な要因や制度といった社会構造からも規定されるためと社会科学では考えるからだ。また「イスラーム」と一口にいってもムスリムの振る舞いは一枚岩ではない。例えば，イスラーム学を担うウラマーからは非イスラーム的だと批判されることもあるような，農村部に暮らすムスリムによる聖者崇拝や多神教的な実践が人類学者によって指摘されてきた。さらに近年では近代的な教育を受けたムスリムの中から，リベラリズムやフェミニズムなど近代的な価値観に合わせる形でイスラーム法を解釈していこうとする知識人の登場が議論されている。このように一部のムスリムたちは現に欧米社会に適応しているためイスラームそのものが問題になっているわけではない，との主張もある。

　これらの議論は傾聴に値するが，本章ではあえて他者理解のために世俗主義とイスラームを二項対立的に設定し，両者の異質性を強調しながら議論を進めていきたい。他者理解のために異質性を強調することは，一般的には馴染みのない方法かもしれない。おそらく相手の内の自分との共通の部分を見つけることによって異質だと考えていたことの中から同質性を見出していく方法こそ馴染み深いのではないだろうか。しかし，それとは逆に，異質性から出発することで慣れ親しんだ概念や価値を見つめ直すという方法もある。それは他者を理解すると同時に自己理解も深めることもできるのだ。それゆえ本章では後者の他者理解のあり方を目指す。イスラームを鏡にわれわれが依拠する世俗主義を見つめ直すことで，それがいかなるものであるのか，よりよく理解できるようになるだろう。そしてそこからムスリムの隣人と共生するためにどのような社会をお互いに築き上げることができるかを検討する。特にその基盤としてわれわれが依拠する世俗主義という概念を中心に，それがイスラームとの間で何が問題となるのかを考えていきたい。

2 世俗主義とは何か

　世俗主義という言葉を聞いたとき何を思い浮かべるだろうか。世俗主義というと普通は政教分離を定めた国家の原理を指す。それは国家が宗教に対して中立な立場をとることによって，個人の信仰の自由が侵害されないようにすることを目的としている。しかし，世俗主義が国家や社会の制度にどのように結びついているのかについては，それぞれの国の歴史的経緯によって異なっている。フランスではカトリックと国家との強力な結びつきに対する世俗的な市民との闘争の結果，共和国の理念として公共領域からの宗教の排除を指すライシテの原則が採用されることとなった。一方，アメリカの場合は社会に様々な宗教的なコミュニティがある中で国家からの干渉を避けるために要請された。ここではまず，これらに共通する理念的な意味での世俗主義とは何かを見てみよう。

　世俗主義は，近代初期の西欧キリスト教社会における政治的問題に応えるために出現した。17世紀のヨーロッパでは，神聖ローマ帝国を舞台にプロテスタントとカトリックとの間で最後で最大の宗教戦争といわれる三十年戦争（1618-1648年）が起こった。もちろん単に宗教や宗派といった思想・信条の違いだけによって戦争が引き起こされるわけではない。実際，三十年戦争は周辺諸国を巻き込みながら宗派の入り混じった権力闘争でもあった。とはいえ，ここで重要なのは，仮にも宗派の違いを口実にして広がった戦争を終結させるにあたり，異なるキリスト教の宗派の人々同士が共存するための基盤が社会的に要請されるようになった，ということである。それは公共領域が信仰に基づく忠誠とは独立した規範や合意によって規制されなければならないことを意味していた。

　ところで，こうした新たな国家の原則がすぐさま世俗主義と呼ばれたわけではない。「世俗主義（secularism）」や「世俗主義者（secularist）」という言葉は，19世紀中頃に英国で自由思想家たちが導入した。世俗主義という言葉は，当時迫害の対象でもあった「無神論者」や「不信心者」との非難を避けつつ，産業化が進む社会の中で広がる，個人レベルでのキリスト教の儀礼や権威に対する無関心，不信や，敵意を汲み取り，大衆を先導するための戦略であった。

　このようにして登場した世俗主義は，政治的リベラリズムからは肯定的に捉えられてきた。というのも，文化的諸集団が社会形成へ平等に参加しようとするとき，世俗主義はその実現のための中立性を担保すると考えられているからである。近代民主主義国家では，キリスト教やイスラーム，ヒンドゥーなど数々の宗教的

第14章　世俗主義とイスラーム　　245

伝統に属する，あるいは属さない市民が，何を根本的な政治原則とするかをめぐり，互いに自らの見解が受け入れられるように説得に努めたり，相互に交渉したりするためのプロセスが必要となる。それを可能にするため，「何が正しい信仰か」といった，信仰の正統性をめぐる議論を公共領域から排除し，私的な領域にとどめておく規範が世俗主義なのである。つまり，世俗主義者とは必ずしも無神論者や，反宗教の立場を意味するわけではない。そうではなく，宗教を私的な信念の領域にとどめることを是とする規範を奉じる者である。

　世俗主義は，キリスト教を中心とするヨーロッパの歴史から生まれた原理である。しかし，異なる宗教，宗派を持つ人々同士が共存しうる基礎を目指すという点で普遍性を志向するものであることがわかる。そのため世俗主義はヨーロッパ以外の社会にも適用可能であると考える政治哲学者もいる。単にヨーロッパ社会に特殊な制度ではなく，イスラームや他の信仰を持った人々が対等な立場で政治に参加し，共存することを志向する理念だからだ。それは単にヨーロッパ社会に特殊な制度ではなく，イスラームや他の信仰を持った人々が対等な立場で政治に参加し，共存することを志向する理念なのである。

3　世俗主義の両義性

　しかし近年では，寛容を掲げるはずの世俗主義をめぐって，主に宗教に対する非寛容な側面について批判的な再検討が行なわれている。世俗主義批判ともいえるこうした再検討の代表的論者は，文化人類学者のタラル・アサドである。彼は『世俗の形成』という著書で進歩史観的な世俗主義観に異議を唱えた。それは世俗主義が現実に制度として組み込まれるとき，掲げられた寛容さとはかけ離れた側面を併せ持つと考えたからである。

　彼のいう世俗主義の非寛容な側面は，世俗主義をめぐる二つの事柄に由来する。一つは世俗主義において想定される宗教観である。世俗主義が国家に対して宗教的な中立を要求するときに想定される宗教が，私的な領域，すなわち宗教的な信念に限定されている。儀礼や行為などの実践を重視するカトリック的な宗教観ではなく，外面的な行為よりも内面の信念のほうをより重要視するプロテスタント神学における宗教観が世俗主義において採用されているのである。それはまた，伝統的な宗教コミュニティからは切り離されて，それぞれの宗教の教義を比較検討し，自分で自分の信仰を選択できるという意味で個人主義的な宗教観ともいえよう。そのため世俗主義の立場からすると，宗教が強い社会的規範となっている社

会は個人の信仰の自由を侵害するので，望ましくないものとなる。後で事例を交えて論じるが，多くの宗教伝統が本来的に持つ個人の私的な領域に介入していく側面と世俗主義が想定する「宗教」とのずれが問題となってくる。

　もう一つは，世俗主義がある種の残虐性を許容してきたことである。世俗主義が暴力を軽減してきたと見る進歩主義的な見方に対し，アサドは近代国民国家の登場に伴って，前近代の苦痛や懲罰のパターンが，近代の世俗主義に固有のパターンへと置き換わったにすぎないと見る。世俗主義を推進した動機の一つとして，異端尋問や魔女狩りなど，宗教が焚きつけ，正当化してきた残虐性に終止符を打ちたいという願望があった。人道的な世俗社会を建設するために，残虐性を排除することが目指されていた。それゆえ世俗主義者は，近代化のプロセスを，近代法の整備によって残虐な身体刑などが減少し，公教育の充実によって野蛮な習慣が排除されてきたプロセス，と見るのである。

　しかし，アサドは世俗的な道徳的感性がある別種の残虐性を許容してきた，という点に着目する。そして「ヨーロッパの支配者が残虐と考える慣習の非合法化を試みるに際して，彼らの思考を支配していたものは，現地民の苦に対する心配ではなく，自らが正義と人道性の文明的標準と考えるものを被支配者に押しつけようとする欲望，すなわち，新たな人間主体を生み出そうとする欲望であった」（タラル・アサド『世俗の形成』中村圭志訳，みすず書房，2006 年，114 頁）と論じる。すなわち，そこで実際に目指されていたことは，すべての苦の排除ではなく，非人間的な苦と不可欠な苦を区別することだったということなのだ。非人道的な苦は本質的に無用で刑罰に値するとみなされた。しかし「完全に人間的」となるための運動の中で耐え忍ぶ苦痛のほうは，その苦痛を被らねばならない社会的・道徳的理由が存在するという意味で必要なものとみなされた。例えば，英領インドにおける苦行やアフリカの諸民族における女子割礼は非人間的なものとして批判される。しかし「戦争，スポーツ，科学実験，死刑において——そしてまた性的快楽の世界において——身体的な苦を科すことは積極的に行われているし，法的に大目に見られている」（同前，146 - 147 頁）。

　苦痛という観点から見たとき，世俗主義ははたして宗教の名において引き起こされた苦痛を軽減させたと本当に言えるだろうか。アサドによる上記の苦痛をめぐる議論はこうした問いに答えることを難しくする。しかしながら，この議論を，苦行や女子割礼にも理があり，それを文化の名のもとに尊重すべきだという安直な文化相対主義として読み取るのは，やや性急である。単に，近代の国民国家制度と結びついた世俗主義の下で，ある種の「苦」が許容可能とされ，別種の「苦」

が排除されるべきだとみなされるのはなぜか，ということをアサドは問題としているのだ。寛容を掲げる世俗主義が推し進められるときにある種の非寛容さを含んでしまう。こうした矛盾する側面にも目を向けることは，世俗主義がより寛容になるためにはどうすればいいのか，という問いにも世俗主義を開いていくことになるだろう。

　こうしたアサドによる世俗主義批判は，宗教をめぐる世俗主義の両義性を明らかにした。つまり国家にあらゆる宗教に対して中立を要求し，個人の信仰を守る理念であるところの世俗主義が，実際には国家による宗教への働きかけを含むものであったということだ。それは宗教自体がかつてあった形から変容を余儀なくされることを意味するものでもある。それでは一般的な世俗主義と宗教との関係から踏み込んで，世俗主義とイスラームとの間の問題について見てみよう。

4　イスラーム復興と国民国家

❖「下からの再イスラーム化」の衝撃

　1960年代以降イスラーム復興と呼ばれる現象が，世界各地で顕在化した（イスラーム復興については第3章参照）。日常生活のレベルでは個人が周囲に礼拝や説教に行くように呼びかける運動（ダアワ）や，女性がヴェールで髪の毛をきちんと隠すようになることが観察されるようになったのである。

　フランスの政治学者ジル・ケペルは『宗教の復讐』（中島ひかる訳，晶文社，1992年）という著書で，これを「下からの」再イスラーム化と呼び，政治運動として国家のイスラーム化を目指す「上からの」再イスラーム化と区別した。「下からの」再イスラーム化で鍵となる概念が「呼びかけ」を意味するダアワである。ダアワは，クルアーンに現われる，アッラーからの預言者ムハンマドへの呼びかけに由来する概念である。イスラームが拡大していく中で，異教徒の改宗を意味するようにもなった。現代では，イスラーム共同体のすべての成人ムスリムに要求される宗教的義務として理解されている。活動はモスクの設立や，無料の診療，無料の食堂，住宅助成，行政サービスが行き届かないことの補完としての相互扶助といった社会福祉活動を含んでいる。

　こうした宗教復興が驚きをもって捉えられた背景には，近代化には世俗化が必ず伴うと仮定されてきたことがある。宗教社会学者のホセ・カサノヴァはこれまで社会科学において仮定されてきた世俗化を，①宗教的制度や規範から政治や経済といった世俗的領域が分化していく制度的分化，②宗教的実践や信仰が衰退し

ていく宗教の衰退，③宗教が私的なこととなり，社会の周縁領域に追いやられて
いく私事化の三つに分類した。このような世俗化論は，一方で宗教社会学におい
ては経験に基づいてその妥当性が検証される理論であったはずであるが，他方で
近代社会の指標として規範的に捉えられてきた。そのため，イスラームの名のも
とに行なわれる政治活動や社会活動が，まず近代化の失敗として受け取られるよ
うになった。これは西洋の近代化モデルを基準とした西洋中心主義的な見方だと
いえるだろう。

　もちろん近年では近代社会において宗教の一定の役割を認める議論が主流であ
る。例えばカサノヴァは先ほどの世俗化の分類のうち，①の構造的な分化のみが
近代の指標として維持可能であり，②宗教の衰退や③宗教の私事化は近代化に
とって必然ではないという。また，社会学者シュメル・アイゼンシュタットは，
地域・文化によって様々な形の近代の在り方がありうるとする「複数の近代」と
いうアプローチをとる。これらの議論を踏まえれば，イスラーム復興は近代化に
反するのではなく，西洋とは異なる近代のあり方の一つとして捉えることができ
るだろう。

❖ 宗教かナショナリズムか

　このように共通点を見ていく議論に対し，イスラーム復興の中に西洋の近代と
は全く異なる点を見出し世俗主義について再考することもできる。国民国家とウ
ンマとの差異について『世俗の形成』という著作でアサドが考察したことを参照
しよう。ある反体制的なイスラーム運動の例を考えてみよう。彼らはしばしば国
民国家がイスラーム法を施行すべきだと主張する。このような運動は，本当に宗
教的な動機に基づいた運動だといえるのだろうか。ある論者は，これらの運動は
宗教的な動機を装ってはいるが，実際は政治的な動機に基づいた文化的ナショナ
リズムであると論じる。列強の帝国主義に対抗し国民国家としての独立を模索す
る中で，「国民」の形成のために文化的資源としてイスラームに訴えているにす
ぎないとみなすのである。こうした議論は，他の地域で生じたナショナリズム，
例えばインドにおけるヒンドゥー・ナショナリズムとの比較を可能にする点で有
意義であるものの，ムスリムにとっての信仰の意味を過小評価することにならな
いだろうか。アサドの考察は，運動が本当に宗教的かどうかという問いかけその
ものが持つ「宗教」観から問い直していく。

　ここで問題となるのは，ムスリムの信仰におけるウンマ（イスラーム共同体）
と国民国家を構成する共同体としてのネイション概念との不一致である。歴史を

見れば，例えばスーダンにおいてアラブ民族主義者とイスラーム主義者が反植民地主義，反帝国主義という点で連携することもあった。しかし，それでもイスラーム主義者とアラブ民族主義を同一視することはできない。

　その差異は，古典的なイスラーム神学の議論と近代のナショナリズム思想を理念型として比べることで明確になる。イスラームの古典的な神学では，ムスリムはこの世の振る舞いを「ディーン（宗教）の根本原則」に合致させようとする。ムスリムが宗教的な義務として打ち建てるべき共同体は，アラブ民族主義が承認する近代西洋的生活の価値の多くと対立する。アラブ民族主義の考え方は超宗派的なもので，法および市民権を宗教的帰属から分離し，宗教を私的領域に限定しようとする。ここで「宗教」は世俗的アラブ主義者が定義し，社会内の適切な位置に収めようと努める対象である。

　また歴史や「預言者」の位置づけも両者で異なる。アラブ・ナショナリストにとって，イスラームの歴史は，アラブ民族の初期の統合と勝利を反映するがゆえに重要であり，預言者はそれを代表するシンボルとなる。一方古典的神学において「預言者」は，人類に対する神からの使者であり，ウンマ（イスラーム共同体）の中で個々のムスリムが自らの生の中に体現しようと求めるべき有徳な行為の模範である。加えて，「預言者」は，クルアーンとともに宗教を基礎づける存在である。そこで歴史とはクルアーンやハディースの解釈をめぐる歴史である。アラブ民族を想像するうえで，その歴史を語ることは欠かせないが，ウンマの条件は信仰のみである。

❖ ムスリムと世俗主義との衝突の原因

　この両者の違いを踏まえると何がいえるだろうか。世俗主義を採用する体制下において「宗教」は個人の私的な信仰と祈りに限定されるか，あるいは人々の生活に対し何ら要求することのない公共的な討議に従事するものとみなされる。世俗主義はそうした「宗教」が「宗教の本質」を保ったものであると想定する。しかしイスラームの古典的な神学を生きるムスリムにとって，世俗主義者が考える「宗教」は，ディーン（宗教）の要件を満たさない。ムスリムがディーンに従って生きようとすれば世俗主義が「宗教」に許可する範囲を越えることになってしまうのである。ディーンに従って生きようとするムスリムと世俗主義との間で衝突を引き起こしている原因の一つこそ，この宗教をめぐる考えの違いなのである。

　例えば，「下からの」再イスラーム化の事例を考えてみよう。ムスリムの活動家が，社会状況の改善のため，公共施設が不十分な地域で学校や診療所を作ると

しよう。しかし，その場合，その動機から政治的に非正当であるとの告発を招き，イスラーム主義者とのレッテルを貼られる危険性がある。またイスラーム運動が国会で多数派の権威によって社会を改良しようとするとき，「反民主主義」だとして妨害されることもある。世俗主義にとって，このような形で公の領域に宗教が出現することは認めがたいのである。

近代国民国家の下では，個人の生のあらゆる側面が規定され，あらゆる社会活動が法の許可を必要とするようになる。世俗主義は国民国家と結びつくことで法によって「宗教」の範囲を規定する。そのときムスリムが想定するディーンとのずれがあれば，そのムスリムの活動は不当な活動とみなされうるのだ。

5　スカーフは宗教的シンボルか？

✤ 公共空間における中立性

次にフランスで生じたムスリム女性のスカーフ（ヴェール，ヒジャーブ）をめぐる問題を取り上げてみよう。1989 年にフランスの中学校でスカーフを着用した女子生徒が教室でスカーフを外すことを拒否したという理由で退学処分となった。その後の論争を経て，フランスでは 2004 年に公立学校で生徒が「誇示的な」宗教的標章を着用することを禁止する法が公布された。この法律は宗教一般を対象としているが，事実上ムスリム女性のスカーフを標的にしていることが明らかであった。もちろん，この問題を世俗主義とイスラームとの対立としてだけで読み解こうとすることは，他の様々な社会経済的要因を切り捨ててしまうことに注意する必要がある。だが，ここではあえて世俗主義との関係として考えてみよう。

この法律の主要な根拠は，フランス共和国が掲げるライシテ（非宗教性）の原理であった。この原理は国家が強大な力を持つ教会の影響を排除する必要から生まれた。宗教マイノリティへの寛容という消極的な対処以上に，国家が宗教と関わらずに，非宗教的な価値を掲げることが求められたのである。

それでは，ライシテの原理において学校の宗教に対する中立性とは何であろうか。ここで学校が生徒の様々な信仰に対して中立であるべきという解釈と，生徒の様々な信仰が学校では中断されなければならないという解釈がありうる。法律制定の根拠となった有識者を集めて組織された「スタジ委員会」の報告書によれば，ライシテは，「生徒の持つ様々な信仰から等しく距離をとっているという消極的な意味合いでの中立を越えて，自由な判断力を持った自立した個人を作り上げる教育を通じて実現されるようなななにものか」と規定されている。したがって，

第 14 章　世俗主義とイスラーム　　251

ライシテの原理の下で学校でのスカーフ着用が問題となるのは，ライシテの原理が，学校が近代社会を生きる対等な市民を養成する公的な場であるため，差異であるところの宗教は私的な領域にとどまるべきであるという規範を持つからである。

　ここでスカーフの着用が宗教的な標章とされている点を掘り下げてみたい。この法律では，スカーフのほか，ユダヤ教の男性が被るキッパや首にかける大きな十字架などが含まれる一方，小さな十字架，ダヴィデの星，小さなクルアーン等はその対象とならなかった。しかしながら，この法律に反対するムスリムたちの言い分では，公的な場におけるスカーフの着用は宗教的な義務であり，ここで列挙された他のものとは性質が異なる。もちろん，スカーフの着用をめぐっては，ムスリムの間でもその見解が分かれるところであり，また着用していてもその意図は様々である。スカーフを着用することが敬虔なムスリムであることの証明であり，また社会的地位の向上に役立つと予期されるとき，功利主義的な観点から戦略的にスカーフを着用するということもあるだろう。

❖ 存在様式の一部としてのスカーフ

　しかし別の理由もありうる。ムスリム女性が宗教的な義務としてスカーフを着用しているとき，それはムスリムであることを他者に示すコミュニケーションのための記号というよりも，存在様式の一部であるという点にも着目する必要がある。それは人類学者のサバ・マフムードが取り上げた事例(Saba Mahmood, *Politics of Piety: The Islamic Revival and the Feminist Subject*, Princeton: Princeton University Press, 2005) が理解の参考になる。

　彼女は1990年代にエジプトの首都カイロのモスクで開かれる敬虔なムスリム女性の集会について参与観察を行なった。彼女が明らかにしたのは，宗教的な義務行為の，敬虔な主体を作り上げていく自己修養という側面であった。モスクの勉強会に参加する女性たちは敬虔であることを，「神に近くあること」と表現した。また敬虔になるためには定められた義務や善行を果たす必要があった。そこでは心のあり方も重要となり，誠実さ，謙虚さ，畏れといった感情を伴うことが求められていた。勉強会では，知識だけでなく，欲望も伝達対象とされた。また，宗教的な義務を遂行したいという欲望も，行為に先立つ原因ではなく，訓練によって培い涵養していくものと考えられていた。

　ここでマフムードが指摘した敬虔な主体とは，フランスの世俗主義(ライシテ)が作り上げようとする自立した個人と相反するものである。ライシテにとって，

ムスリム女性がまとうスカーフは身体から切り離され，宗教的なアイデンティティを「誇示する」シンボルにすぎなかった。それに対し，マフムードの事例に示されたムスリム女性たちにとって，スカーフは身体と結びつき，着用せずにはいられないような感性を作り出すための装置なのである。

　このスカーフ事件においても国民国家と結びついた世俗主義が宗教を規定するという前節でも取り上げた問題を指摘することができる。アサドは，スタジ報告が宗教を明示的には定義しないまでも，宗教的な記号を確定することで，宗教を適切な場所に配置したいという欲望があることを指摘している。先にも述べたが，スカーフの着用が宗教的な義務であるかをめぐってはムスリムの間でも論争がある。しかし，それにもかかわらず，スタジ報告は一方的に，スカーフは宗教的記号であると断定しているのだ。

❖ 世俗主義もまた自由を抑圧しうる

　世俗主義は権力を行使することによって宗教を定め，人々にある特定の主体形成を強いるのである。それはブルキニ禁止騒動をめぐるある投稿が端的に示していた。ブルキニとは，イスラーム法の規定に合致するように，手足の先と顔だけしか露出せず体に密着しない女性用水着である。ブルキニ禁止騒動とは，その着用に対する禁止条例とそれに対する反発など，2016 年夏にフランスで起こった一連の騒動を指す。

　2016 年 8 月，ブルキニ禁止騒動をめぐる中，SNS サイトの Twitter に米国のジャーナリストの興味深い投稿があった（図 14-1）。それは，フランス南部のビーチで武装した警官がブルキニを着る女性を摘発する写真（左側）と，イランでスカーフを正しく着用していない女性を警察が取り締まる写真（右側）が並列されたものだった。イスラーム法学者の統治理論に基づいて，十二イマーム・シーア派を国教とするイランでは，公共の場において女性がスカーフを正しく着用することが義務づけられている。この法律はイラン国内のムスリムだけでなく，イラン国内の非ムスリム，外国人にも適用される。これは欧米からは女性の自由を奪うものとして批判されることがある。しかし左の写真のフランスの事例も暴力的な規制ではないだろうか。肌を隠すのは，ムスリムであることを周りに誇示したいからではない。肌を見せてはいけないという規範に従おうとするからである。この警察の摘発は，規範に従おうとするムスリム女性から海水浴の権利を奪うことにつながっている。

　この二つの写真についてこのようにいえるだろう。一方は世俗主義に基づき，

図 14-1 米国ジャーナリストの Twitter への投稿

　他方は宗教的な理由に基づいているという正反対のベクトルを持ってはいるものの，どちらも警察，すなわち国家の暴力装置によって，女性の服装という生の様式が規定される。アサドが議論するように，単純に世俗主義はイスラーム主義などに比べて寛容だ，と単純にはいえないことを端的に示している。

　上記に関連してもう一つ筆者の経験に基づいた事例を挙げよう。筆者がイランに調査のために滞在中，皮肉な事例に遭遇した。イランでは都市部を中心に，スカーフの強制的な着用を疎ましく思う女性が少なくない。こうした中で，タジキスタンから留学に来ていた女子学生が対照的なことを語ってくれた。タジキスタンでは 2007 年以降，公教育機関での女性のスカーフの着用が認められていない。彼女は，イランを留学先に選んだ理由として，言語の親近性，専攻する学部がタジキスタンにないことのほかに，イランではスカーフの着用を干渉されないことを挙げていた。通常欧米からイランのイスラーム主義が自由を抑圧していると非難されるが，世俗主義を掲げる国家もまた自由を抑圧する。スカーフの禁止と強制という二つの対極的な国家の方針のものとで，ある特定の生の様式が排除されたり許容されたりするのである。

✤ 二重化する問題

　もちろんこのような例を挙げたからといって，世俗主義もイスラーム主義も

どっちもどっちだ，といいたいわけではない。世俗主義が多宗教の共生の原理として生まれたことは否定できない。フランスにおけるスカーフやブルキニの問題に関してはフランスの過剰なライシテの適用が問題なのだということができるかもしれない。スカーフの着用も権利として認めればいいのではないか，と。

しかし問題はそう単純ではない。ライシテの範囲内でスカーフの着用を許容するにせよ，どのような形状までが許容されるべきなのか，その規制はいかなる根拠に基づくのかといったことが問題になる。

世俗主義が選択することのできる主体を前提とするが，ムスリム女性が自分の意志でスカーフを着けるというときであっても，マフムードの事例のように，神のために選択し，自分には選ぶ余地がないとの主張は一つの選択といえるのだろうか。これをリベラリズムの立場から自立した自己の選択として正当化するのは難しいだろう。

また，線引きの問題もある。普通のスカーフは許容するとしても，顔を覆う布を伴うニカーブやブルカはどうなのか。これらは替え玉受験やテロへの悪用という観点からイギリスにおいて論点となった。

ここで問題は二重になっている。スカーフ着用の是非やその形状に関しては，イスラームの伝統の枠内で議論がある。しかし，世俗主義は（時に参照することはあれど）それとは別の次元で宗教の許容範囲を常に定めていかなければならない。われわれが近代国民国家という制度に依拠する限り，そこで宗教をいかに規定するかということが常に問題となる。世俗主義が，その自認するような意味で寛容であろうとするならば，こうしたことと向き合いながら自己改造に開かれていくしかないだろう。

6 イスラームは反世俗主義なのか？

ここまで，イスラームを世俗主義とは根本的に異なるものとして見てきた。当たり前のことだが，すべてのムスリムが世俗主義とは異なる形で思考するとか行動するというわけではない。非ムスリムと同様のライフスタイルを送り，世俗主義の体制の下で何の不自由も感じないムスリムもいることだろう。最後にイスラームの中にある多様性について考えていきたい。

主に文化／社会人類学において指摘されてきたことだが，地域によってイスラームの名の下に様々な実践がなされてきた。例えば聖者を祀るといった多神教的な側面もあるのだ。文化／社会人類学では，これらを「知識人のイスラーム」

第14章　世俗主義とイスラーム　　255

に対して「民衆のイスラーム」などとカテゴリー化することが主流であったのに対し，アサドは一元的な見方を提唱した。彼はイスラームの多様性は「言説的伝統」として記述することができるという。

「言説的伝統」とは，ムスリムが自分自身の振る舞いに関してクルアーンやハディース（預言者ムハンマドの言行録）といった根本的なテキストに関連づけながら議論することである。例えば，女性はスカーフを着用すべきか否か。どのように着用すべきなのか。礼拝の前にはどのように身体を清めればよいのか。水がないときにはどのようにすべきなのか。イスラームは生活のあらゆる側面に指針を与える宗教であり，クルアーンやハディースを直接参照したり，そこから類推したりすることによって個々のムスリムが回答を導き出そうとし実践していく。

ここでいう「伝統」は，「伝統的／近代的イスラーム」などと分類されるときよりも広い意味で使われている点が重要である。例えば，あるムスリムが伝統的なイスラーム教育を受けたウラマーによる「伝統的解釈」を批判する場合があったとしよう。彼がその根拠をクルアーンに求めているならば，それはイスラームの言説の「伝統」の枠内であるといえる。ここで重要なのは，安易に「伝統的／近代的」といった外からの分類をイスラームに対して押し付けるのではなく，ムスリムがある実践を正当化したり排除したりするときの，推論／理由づけ^{リーズニング}に着目することである。

イスラームの多様性をこのように一元的かつ動態的に捉えると，イスラームは必ずしも世俗主義と軋轢を引き起こすわけではないことがわかる。イスラームが，世俗主義が規定する「宗教」の枠内に収まると考えるムスリムが増えれば問題も解決するようにも思える。スカーフの問題も，スカーフの着用が必ずしもイスラームの義務ではないと考えて実践するムスリムの数が増えれば，世俗主義の国家との間の軋轢はなくなるかもしれない。これはイスラームの世俗化といえるかもしれない。

しかし，これはあくまでもムスリムにとっての問題である。非ムスリムがある特定の形のイスラーム言説的伝統をムスリムに押し付けるとき，それが両者の軋轢を生まないための合理的な解決策であるとしても，イスラームに対する寛容な態度といえるだろうか。イスラームの側が世俗主義へと接近することを期待するとは，ずいぶん都合の良い考え方ではないだろうか。むしろ，世俗主義を含め「われわれ」の依拠している価値や規範が何に由来し培われてきたのか，そしてイスラームに対して自らをどのように開いていけるのかを考えていくべきなのではないだろうか。

哲学者のユルゲン・ハーバーマスは世俗化に収斂していくというモデルを排し，「二重で相互補完的な学習過程としての世俗化」を提唱した。それは信仰を持った市民と世俗化した市民が共通の社会的基盤を築くため，相互に学習していくというモデルである。欧米社会とイスラームに当てはめて考えるならば，イスラーム側が世俗主義を受け入れるのを期待するだけでは一方的な押し付けとなろう。相互補完的であるためには，「われわれ」非ムスリムもまたイスラームを理解しようと努め，「われわれ」自身が前提とする価値を批判的に検討しなければなるまい。

■読書案内

タラル・アサド『世俗の形成──キリスト教，イスラム，近代』中村圭志訳，みすず書房，2006 年。近代国民国家と結びつくことによって，権力によって「宗教」と「世俗」を切り分けるイデオロギーとしての世俗主義を批判的に検討している一冊。

ユルゲン・ハーバーマス他『公共圏に挑戦する宗教──ポスト世俗化時代における共棲のために』箱田徹・金城美幸訳，岩波書店，2014 年。宗教の衰退が近代の前提ではなくなったとき，信仰を持つ市民と持たない市民が共生するためにはどのような原理が必要なのかという問いに，ハーバマスやチャールズ・テイラーなど哲学者たちが挑んだ一冊。

クリスチャン・ヨプケ『ヴェール論争──リベラリズムの試練』〈サピエンティア 40〉伊東豊他訳，法政大学出版局，2015 年。フランス，ドイツ，イギリスのそれぞれの国で生じたスカーフ論争を個別に検討しながら，問題の所在をリベラリズムとイスラームの根本的な対立と捉え，リベラリズムが抱える問題を考察した一冊。

ルネ・レモン『政教分離を問いなおす──EU とムスリムのはざまで』工藤庸子・伊達聖伸訳，青土社，2010 年。フランスのライシテの歴史的形成を解きほぐしながら，イスラームをめぐって論争が生じる背景を検討し，議論の土台となる論点を提示している。本文だけでなく訳者解説も必読の一冊。

ネルミーン・シャイク編『グローバル権力から世界をとりもどすための 13 人の提言』篠儀直子訳，青土社，2009 年。反ヘゲモニーという観点から様々な論者のインタビュー集。本章で言及したアサドやマフムードの議論の論点が，わかりやすく平易な言葉で語られている。

コラム 14

中国のイスラーム

　中華人民共和国には，公式の統計は存在しないが，約 2300 万人ものムスリムが暮らしており，それらの人々はいずれも少数民族として認識されている。多民族国家である中国には，圧倒的多数を占める漢族のほかに，55 の民族集団が存在しているが，そのうちイスラームを信仰しているとされる民族集団は 10 にも及ぶ。具体的には，人口の多い順に回族 (1058 万人)，ウイグル族 (1006 万人)，カザフ族 (146 万人)，東郷族 (62.1 万人)，クルグズ族 (18.6 万人)，サラール族 (13 万人)，タジク族 (5.1 万人)，保安族 (2 万人)，ウズベク族 (1 万人)，タタール族 (0.3 万人) となり，その多くが新疆ウイグル自治区や青海省，甘粛省といった中国の西北地区に集中している。

　その中で唯一，中国全土に広く分布し，漢族と密接に関連しながら生活しているのが回族である。回族の人々は，漢語を母語とし，容貌も漢族と酷似しながらも，イスラームへの信仰だけで中国共産党によって少数民族として認定された人々である。中国へのイスラームの伝来時期については唐の永徽 2 年 (651 年) が通説となっているが，その後のモンゴルによる支配などを通じて，西方からやって来たムスリムが定住していくとともに，現地の改宗者なども加わって，各地のムスリム人口が増加していったと考えられている。

　回族の人々は，各地域においては，集まって居住する傾向にある。回族の人々が多く暮らす地域には，「清真寺」と呼ばれるモスクが建てられ，それを中心に独特なコミュニティが形成されている。そこには，ハラール食品を扱う商店やレストラン，宗教用品店などが集まり，ムスリムにとって生活のしやすい空間となっている。このように，中国社会において少数者である回族の人々は，中国文化の影響を濃厚に受けながらも，文字通り身を寄せ合いながら，イスラームへの信仰を維持してきたといえる。

　しかしながら，近年の急激な経済発展や，それに伴う都市の再開発によって，特に都市部においては，このようなコミュニティの姿が急速に失われつつある。回族の中にも，よりよい生活を求めて，コミュニティを離れて進学先や就職先を求める人々が出てきた。これらの人々の中には，ムスリムとしての義務を果たさず，最終的には信仰を完全に放棄するような者も現われている。一方で，経済的に余裕の出てきた回族の人々の中には，複数回にわたってマッカ巡礼を果たしたり，清真寺に多額の寄付をしたりする者がいる。さらには，漢族の中にも，結婚や自発的な改宗を通じてムスリムとなり，熱心に信仰している人々が存在する。このように，現在の中国においては，「脱宗教化」と「イスラーム復興」，さらには「宗教」と「民族」が複雑に錯綜している状態にあるといえる。

（今中崇文）

第15章

多文化主義とイスラーム

1 はじめに

　多文化主義とは，一言でいえば，あらゆる文化を対等に尊重すべきであるとする考え方である。また，文化の異なる集団間の共存を推進するための思想や政策を指す。ここでは差し当たり文化を，ある集団に共有された価値や行為の総称であるとしておこう。なぜ文化を尊重する必要があるのか。それは特定の人々が，ある集団に属し，ある文化的特徴を持つゆえに不利益を被ってきたため，制度的な不平等を是正し，その集団の文化を尊重すべきだというのである。

　では，宗教は文化とみなすことができるだろうか。多文化主義の中ではそのように考えられてきた。しかし第11章で見たように，人々の宗教知識を担う専門家のあり方は多様化しており，宗教実践・解釈の個人化が進んでいる。また，グローバル化により人の移動が盛んになるにつれて，同じ宗教を異なるやり方で実践する人々が共に暮らす機会が増えた。こうした状況から，多文化主義は宗教集団間の多様性と平等だけではなく，宗教集団内の多様性をも扱うことになったのである。宗教実践の多様性に対して，多文化主義を推進する機関はどう対処してきたのだろうか。このような問題意識から，本章ではムスリムにまつわる事例を通じて，多文化主義が宗教集団内の多様性をどのように扱ってきたのかを検討する。

2 多文化主義は宗教をどう扱ってきたか

　多文化主義は，それぞれの国家や社会によって異なる必要性から採用されてきた。ここではアメリカ，カナダ，オーストラリアの例を見てみたい。建国当時より白人と非白人の隔離が法的・制度的に行なわれてきたアメリカでは，1964 年の公民権法により，人種などの差異に基づく差別が法的に禁止された。また翌年1965 年には連邦政府により雇用機会均等委員会が開設された。当初は社会的に不利な立場に置かれている黒人への機会均等を念頭に置いていたこれらの制度は，その後増加した非ヨーロッパ系移民にも適用されるようになり，人種や性別，出身地だけでなく宗教上の違いによる差別も対象とするようになった。

　カナダでは 1960 年代から移民の国家への統合の必要性から多文化主義という用語が使われるようになった。1982 年には憲法で多文化主義が制定され，1988年には多文化主義法が成立した。1970 年代半ばにはオーストラリアもカナダの影響を受けて，移民や市民権付与について白人と非白人で異なる要件を設ける，いわゆる「白豪主義」と呼ばれる一連の政策から多文化主義政策へと移行し，移民の受け入れと定住支援，文化や言語の維持，多文化教育や啓発などを制度的に促進してきた。

　黒人への差別撤廃を念頭に置いて教育や雇用機会の平等を推進したアメリカ，ケベック州のフランス系住民に代表されるような特定の地域で多数派を占める集団による分離独立や自治要求を背景として法的な整備が進められたカナダ，イギリスから独立して国家形成を段階的に進める中で非ヨーロッパ系移民の統合が課題となったオーストラリア，というように，各国の多文化主義の成立背景は異なっており，念頭に置かれている集団，実際の施策のあり方もそれぞれ異なる。

　こうした個別の文脈はさておき，自分とは異なる価値を認めようという多文化主義の主張には今や多くの人が賛同するところであろう。しかし，価値とは単に人の内面にとどまるものではない。価値の違いにより，人がある社会的な局面において不利益をこうむることが問題なのである。このため誰かの価値を尊重することがほかの誰かの利益を損ねる場合，どちらの価値や利益が優先されるのか，ということが多文化主義の最大の課題となってきた。相反する価値を「いかにして」調停するのかという点については，時代や地域によって様々なアプローチがあるが，基本的には個人と集団，公と私といった二分法に沿って進められてきた。

　こうした個人と集団，公と私の二分法を前提にした多文化主義の推進が西洋近

代のキリスト教的宗教観と親和性が高いことは，多くの研究者によって繰り返し指摘されてきた。他方でイスラームやユダヤをはじめとする他の宗教集団に属する者からの権利要求は，個人の権利や公共領域の秩序を侵食する「脅威」であるとの世論をしばしば喚起してきた。その一例が，米ボストンのムスリムの看護師による訴訟である。この看護師は，豚由来のワクチンを扱うことを拒否したことによる解雇を不当なものとして雇用先の病院を訴えたが，最高裁で敗訴した。原告がワクチン投与の業務にあたるのを回避する措置は病院にとって過重な負担を強いるものであり，病院は宗教的信条への配慮の義務はないというのが最高裁の判断だった。この訴訟に対し，反イスラームを掲げる極右団体は「訴訟によってイスラームの規範をアメリカの職場に持ち込もうとしている」との批判を展開した。

　しかしながら，こうした宗教上の理由から起こされる訴訟は，イスラームに限ったことではない。例えば同時期に，アメリカでは福音派キリスト教徒の家族が経営するホビー・ロビー社は，宗教上の理由から，被雇用者への提供を義務づけられている健康保険による一部の医療への適用除外を求めて国を相手取り訴訟を起こした。聖書の記述を絶対視する福音派の考え方に基づいて，原告は特定の避妊薬が中絶に相当するため，その薬剤への保険適用を拒否すると主張した。この訴訟では，最高裁は原告の訴えを認めた。その決め手となったのは公益性であり，原告側が従業員の少ない家族経営の企業であることを鑑みて，宗教の自由を保障できると判断された。法人を被用者の権利という公益性に照らして検討するのではなく，個人と同等の人格を持つとみなすことでその権利を認めたのである。

　このように個人と集団，公と私の境界は常に動いているが，ある要求は公的に保障されるべき個人の自由として受け入れられ，別の要求は公共の秩序や私的な利害を侵害するものとして退けられる。多文化主義が扱ってきた様々な価値の中でも，とりわけ宗教は個人の信念や信条といった内面に関わるものであり，また自発的に選択できる問題だと考えられてきた。このため多文化主義は前章で見た世俗主義の論理と緊密に結びつきながら，何が社会的に許容しうる宗教実践で，何がそうでないのかを選り分けてきたといえる。

第 15 章　多文化主義とイスラーム　　261

3 誰が／何を「宗教上の理由」とみなすのか
──アメリカの事例から──

✥ スカーフの宗教性

2008年，当時17歳のサマンサ・エローフがオクラホマ州にあるショッピングモールの服飾店「アバクロンビー・キッズ」で店員としての勤務を希望し，採用面接を受けた。面接は良い雰囲気で進められ，彼女は十中八九採用されるものだと思っていた。だが，予想に反し，不採用となった。その理由は，彼女のかぶるスカーフであった。このため彼女に代わって雇用機会均等委員会は，アバクロンビー＆フィッチ（以下，A&Fと略記）社を相手取り，オクラホマ地方裁判所への訴訟を起こした。訴訟に至った経過は次のように記録されている。

> エローフは客として同店をしばしば利用しており，すでに勤務していた友人セパーヴァンドのほか，マネージャーなど他の店員たちとも面識があった。エローフからスカーフを着用して勤務が可能か，と相談を持ちかけられたセパーヴァンドはアシスタントマネージャーに問い合わせた。アシスタントマネージャーは過去の勤務店に白色のヤムルカ（ユダヤ帽）着用者がいたこと，そして「黒色の服は禁止」という社の方針に照らして，黒のスカーフでなければ大丈夫だろうとの見解を示した。
>
> エローフは面接時に黒のスカーフを着用していたが，面接を担当したマネージャーは一切そのことに言及しなかった。エローフもまた，スカーフ着用の可否については尋ねなかった。
>
> マネージャーはその後，スカーフを着用しての勤務が可能かどうかを地区マネージャーに問い合わせた。地区マネージャーは，エローフが勤務後スカーフを着用するなら雇用はできないとの見解を示したため，面接時のスコアを修正して不採用の判断を下した。エローフは後に，不採用の理由がスカーフであることをセパーヴァンドから聞かされた。(United States Court of Appeals Tenth Circuit, No. 11-5110)

A&F社は店員を，商品を着用するモデルとみなすため，商品イメージに見合った外見であるかを採用時や勤務開始後にもチェックしている。「ルック・ポリシー」に基いて容姿や服装に関する規定を設け，その中には濃い化粧やマニキュ

ア，黒い服装，帽子などが禁止事項とされている。ただし，「ルック・ポリシー」については 2000 年代半ばからいくつかの例外を認めており，スカーフ着用に関しても認められるケースがあった。

❖ 裁判の展開

　オクラホマ地方裁の判決では原告側の勝訴となったものの，2013 年 10 月の第 10 巡回区連邦控訴裁判所での上訴審では，地方裁の判決は覆された。地方裁では，エローフはスカーフ着用が宗教上の理由であることは述べておらず，スカーフを着用していただけでは宗教的信条を表わす「明白な証拠」にはあたらないという A&F 社側の主張は退けられた。これに対して，控訴裁判所の判決では，スカーフの着用が宗教上の理由であるかどうかは一見して判断できるものではなく，雇用者側がエローフの宗教的信条を知り得たとはいえないとの審議が下された。

　上訴審では，スカーフをかぶっていることが，ただちに宗教上の理由によるものだとみなしうるのか，という点が検討された。一般に，イスラーム的な服装規定の根拠とされるのが，クルアーンやハディースに出てくるカーテン，隔離，覆いなどを意味するアラビア語の「ヒジャーブ」である。転じて，ヒジャーブは女性の髪や身体を覆う着衣を意味するようになった。しかし，その形態は土地や時代により大きく異なる。また，聖典におけるヒジャーブの記述と，頭髪や身体を覆うアラブ世界の慣行には関係がなく，女性がそのような服装をする宗教的義務はないと主張する人々もいる。

　ムスリムの間でも見解の分かれる事柄を考慮するための判断材料として，上訴審ではイスラーム研究者のジョン・エスポジートが専門家として証言を行なった。そこでエスポジートは次のように述べている。一部のムスリム女性は宗教上の動機でヴェールを着用するが，ムスリム女性がヴェールを着用する理由はそれだけではない。文化的な動機，例えばある種の西洋的服装に対する拒否の意を示すためにもヴェールは用いられる。ヒジャーブ着用の理由は女性ごとに異なるため，その動機が問題となる。このような意見を参考にしながら，上訴審では宗教性は外見ではなく「動機」によってはかられるべきであるとし，その動機の明示により権利要求が行なわれる必要があるとの判決が下された。エローフがムスリムであり，スカーフをかぶっていたとしても，それが「宗教上の理由」かどうかは本人がそう言わなければわからないというのである。エローフが採用面接のときに宗教上の理由で就業時にもスカーフを着用する旨を申し出なければならず，彼女はそれを怠ったため A&F 社に落ち度はなかったと判断された。

第 15 章　多文化主義とイスラーム　　263

2015年の最高裁では，求職者が宗教上の理由から社則の適用除外を求めることを，明確に述べる必要があるかどうかが争点になった。最終的には，先の判決は覆され，面接で宗教的信条が話題にのぼらなくても，スカーフを着用していたことを理由として不採用とするのは差別にあたると判断された。ポイントは，エローフの「意図」ではなく，雇用者側の「動機」だった。彼女が不利益を受けたのは，彼女が「言わなかった」からではなく，スカーフを「着用していた」からである。マネージャーは彼女がムスリムだろうと推測していたし，就業時にもスカーフを着用し続けるだろうと考えた。この推測がエローフを雇わない「動機」となったのであれば，差別に当たるとみなされたのである。判決は保守派の判事も含む8対1での圧倒的勝訴となった。この訴訟では，宗教上の「配慮を求める側」の動機を検討してきたのだが，最後の局面では宗教上の「配慮を求められた側」の動機，つまりスカーフ着用を宗教上の理由だとみなしていたかどうかが焦点となったのである。

❖ 宗教的であると判断することの難しさ

　上訴審では，ムスリムである原告側の動機に基づく申し出が必要との判決が下されたが，ある動機のどこまでが宗教的で，どこまでがそうでないといえるだろうか。イスラーム研究者ライラ・アハメドは，9.11以後のアメリカでヴェールを着用するムスリム女性たちが増加したことを受け，聞き取り調査に基づく研究書『静かな革命』を著わした。東南アジア出身者やアフリカ系アメリカ人など多様なバックグラウンドを持つ若い女性たちが語るヴェール着用の動機は様々だった。見えないマイノリティでいるよりはあえてムスリムであることを見た目でわかるようにして，ムスリムの存在を示している女性がいた。アメリカ社会が強制している女性らしさを否定するために別の女性のあり方を採っているというように，ジェンダーの平等を志向している者もいた。また，自分のルーツであるパレスチナへの帰属を示すため，またはグローバルなムスリムの連帯を示すためといったアイデンティティの問題としてのヴェール，あるいはファッションや個性の表明であると述べた者もいた。

　ある服を着ることが単に宗教上の服装規定に従っているのだと説明されれば，それを宗教的行為として理解するのは容易だろう。しかし，アハメドが事例として挙げた女性たちのように，服装が人に与える印象や相手の反応も含めた，試行錯誤を伴う行為が信仰心に基づいている場合，それを宗教的とみなす客観的な判断基準はない。多文化主義の権利要求の中で，誰が・何をもって宗教的行為と判

断するのかという問題は，常に議論が続いている。

4 「主観的宗教概念」という方法
——カナダ・ケベックの事例から——

✣ ケベック州の取り組み

前節で見たように，多文化主義における宗教をめぐる紛争の解決として，司法による判断という方法は容易ではない。とりわけ難しいのは，礼拝や祝祭日など多文化主義が想定している宗教実践とは異なる行為を検討する場合である。多くのムスリムにとって，程度や方法は違えども日々の生活で善行を積むこと，あらゆる出来事がイスラーム的に妥当なものかどうかを問うこと自体が「努力（ジハード）」つまり宗教実践であると考えられている。そして，その人の属性（男か女か，健康か病気か，成人かどうか），状況（急を要する事態か，旅行中か，ムスリムまたは異教徒との関係か）など様々な文脈を鑑みて行為の妥当性がはかられる。そのため，あるムスリムからの要請に従えば他のムスリムにも配慮したことには，必ずしもならないのである。

カナダ・ケベック州では，客観的な宗教性を判断するのではなく，主観的な信仰心を考慮することによってこの実践の個別的状況に対応しうる手続きを採るようになった。ケベック州は，二つの点でカナダ政府の進める多文化主義とは異なる立場を採っている。フランス語系住民が多数を占めるケベックでは，多文化主義に代わる「インターカルチュラリズム」という考え方がある。インターカルチュラリズムは異なる文化集団を平等に扱うのではなく，多様な文化集団がフランス語系の社会へと統合されることを目的とするものである。また，ケベック州では1960年代よりカトリック色が強かった学校教育制度の改革などを通じて世俗化が進められた。こうした背景から，世俗主義的な立場から信教の自由の抑制を主張する世論がしばしば優勢となり，多文化主義に基づく信教の自由を推進する連邦政府の政策との齟齬がしばしば生じてきた。

カナダの多文化主義政策の鍵概念として「妥当なる調整」という語がある。日本では一般に「合理的配慮」と訳され，国連の定義を踏襲して主に障碍者の機会の平等を保障するための用語として用いられるのに対し，カナダではより広い意味でマイノリティの平等のために図られる便宜や調整も含まれる。妥当なる調整という語は1980年代半ばから労使関係を対象として用いられるようになり，後には広く教育や医療，あるいはレストランなどの場での通常のルールを，必要

に応じて調整することを指すようになった。

　世論の中で宗教への調整が批判の対象となった重要な契機は，シク教徒の生徒による学校へのキルパン（金属製の短剣）の持ち込みをめぐる訴訟だった。キルパンは，シク教徒として身に着けるべき五つの装身具の一つである。2006 年に最高裁はケベック州の学校に対し，シク教徒の生徒がキルパンを着用することを禁止するのは宗教の自由に反するとの判決を出した。法廷の見解は次のようなものであった。ハサミやコンパス，スケートなど同等に危険なものは学校で許容されている。キルパンは封印され，服の下に着用されていれば良く，学校で定期的にチェックを行なうのがしかるべき管理であって，禁止するべきではない。

　この判決以降，宗教が世俗の他の権利を侵害するならば宗教の自由を推進すべきではないという意見が高まった。キルパンがハサミやコンパスのように許容できる危険物だという見解に世論は納得しなかった。キルパンが宗教的であるというならば，他の宗教の何に当たるのか。シンボルであるならば，なぜキルパンをかたどったペンダントや木製のものではいけないのか。実際にはこのような提案を受けて別のやり方や素材へ変更したシク教徒たちも少なくなかった。

　ケベック州内での文化的差異に基づく緊張が高まったことを受けて，州政府は 2007 年に「文化的差異に関する調和の実践をめぐる諮問委員会」を結成し，社会学・歴史学者であるジェラール・ブシャールと政治哲学者チャールズ・テイラーが委員長として関わることとなった。同委員会による，ケベック州の多文化社会の実態に関する報告書（以下，ブシャール・テイラー報告書と記す。要約版『多文化社会ケベックの挑戦』2011 年）によると，教育現場で 2004 年から 2007 年に要請のあった「妥当なる調整」の内訳は，言語的多様性への調整（16%）をはるかに超えて，大部分が宗教的多様性への調整（78.2%）であった。同報告書ではほかにも多くの職場や医療の現場での宗教上の配慮の事例が報告されている。

　報告書の事例からは，これまで宗教の平等とは，ある宗教行為が他の宗教の何に相当するのかという比較によって理解されてきたことがわかる。職場ではキリスト教徒がクリスマスやイースターに休暇を取るように，非キリスト教徒も宗教的祝祭日に休暇を取るよう配慮する。あるいは病院では死に際の儀礼や死後の遺体の扱いについて，それぞれの宗教が定める方法で対処する，といったものである。それでは，比較の対象がないものは，どのように扱われてきたのだろうか。往々にしてそうした事象は，多文化主義の進める他の権利を侵害するか，過剰な調整とみなされてきたといえる。

❖ 主観的宗教概念アプローチ

　ブシャール・テイラー報告書では，ごく最近まで法廷は宗教的理由で調整を求める人に，信仰と禁戒や義務についての客観性を提示するよう求めていたが，近年の司法はこのようなアプローチを止め，信仰に偽りのないことを判断基準とする「主観的宗教概念」アプローチを採るようになったことが紹介されている。主観的宗教概念アプローチは，権利の申し立て者自身が当の禁戒の遵守を心から信じているかどうかを重視するものであり，本人がそう信じるところのものを尊重するという立場である。その長所として，法廷はその宗教の異なる伝統や学派による神学上の見解の不一致に立ち入る必要がなく，宗教コミュニティの少数派の意見を犠牲にして多数派の見解にお墨付きを与えるリスクを回避することができることなどが挙げられている。

　主観的宗教概念アプローチが多文化主義の手続きとして新しいのは，集団の権利を認めるのではなく，徹底的に個別の事情に応じて調整がなされるという点である。ブシャール・テイラー報告書は，信仰心のあり方によって外的な実践が導かれるというキリスト教的な内面／外面の分離という発想は，多くの宗教には存在しないと指摘し，「私たちは，私たちが慣れ親しんだ宗教モデルを他の宗教に当てはめることのないよう注意深くあらねばならない」と注意を喚起している。実際には個別の事情よりも集団の実践にお墨付きを与えてきたとの指摘もあるが，理念上の主観的宗教概念アプローチは集団と個人の権利のどちらを守るのかという，多文化主義の抱える問題に対して，徹底した個人化を解決策としたのである。

　文化人類学者タラル・アサドは信仰が宗教の根幹をなし，信仰が心の状態を作るという考え方は西洋近代に特有のものだと指摘している。アサドは世俗主義者が宗教を扱ううえで，こうした考えを普遍的なものと捉えていることを批判しており，その対象にはテイラーの世俗主義的宗教多元論も含まれている。アサドによれば信仰がある・ないという判断自体が時代や状況により異なるため，ある場合には宗教的とみなされるものが別の場合には異端とみなされたり，世俗的とみなされたりするのである。

　主観的宗教概念アプローチは，依然として信仰の有無を問題にしている。しかし，宗教−信仰の判断を迂回して，ある行為が制限されることによる苦痛などの心の状態に目を向けるならば，その行為が宗教であるか否かという問題を扱うことなく権利を保障するための一つの方法となるだろう。ケベック州の試みは，第14章で見たようなフランスの世俗主義のやり方と比較すると興味深い事例である。

5 おわりに

以上に見たように，西洋における多文化主義はイスラームをはじめとする宗教
に対し，様々な手続き上の変遷を遂げてきた。多文化主義を採用している国家の
多くは，性別や出身などに関係なく個人の権利を保障するリベラリズムと，構造
的に不利益を被ってきた集団の権利を保障する多文化主義という相反する命題を
同時に実現すべく取り組んできた。多文化主義によって保障される信教の権利は
往々にして，個人の単位に限定される。宗教集団の想定する男女や親子関係が，
リベラリズムの想定する個人間の平等と著しく異なる場合には，多文化主義によ
る承認は後景へと退いてゆく。

多文化主義の実践には「比較」が欠かせない要素となっている。イスラームは，
私たちの慣れ親しんだ宗教と，どのような教義上の見解を共有しているのだろう
か。イスラームで礼拝はどのように行なわれるのだろうか。食や服装についての
戒律にはどんな理由があるのだろうか。このような素朴な疑問に基づいた比較に
よって相互理解を図る動きは 2000 年代以降北米で盛んになった宗教間対話プロ
グラムの中にも，しばしば見られる。

しかしながら，単純な比較を通じた理解によって日常生活の場でのコンフリク
トを避けうるかは別の問題である。法廷に持ち込まれてきた争議の多くは「知っ
ていても許容できない・許容しがたいこと」であった。知っていることと自分の
身に関わることとは別であり，相反する利益を調整するのが，多文化主義の課題
なのである。

カナダ・ケベック州の場合は妥当なる調整と主観的宗教概念という二つのアプ
ローチによって個別の状況に対応する方法をとってきた。ブシャール・テイラー
報告書では，ケベックでは公的な寛容さが制度的に整えられる一方で，私的な不
寛容が増しているとの指摘もあり，なお解決されない問題は残るだろうが，次善
の策といえるだろう。

日本で近年盛んにいわれている多文化共生は，主に「知ること」に重点が置か
れている。そこから導かれる空港やレストランなどでのムスリムへの配慮は，果
たして個々の多様な実践に対応しうるものだろうか。他方で，学校などでのムス
リム生徒への配慮などは，相対的に人口が少ないこともあり，一般化できない個
別の事情に対応しているのが大方の現状である。相互理解や平等の保障を掲げた
北米の多文化主義が再帰的に北米独自のイスラームのあり方を作ってきたことも

鑑みて，われわれは何をすべきか考えていく必要があるだろう。

■読書案内

ジェラール・ブシャール／チャールズ・テイラー編『多文化社会ケベックの挑戦』竹
中豊他訳，明石書店，2011 年。ケベック州政府の委託を受けて調査を行なった，
多文化主義政策の現状と提言のための報告書の抄訳。ケベックの多文化政策の基底
をなす「開かれたライシテ」に基づく宗教への国家の中立性について，実践的な提
言が行なわれている。

安達智史『リベラル・ナショナリズムと多文化主義——イギリスの社会統合とムスリ
ム』勁草書房，2013 年。移民の増加と価値の多様化に直面したイギリスの社会統
合政策の変容と，ムスリム住民の集団内外の関係の動態を広範な資料と調査から検
討している。

ガッサン・ハージ『ホワイト・ネイション——ネオ・ナショナリズム批判』保苅実・
塩原良和他訳，平凡社，2003 年。オーストラリアの多文化主義とレイシズムがと
もに，多様な集団の管理者としての白人という幻想に支えられていることを批判的
に論じた書。レバノン出身である著者の，移住前後の宗教集団関係の変化について
の分析が，考察をより興味深いものにしている。

大類久恵『アメリカの中のイスラーム』子どもの未来社，2006 年。アメリカ社会に
暮らすムスリムの世論調査プロジェクトの概要や，アフリカ系アメリカ人による改
宗や組織の変遷を扱った，日本語で読める文献として貴重な概説書。

第 15 章　多文化主義とイスラーム

あ と が き

　「イスラームについて知るためには，最初に何を読めばいいですか」と学生や
公開講座を聴講している方に訊かれたとして，新書やブックレットですぐに思い
浮かぶ入門書はいくつかある。それぞれの興味関心に合わせたトピックについて
も，先行研究を整理しながら論じた専門書が多数出版されている。しかし，入門
書と専門書との間にあるような，幅広いトピックを扱いつつ現代のイスラームに
ついて大学生や社会人が教養として学べるような書籍はあるかと訊かれると，答
えに詰まってしまう。それならばいっそのこと作ってしまおうと思い立ち，勢い
のある若手の研究者に書いてもらいたいという発想で企画したのが本書である。

　こう書いてしまうと随分と軽い印象を受けられたかもしれない。しかしそれは，
話を最後まで聞いてもらえるように読者を構えさせてはいけないと思い，軽い口
調で始めなければならないほど，同時代を生きるイスラームやムスリムをめぐる
日本の現状に対して危惧しているからだ。

　海外からの旅行者と思しき人々と出会うことは，今や日本の日常の風景となっ
ている。都心部の繁華街や観光地では特にそう思うことが多い。そして旅行者の
中に，頭部にヒジャブを巻いたムスリマ（女性のムスリム）の姿を見つけるのも
珍しくはない。地方の工業地帯や港湾，さらには比較的大きな大学周辺では，民
家を改装したモスクに集まる東南アジアや南アジア出身と思しきムスリムの姿を
目にすることも少なくないだろう。

　編者の一人がイスラームについての研究を志した四十数年前はいうまでもない
が，他の編者たちが志した十数年前ですら，日本に暮らしていながら，日常の中
でこれほどにイスラームやムスリムの存在を感じるとは思ってもいなかった。今
やイスラームについて語ることは，遠い世界の話ではなく，直接的な利害が関係
する身近な社会について語ることを意味するようになった。

　ところが，身近になったにもかかわらず，あるいは身近になったがゆえに，そ
の扱われ方は両極端にもなってきた。一方では，ハラール認証やイスラーム金融
といったビジネスの世界で，積極的にお付き合いしたい相手として扱われている。
他方，世界各地で発生するムスリムによるテロ事件を背景に，治安を脅かす存在
というお付き合いしたくない相手としても扱われている。それぞれにムスリムや

イスラームについて期待や誤解や思い込みから生起していることであろう。もっとも，付き合う相手としてだけでなく，イスラームやムスリムについての捉え方も極端であることも少なくない。

　近年のイスラームへの関心の高まりによって，イスラームに関する書籍が増えてきた。その中にはイスラームを本質的に平和な宗教であると言ってみたり，楽観的にムスリムとの共生の可能性を謳うものもある。かと思えば，その「アンチ」として論戦を張っているつもりであろうか，過去の事実や聖典の明文などを持ち出して根本的に西欧近代の価値とは相容れない宗教であり，共生は不可能であると言うものもある。

　どちらの言い分も本質主義的であり，現実をよく見ない「そもそも論」であることが多い。ただ面倒なのは違和感を強調する後者の場合である。前者の場合は，反証する例を挙げれば実態に即していないと比較的容易に退けることができる一方で，後者の場合には否定できない事実も一部は含まれているからである。しかし，日本の現状を考えれば，そのような態度ではイスラームやムスリムへの猜疑心やヘイトを煽ることにつながりかねない。多文化共生社会を目指している日本の現状を顧みるならば，私たちは皆イスラームの専門家として自分の言動の影響についても慎重になるべきことが求められる。

　本書の執筆者はいずれも，編者たちの意をくみ取り，こうした現状の問題にも気を配りながら慎重な姿勢で，現代のイスラームを取り巻く様々なトピックについて扱ってきた。忙しい中，編者のわがままに振りまわされながらもお付き合いいただいた各章・コラムの執筆者には，改めて謝意を示したい。

　本書の執筆に当たっては，支援を受けた研究の成果の一部，あるいはそれをもとに発展させたものも少なくない。日本学術振興会科学研究費（15K03886，17K02239，18K18270，17K13287，JP25243004），早稲田大学特定課題研究助成費（2016K-299）から助成を受けたことへの謝意を示したい。また本書の作成に当たって，人間文化研究機構基幹研究プロジェクト現代中東地域研究国立民族学博物館拠点及び京都大学拠点，また国立民族学博物館拠点で実施している若手共同研究（代表：谷憲一）の成果の一部であることも記しておきたい。

　文末になるが，本書の出版に際して，ナカニシヤ出版編集部の石崎雄高氏には刊行の企画趣旨をご理解していただき，熱心に編集に当たっていただいた。編者たちのわがままに最後までお付き合いいただいたことに改めて深い感謝の意を表したい。

編 者 一 同

あとがき　　271

人名・アーティスト名索引

ア　行

アイケルマン，デイル　49
アーイシャ　81
アイゼンシュタット，シュメル　249
アイユーブ　86
アクス，セゼン　139, 140, 142
アサド，タラル　54, 246-249, 253, 254, 256, 257, 267
アシュアリー　100-102
アーダム（アダム）　8, 83-85
アッキラズ，サバハト　137
アブー・ターリブ　4, 79
アブー・バクル　5, 6, 59, 64, 69, 70, 77, 195
アブー・ハニーファ　103, 104, 170
アブー・ヤアラー　64
アブー・ラハブ　4
アフガーニー，ジャマールッディン　65, 123, 231
アブデュルハミト2世　65, 66
アブドゥルハリーム，ムハンマド　90
アフメド，ライラ　264
アリー　59, 68, 69, 80, 81, 97, 98, 136, 147
アルヤスウ　86
イーサー（イエス）　8, 55, 78, 80, 83, 84, 86
イサク（イスハーク）　55, 84, 85
イスマーイール（イシュマエル）　8, 55, 85
井筒俊彦　90
イドリース　85
イブラーヒーム（アブラハム）　8, 55, 80, 83, 85
イブン・アラビー　116
イブン・ウマル　104
イブン・スィーナー　131
イブン・ジャマーア　61
イブン・ハンバル　102, 104, 105
イムラーン　80, 83
イルヤース　86
ヴェイセル，アーシュク　137, 138
ウスマーン　59, 77, 87
ウマル　59, 64, 70, 80, 104
エスポジット，ジョン　263
オリエンタル・エクスプレッションズ　141

カ　行

カーイム（アッバース朝第26代カリフ）　63-65
ガザーリー　61, 123
カサノヴァ，ホセ　248
カーディル（アッバース朝第25代カリフ）　63
カワーキビー　231
ケベル，ジル　248

コライ，エルキン　140

サ　行

サイー，エドワード　228
ザカリーヤー　84, 86
サダト（エジプト大統領）　46, 47, 224, 228, 236
サドル，バーキル　226
サーリフ　85
ジブリール（大天使ガブリエル）　4, 8
シャアラーウィー，フダー　44, 45, 47
シャーフィイー　104, 105
シュアイブ　85
スライマーン（ソロモン）　55, 84, 86
ズルキフル　86
聖ゲオルギオス　55, 56
セリム1世　61, 65

タ・ナ　行

ダーウード（ダビデ）　8, 55, 84, 86
タフターウィー，リファー　43
タルカン　140
テイラー，チャールズ　266, 267, 269
デデ，メルジャン　138, 139, 142
ナセル（エジプト大統領）　45-47, 53
ナセル，シャーディー・ヘクマト　90
ヌーフ（ノア）　8, 80, 83, 85

ハ　行

バーガー，ピーター　223
ハッラージュ　122
ハディージャ　4, 78, 79
ハディル（ヒドル）　56, 85
ババズーラ　141
ハーバーマス，ユルゲン　257
ハムザ，カリーマーン　51
バルーディー，シャムス　51
ハールーン　85
バンナー，ハサン　196
ビン・ラーディン，ウサーマ（オサマ・ビン・ラディン）　235, 238
ファーティマ　68, 69, 80, 98
ファドルッラー　237
ファーラビー　131
フサイン　68-70, 98
フサリー，シャイフ（・マフムード・ハリール）　88
ブシャール，ジェラール　266, 269
フダイビー，ハサン　45
フード　85

272

ペッカン，アジダ　139
ホメイニー　223, 226

マ　行

マートゥリーディー　101, 102
マハティール　152
マフムード，サバ　252, 253, 255, 257
マフムード，ムスタファー　52
マリアム（聖母マリア）　78, 80, 81, 84, 86
マーリク　104
マーワルディー　61-64
マンチョ，バルシュ　140, 141
ムアーウィヤ　97, 98
ムーサー（モーセ）　8, 55, 84, 85
ムスタアスィム（アッバース朝第37代カリフ）
　60
ムハンマド（預言者ムハンマド）　4-6, 8-11, 14,
　42, 43, 47, 50, 59, 60, 68-70, 72, 76-81, 83-

86, 97, 98, 100-102, 104, 117, 119, 142, 146,
147, 187-189, 233, 238, 243, 248, 256

ヤ　行

ヤアクーブ（ヤコブ）　83
ヤフヤー（洗礼者ヨハネ）　8, 55, 84, 86
ユースフ（ヨセフ）　80, 81, 84, 85
ユースフ，サーミー　142
ユースフザーイ，マララ　205
ユーヌス（ヨナ）　80, 84, 86

ラ・ワ　行

リダー，ラシード　226, 231
リッピン，アンドリュー　90
ルート（ロト）　85
ルーミー　116, 132, 133
ワラカ（・イブン・ナウファル）　78, 79

事 項 索 引

A―Z

AHOs　→認定ハラール機関
GSO　→湾岸協力会議標準化機構
HDC　→ハラール産業開発公社
ISO－　→国際標準化機構の規格
JAKIM　→マレーシア・イスラーム開発局
MS－　→マレーシア産業規格
MUI　→インドネシア・ウラマー評議会
OIC　→イスラーム諸国機構
OIC-SMIIC　→イスラーム協力機構内標準・計量
　機関

ア　行

アイニー・シェリフ　132
味の素　175
アシュアリー学派　100-102, 107
アーシュク　137
アーシューラー　70
アズハル大学／アズハル学院　52, 73, 190, 192,
　194
アッバース朝　58, 60, 61, 63, 64, 99-102, 104,
　115, 131, 187
アッラー（神での表記は多数）　6, 8, 9, 21, 83,
　97, 99, 100, 103, 118, 133, 142, 143, 153,
　154, 168, 169, 187, 188, 192, 238, 248
アナドル・ロック　140
アフガニスタン侵攻（ソ連）　223, 224
アラビア語　8, 9, 12, 14, 18, 21, 28, 30, 43, 48,
　49, 56, 72-74, 76-78, 87, 93-95, 97, 114, 116,
　118, 131, 142-144, 153, 178, 190-192, 196,

202, 263
アラビア文字　19, 77, 93, 94, 185, 202
「アラブの春」　54, 124, 211
アルカイダ　223, 225, 234, 235, 238, 240, 241
アレヴィー　133-137, 142
イジュティハード（法解釈）　107, 110
イジュマー（合意）　168
イスラーム解放党　233
イスラーム革命　224, 225
イスラーム型事業融資　156-159, 161
イスラーム型自動車ローン　158, 159
イスラーム教育　50, 189, 190, 192, 193, 209
イスラーム協力機構　180, 232
イスラーム協力機構内標準・計量機関　180
イスラーム銀行　149, 152, 155-164, 239, 240
イスラーム金融　15, 16, 148-166, 239
イスラーム金融と資本主義　160, 163
イスラーム主義　16, 17, 46, 51, 57, 125, 128, 189,
　222-240
イスラーム神秘主義　115, 139, 142
イスラーム諸国機構　231, 232
「イスラーム知識人」　195-199
「イスラーム的ジェンダー規範」　206, 207
イスラーム・フェミニズム　204, 205
イスラーム復興　13, 41-43, 48, 49, 52-54, 108,
　109, 128, 143, 224, 227, 229, 232, 239, 240,
　249, 258
イスラーム法学アカデミー　109, 110
イスラーミック・ポップ　15, 142-144
イスラミック・ラップ　131, 143
「イスラーム国（IS）」　17, 57, 89, 225, 233, 238, 241

273

イスラモフォビア（イスラーム嫌い）　230
「1月25日革命」　211, 214
一神教　8, 19, 55, 77, 79, 82, 94, 96, 99, 220
一夫多妻　204, 207, 208
イマーム（シーア派の指導者）　61, 98, 147, 195
イマーム（礼拝導師）　33, 61
イマーム学派　107
移民（ムスリム移民）　6, 19, 20, 25, 124, 146, 190
イラン革命　223-225, 227
インターネット（SNS等含む）との関連　30, 53, 88,
　　89, 124, 163, 179, 181, 198, 241, 242
インティファーダ（民衆蜂起）　225
インドネシア・ウラマー評議会　174-177, 179,
　　180
ウマイヤ朝　6, 59, 64, 68, 97-99, 131, 230
ウムラ　10
ウラマー（イスラーム知識人）　16, 43, 44, 187-
　　189, 192-199, 234
ウラマー教育　190-195, 199
ウンマ（イスラーム共同体）　4, 58, 59, 66, 68-71,
　　96-98, 102, 103, 105, 108, 168, 226, 234, 249,
　　250
エルサレム　55, 59, 72, 79, 86
エルトゥールル号　66
オイルショック（石油危機）　23, 39, 40
オスマン朝／オスマン帝国　55, 61, 65, 66, 131-
　　133, 136, 226, 232, 234, 236
オリエンタリズム　228, 230

カ　行

カアバ　4, 5, 9, 19, 20, 223
カーディリー教団　117, 123
カーヌーン　97, 232
カラーム（思弁神学）　99
カリフ／カリフ制／カリフ論　57-70, 97, 98, 187,
　　226, 231, 233, 238
カルバラーの悲劇　98
キスワ（カアバの黒布）　19, 20
奇蹟（聖者による）　119, 120, 122
キブラ　19, 79
客体化　49, 50, 53
キヤース（類推）　168
9.11同時多発テロ事件　23, 40, 113, 189, 223, 264
キリスト教／キリスト教徒　4, 8, 17, 19, 47, 49,
　　55, 56, 58, 77-80, 86, 96, 97, 107, 144, 182,
　　236, 243, 245, 261, 266
グナワ音楽　142, 143
クライシュ族　59, 62, 78, 79
クルアーン　4, 8, 12, 14, 19, 21, 30, 42, 43, 48-
　　50, 52, 55, 74-97, 99-104, 106, 108, 122, 130,
　　133, 143, 153, 154, 167-169, 187, 191, 196,
　　202, 209, 233, 242, 248, 250, 252, 256, 263
クルアーン学校　20, 190, 202
クルアーン創造説　101

グローバル・ハラール・ハブ政策（マレーシア）
　　178
グローバル化／グローバリゼーション　42, 54,
　　73, 171, 183, 203
啓典　6, 8
言説的伝統　256
原理主義　82, 88, 202, 228
口承伝承　83, 84
国際標準化機構の規格　173, 176
コーヒーハウス　138
コーラン　→クルアーン

サ　行

再イスラーム化　233, 248, 250
ザイド学派　107
サウム（斎戒）　9, 10, 29
ザカート（義務の喜捨）　9, 10, 239, 240
サダカ　10, 62
サヌースィー教団　123
ザーヒル（外面）　114, 115, 125
ザーヒル法学派　105
サマーウ　118, 131
サラフィー主義　82, 88, 89, 108, 124-126, 241
シーア派　10, 19, 60, 61, 68-70, 98, 102, 107, 122,
　　147, 171, 190-193, 198-200, 224-237, 241,
　　242
シーア派（スンナ派との関係）　68-70
ジェンダー　16
「思想の市場」　105, 196, 198, 199
使徒　6, 8, 9
ジハード／ジハード主義　62, 233-237, 240, 241,
　　265
ジャアファル法学派　107
若年婚　208
シャーズィリー教団　117
シャーフィイー法学派　63, 102, 104, 107, 171
シャリーア（イスラーム法）　14, 46, 95, 96, 97,
　　101, 103, 105-107, 114, 165, 166, 173, 202,
　　226, 227, 232-234, 239, 249
シャリーア諮問委員会　155, 165
シャリーフ（預言者ムハンマドの子孫）　119, 221
シャルリー・エブド襲撃事件　243
宗教グッズ　72, 92
十二イマーム派（シーア派内の主要分派）　107, 253
主観的宗教概念　267, 268
シュブハ／マシュブーフ（疑念性）　170, 171
神学　14, 60, 95-103, 107, 110-111, 122, 123
神学者　99
神学派　99, 101, 102, 107, 110, 241
信仰告白　9
神秘主義哲学　116
ズィクル　92, 118, 119, 125, 126
スーフィー　114-129
スーフィズム　14, 15, 114-127, 187

スーフィズム・タリーカ・聖者信仰複合　15, 121-123, 125-126
スルタン・カリフ制　65, 226, 231
スンナ（預言者慣行）　103, 106, 108, 168
スンナ派の形成　68, 69, 102
政教一元論　226, 234, 235
聖者　55, 56, 119, 120, 125, 136, 143, 202, 255
聖者信仰（ムスリムによる）　15, 113, 119-129, 202, 220
聖者廟　113, 117, 120, 121, 124, 125, 128, 129
正書法（アラビア語）　77
『精神的マスナヴィー』　116
正統カリフ　6, 59, 77, 97, 98
西洋社会のヴェール問題　251, 252, 254, 255, 262-264
世界ハラール食品評議会（インドネシア）　179
世界ハラール評議会（トルコ）　179
世俗化論　223
世俗主義／世俗主義者　17, 41, 44, 123, 229, 243-257, 267
世俗的な近代　44-46
説教師　52
セマ　131-133, 135, 139
セマー　133-137
先端医療　109, 110
存在一性論　116

タ　行

ダアワ　248
ターキッシュ・ポップ　139
妥当なる調整／合理的配慮　265, 268
タフスィール（啓典解釈学）　77, 87, 90
多文化主義　17, 259-269
タリーカ（スーフィー教団）　15, 116-127, 133, 134, 201, 202, 220
タリーカ（内面的な修行）　115
チシュティー教団　122
チャム・バニ　93, 94, 185
中道派（イスラーム主義）　239, 240
ティジャーニー教団　117
定命　6, 9
ティラーワ　77
天使　4, 6, 8, 78
トゥルキュ（トルコ民謡）　137, 138, 140, 141
ドバイ・イスラーム銀行　152
トルコ古典音楽　131, 133, 136, 138

ナ　行

ナクシュバンディー教団　117-119
ナシード（宗教歌）　15, 130, 143
ナディーファ　206
ニューカマー　24, 27
認定ハラール機関（AHOs）　173

ハ　行

ハウザ・イルミーヤ（ホウゼイェ・エルミーイェ）　190
ハキーカ（神の真理）　115
バスマラ　92, 93
ハッジ（大巡礼）　9, 10, 72
ハディース　12, 42, 48, 49, 52, 101-105, 167-169, 187, 188, 191, 196-198, 250, 256, 263
ハディース学　102, 104, 115
バーティン（内面）　114, 115, 122, 125
ハナフィー法学派　101, 103, 104, 107, 170, 171
バハレーン・イスラーム解放戦線　224
ハマース（イスラーム抵抗運動）　225
ハラーム　167, 169-171, 175, 177, 180
ハラール（ハラール飲食品，ハラール認証）　15, 16, 20-23, 25, 28, 33, 36, 37, 76, 167-183, 258
ハラール産業開発公社　178
ハラール製品保証法　176
ハラール肉／ハラール屠畜　168, 171-173, 182
ハルワ　118
パレスチナ（地名）／パレスチナ問題　39, 40, 55, 56, 190, 224, 225, 238
パレスチナ解放機構（PLO）　40
ハワーリジュ派　10, 97, 101, 102, 238
バンカー　155, 156, 164
ハンバル学派　63, 102, 104, 105, 107
ヒジャーブ　20, 50, 51, 53, 263
ヒジュラ　4
ヒジュラ暦　5, 10, 20
ヒズブッラー（ヒズボラ）　224, 236-238
ファトワー（法学裁定）　168
ファナー（消融）　115, 119
フクム（法規定）　105
プサントレン　190
ブルキニ　243, 253
プロテスタント　44, 89, 107, 246
フンムの水場の日　69
ベクタシー教団　134, 136
ベルベル　220
法学　14, 60, 95, 96, 101-110, 115, 122, 123, 130
法学者（イスラーム法学者）　97, 101-104, 106, 109, 110, 122, 123, 126, 155, 156, 164, 168, 253
「法学者の監督」論　226
法学派　101, 102, 107, 125, 170, 180, 241, 242
法源学　87, 103-105
ポスト・イスラーム主義　229, 239
ポップ・ナシード　143, 144

マ　行

マウリド（聖者生誕祭）　120-122
マウリド（預言者生誕祭）　122
マッカ　4, 5, 9, 10, 19, 21, 72, 78, 79, 120, 184,

事項索引　275

223
『マッカ会議』　231
マディーナ　5, 59, 72, 77, 79, 104, 120, 170
マートゥリーディー学派　101, 102, 107
マドラサ（宗教学院）　128, 187, 193
『マナール』　231
マーリク法学派　104, 107, 220
ムウタズィラ学派　99, 100, 104
ムジャーヒディーン（ジハード戦士）　223, 224
ムスハフ（クルアーンの刊本）　87
ムスリム・ファッション　41, 47, 50, 53
ムスリム同胞団　45, 46, 196
ムリッド教団　118
マレーシア・イスラーム開発局　178-180
マレーシア産業規格　173, 178
メヴレヴィー教団　15, 118, 131-133, 135, 136,
　　139
メッカ　→マッカ
メディナ　→マディーナ
モスク（礼拝／集会場）　3, 9, 21-24, 27-37, 52,
　　117, 128, 130, 161, 184, 230

モダニティ（近代性）　42-54, 249

ヤ・ラ　行

ユダヤ教　8, 19, 55, 56, 58, 77-80, 182, 252, 261
預言者　4, 5, 8, 55, 80, 82, 84, 85, 86, 220, 250
ライシテ　245, 251, 252, 255, 257, 269
来世　6, 8
ラマダーン　9, 10, 29, 47, 49, 55
リバー（利子）　153-155, 239
霊魂論　115
礼拝　9, 92
歴史認識／歴史観／「歴史修正主義」／「歴史の創造」
　　66-68
レバノン戦争　224, 237, 238
六信五行　6, 195

ワ　行

ワクフ（寄進財産）　109
ワクフ（現代の展開）　109, 160-163
ワッハーブ派　82, 88, 89
湾岸協力会議標準化機構　180

●**著者紹介**(肩書き等は初版出版時のもの)

■章(執筆順，＊は編者)

＊**小杉　泰**(こすぎ・やすし)

1953年生まれ。エジプト国立アズハル大学卒業。京都大学大学院教授。イスラーム学・中東地域研究専攻。法学博士。『9・11以後のイスラーム政治』(岩波書店，2014年)，『イスラーム　文明と国家の形成』(京都大学学術出版会，2011年)，『現代イスラーム世界論』(名古屋大学出版会，2006年)，他。
【担当】第1章(共著)，第6章(共著)，第13章

＊**黒田賢治**(くろだ・けんじ)

1982年生まれ。京都大学大学院アジア・アフリカ地域研究研究科博士課程修了。国立民族学博物館現代中東地域研究拠点・特任助教(人間文化研究機構総合人間文化研究推進センター・研究員)。中東地域研究専攻。博士(地域研究)。『イランにおける宗教と国家——現代シーア派の実相』(ナカニシヤ出版，2015年)，"Pioneering Iranian Studies in Meiji Japan : Between Modern Academia and International Strategy"(*Iranian Studies*，2017)，他。
【担当】第1章(共著)，第11章，コラム8

＊**二ツ山達朗**(ふたつやま・たつろう)

1980年生まれ。京都大学大学院アジア・アフリカ地域研究研究科博士課程修了。平安女学院大学国際観光学部准教授。宗教人類学・中東地域研究専攻。博士(地域研究)。「イスラームにおける巡礼と聖地の商品化：チュニジアにおける室内装飾具の事例から」(『観光学評論』4(2)，2016年)，*Revisiting Sunni and Shi'ah: Thoughts, Spirituality, and New Movements*〔共著〕(京都大学学際融合教育研究推進センター，2016年)，他。
【担当】第1章(共著)，第7章，コラム4

岡井宏文(おかい・ひろふみ)

1980年生まれ。早稲田大学大学院人間科学研究科博士後期課程修了。早稲田大学人間総合研究センター招聘研究員。社会学専攻。博士(人間科学)。『現代日本の宗教と多文化共生——移民と地域社会の関係性を探る』〔共著〕(明石書店，2018年)，『現代人の国際社会学・入門——トランスナショナリズムという視点』〔共著〕(有斐閣，2015年)，『国境を越える——滞日ムスリム移民の社会学』〔共著〕(青弓社，2007年)，他。
【担当】第2章

相島葉月(あいしま・はつき)

1977年生まれ。オクスフォード大学大学院東洋学研究科博士課程修了。人間文化研究機構国立民族学博物館准教授／総合研究大学大学院文化科学研究科准教授。中東イスラーム人類学専攻。博士(東洋学)。*Public Culture and Islam in Modern Egypt: Media, Intellectuals and Society*(IB Tauris，2016)，*Muslim Youth and the 9/11 Generation*〔共著〕(SAR Press，2016)，*Ethnographies of Islam: Ritual Performances and Everyday Practices*〔共著〕(Edinburgh University Press，2012)，他。
【担当】第3章

清水和裕(しみず・かずひろ)

1963年生まれ。東京大学大学院人文社会系研究科博士課程修了。九州大学人文科学研究院教授。イスラーム史専攻。『イスラーム史のなかの奴隷』〈世界史リブレット〉(山川出版社，2015年)，『軍事奴隷・官僚・民衆——アッバース朝解体期のイラク社会』〈山川歴史モノグラフ〉(山川出版社，2005年)，D．ニコル『イスラーム世界歴史地図』〔監訳〕(明石書店，2014年)，他。

【担当】第4章

小杉麻李亜（こすぎ・まりあ）
1981年生まれ。立命館大学大学院先端総合学術研究科博士課程修了。関西大学准教授。文化人類学専攻。博士（学術）。『イスラームという生き方（上・下）』〔共著〕（ＮＨＫ出版，2017年），「クルアーン研究における文化装置論的アプローチ：プラチックとしての聖典」（『コア・エシックス』1号，2005年），「イスラームにおけるサラー（礼拝）の総合的理解をめざして：中東と東南アジアの事例を中心に」（『イスラーム世界研究』1巻2号，2007年），他。
【担当】第5章

ハシャン・アンマール（Khashan Ammar）
1983年生まれ。京都大学大学院アジア・アフリカ地域研究研究科博士課程修了。京都大学特任研究員。イスラーム学・中東地域研究専攻。博士（地域研究）。「イスラーム初期における社会・経済と宗教倫理：リバー禁止から新しい経済資源の形成へ」（『イスラーム世界研究』11巻，2018年），"The Quran's Prohibition of Khamr（Intoxicants）：A Historical and Legal Analysis for the Sake of Contemporary Islamic Economics"（『イスラーム世界研究』9巻，2016年），他。
【担当】第6章（共著）

米山知子（よねやま・ともこ）
1975年生まれ。総合研究大学院大学文化科学研究科博士課程後期課程修了。京都外国語大学，立命館大学非常勤講師。芸能人類学専攻。博士（文学）。『回るアレヴィー──「場」と「パフォーマンス」の人類学』（スタイルノート，2011年），『「断」と「続」の中東──非境界型世界を游ぐ』〔共著〕（悠書館，2015年），『アラブの音文化──グローバル・コミュニケーションへのいざない』〔共著〕（スタイルノート，2010年），他。
【担当】第8章

長岡慎介（ながおか・しんすけ）
1979年生まれ。京都大学大学院アジア・アフリカ地域研究研究科博士課程修了。京都大学大学院准教授。博士（地域研究）。『お金ってなんだろう？　あなたと考えたいこれからの経済』（平凡社，2017年），『現代イスラーム金融論』（名古屋大学出版会，2011年），『イスラーム銀行──金融と国際経済』〔共著〕（山川出版社，2010年），他。
【担当】第9章

阿良田麻里子（あらた・まりこ）
1963年生まれ。総研大文化科学研究科博士後期課程修了。立命館大学教授。博士（文学）。言語学・文化人類学・食文化研究専攻。『食のハラール入門　今日からできるムスリム対応』（講談社，2018年），『世界の食文化6　インドネシア』（農文協，2006年），『文化を食べる　文化を飲む──グローカル化する世界の食とビジネス』〔編著〕（ドメス出版，2017年），他。
【担当】第10章

鳥山純子（とりやま・じゅんこ）
1975年生まれ。お茶の水女子大学大学院人間文化研究科博士後期課程修了。立命館大学准教授。ジェンダー論専攻。博士（学術）。『イスラームってなに？　シリーズ2　イスラームのくらし』（かもがわ書店，2017年），『不妊治療の時代の中東──家族をつくる，家族を生きる』〔共著〕（アジア経済研究所，2017年），『世界史のなかの女性たち』〔共著〕（勉誠出版，2015年），他。
【担当】第12章

谷　憲一（たに・けんいち）
1987年生まれ。一橋大学大学院社会学研究科修士課程修了。同大学院博士後期課程在籍中。社会人類学専攻。「（研究展望）世俗主義批判の射程：イスラーム復興に関する人類学の最前線」（『文化人類学』79巻4号，日本文化人類学会，2015年），他。
【担当】第14章

椿原敦子（つばきはら・あつこ）
1974年生まれ。大阪大学人間科学研究科博士後期課程単位取得退学。龍谷大学講師。博士（人間科学）。『グローバル都市を生きる人々』（春風社，2018年），『中東世界の音楽文化』〔共著〕（スタイルノート，2016年），『景観人類学』〔共著〕（時潮社，2016年），他。
【担当】第15章

■コラム（執筆順）
山中由里子（やまなか・ゆりこ）
1966年生まれ。東京大学大学院総合文化研究科博士課程中退。国立民族学博物館准教授。比較文学比較文化専攻。『アレクサンドロス変相——古代から中世イスラームへ』（名古屋大学出版会，2009年）（日本学士院学術奨励賞，日本学術振興会賞），『〈驚異〉の文化史——中東とヨーロッパを中心に』〔編著〕（名古屋大学出版会，2015年），他。
【担当】コラム1

山本健介（やまもと・けんすけ）
1990年生まれ。京都大学大学院アジア・アフリカ地域研究研究科博士課程修了。同研究科・特任研究員。博士（地域研究）。「現代パレスチナの聖地をめぐる紛争——ヘブロン／ハリールのユダヤ化とパレスチナ人の抵抗」（『日本中東学会年報』第32号第1巻，2016年），「エルサレムをめぐる和平プロセスとパレスチナ人の政治——「解決困難な紛争」における交渉の政治的意味」（『国際政治』189号，2017年），他。
【担当】コラム2

菅瀬晶子（すがせ・あきこ）
1971年生まれ。総合研究大学院大学文化科学研究科博士後期課程修了。国立民族学博物館准教授。文化人類学・中東地域研究専攻。博士（文学）。『イスラームを知る6　新月の夜も十字架は輝く——中東のキリスト教徒』（山川出版社，2010年），『イスラエルのアラブ人キリスト教徒』（渓水社，2009年），『文化を食べる，文化を飲む』〔分担執筆〕（ドメス出版，2017年），他。
【担当】コラム3

吉本康子（よしもと・やすこ）
神戸大学大学院総合人間科学研究科博士課程修了。日本学術振興会特別研究員RPD（上智大学研究員）。文化人類学，東南アジア・ベトナム地域研究専攻。博士（学術）。"A study of the almanac of the Cham in South-Central Vietnam," *THE CHAM OF VIETNAM HISTORY, SOCIETY AND ART*（NUS Press, 2010），『多配列思考の人類学——複数性と民族誌的リアリティを読み解く』〔共著〕（風響社，2016年），『キクタンベトナム語【初級編】』〔共著〕（アルク，2018年），他。
【担当】コラム5，コラム10

飯田玲子（いいだ・れいこ）
1982年生まれ。京都大学大学院アジア・アフリカ地域研究研究科博士課程修了。京都大学大学院アジア・アフリカ地域研究研究科附属次世代型アジア・アフリカ教育研究センター特定助教。南アジ

ア地域研究・文化人類学専攻。博士(地域研究)。「民俗芸能から都市文化へ——インド・マハーラーシュトラ州におけるタマーシャー劇の現代的変容」(『マハーラーシュトラ』12号, 2015年), 他。
【担当】コラム6

宗野ふもと(そうの・ふもと)
1982年生まれ。京都大学大学院アジア・アフリカ地域研究研究科博士課程修了。博士(地域研究)。筑波大学人文社会系特任研究員。
【担当】コラム7

川村 藍(かわむら・あい)
1986年生まれ。京都大学大学院アジア・アフリカ地域研究研究科博士課程修了。筑波大学助教。地域研究専攻。博士(地域研究)。「湾岸諸国におけるイスラーム金融の法制度とその新潮流」(『中東研究』528号, 2017年), 他。
【担当】コラム9

池邉智基(いけべ・ともき)
1991年生まれ。京都大学大学院アジア・アフリカ地域研究研究科・アフリカ地域研究専攻(博士一貫課程)。
【担当】コラム11

山口 匠(やまぐち・たくみ)
1988年生まれ。東京大学大学院総合文化研究科博士後期課程在籍。文化人類学専攻。「信仰と宗教の狭間で:モロッコにおける精霊の憑依とリラ儀礼に関する一考察」(東京大学大学院総合文化研究科修士論文, 2014年)。
【担当】コラム12

池端蕗子(いけはた・ふきこ)
1990年生まれ。京都大学西南アジア史学科卒業。京都大学大学院アジア・アフリカ地域研究研究科博士課程。中東地域研究・イスラーム世界論専攻。「現代中東における宗派対立とヨルダンの宗派和合戦略:アンマン・メッセージの解析を中心として」(『日本中東学会年報』33巻1号, 2017年), 他。
【担当】コラム13

今中崇文(いまなか・たかふみ)
1976年生まれ。総合研究大学院大学文化科学研究科地域文化学専攻博士課程修了(単位取得満期退学)。博士(文学)。京都市文化財保護課文化財保護技師(民俗文化財担当)。『西安』〈ここ以外のどこかへ! 旅の指さし会話帳59〉(情報センター出版局, 2004年), 「「共生」のために守るべきものとは——中国・西安市の回族による宗教実践を事例として」(『境界研究』5, 2015年), 他。
【担当】コラム14

大学生・社会人のためのイスラーム講座

| 2018 年 11 月 30 日 | 初版第 1 刷発行 |
| 2020 年 1 月 18 日 | 初版第 2 刷発行 |

	小 杉 　 泰
編 者	黒 田 賢 治
	二ツ山 達 朗
発行者	中 西 　 良

発行所　株式会社　ナカニシヤ出版

〒 606-8161 京都市左京区一乗寺木ノ本町 15
T E L （075）723-0111
F A X （075）723-0095
http://www.nakanishiya.co.jp/

© Yasushi KOSUGI 2018 （代表）　　　　印刷・製本／亜細亜印刷

＊落丁本・乱丁本はお取り替え致します。

Printed in Japan.　ISBN978-4-7795-1331-2

◆本書のコピー，スキャン，デジタル化等の無断複製は著作権法上での
例外を除き禁じられています。本書を代行業者等の第三者に依頼してス
キャンやデジタル化することはたとえ個人や家庭内での利用であっても
著作権法上認められておりません。